华侨大学政管学院丛书　汤兆云主编　■　**周碧华**　著

国家社会科学基金一般项目"减排政策执行中的激励扭曲机制研究"（16BGL162）
本书为国家社会科学基金一般项目"减排政策执行中的激励扭曲机制研究"（16BGL162）
结项成果

减排政策执行激励研究

经济日报 出版社

图书在版编目（CIP）数据

减排政策执行激励研究 / 周碧华著. —北京：经济日报出版社，2023.3
ISBN 978-7-5196-1292-4

Ⅰ.①减… Ⅱ.①周… Ⅲ.①节能减排—能源政策—研究-中国 Ⅳ.①F424.1

中国国家版本馆 CIP 数据核字（2023）第 036007 号

减排政策执行激励研究

著　　者	周碧华
责任编辑	门　睿
责任校对	范继义
出版发行	经济日报出版社
地　　址	北京市西城区白纸坊东街 2 号 A 座综合楼 710（邮政编码：100054）
电　　话	010-63567684（总编室）
	010-63584556（财经编辑部）
	010-63567687（企业与企业家史编辑部）
	010-63567683（经济与管理学术编辑部）
	010-63538621　63567692（发行部）
网　　址	www. edpbook. com. cn
E － mail	edpbook@ 126. com
经　　销	全国新华书店
印　　刷	三河市龙大印装有限公司
开　　本	710×1000 毫米　1/16
印　　张	17. 75
字　　数	246 千字
版　　次	2023 年 3 月第一版
印　　次	2023 年 3 月第一次印刷
书　　号	ISBN 978-7-5196-1292-4
定　　价	78. 00 元

本书提要

历年来，减排工作是全球环境保护工作的重头戏。减排工作的成效有赖于减排政策的有效执行。从中央政府到地方政府，从地方政府到排污企业，减排政策层层落实的背后，是一套激励机制在发挥作用。本书试图从理论和实证上探究减排政策执行中的激励效率改进问题。具体而言，本书从经济学的激励视角，聚焦于多层委托代理框架下的政策执行激励偏差现象及其发生机理的分析；从目标责任制、晋升机制、问责制等激励机制切入，探讨减排政策特征与激励偏差的关系；从中央环保督察、生态转移支付、公众参与等治理方式出发，剖析与减排目标密切相关的政策激励及其偏差问题。本书尝试系统地回答减排政策执行中激励偏差现象如何发生，在央地政府间关系、政企关系中哪些因素可能影响减排工作，偏离了委托人的激励目标。这些研究结论将有助于改进现有的减排政策激励机制；为政策制定者提供思路建议，优化未来减排政策的激励机制；为政府管理者提供决策参考，提高实践中的激励效率。

关键词：减排政策；政策执行；激励偏差；目标责任制

|目　录|

|表目录|

第1章 导 言

1.1 研究背景与意义

过去的二十年，我国经济实现了高速发展。官方数据显示，各类污染排放物的排量基本上呈下降趋势，同时官方数据显示的基于排放量所征收的税费却逐年递增。数据上体现的环境质量为何互相打架呢？一方面可能源于统计上的误差，即统计口径不同，以及抽样带来的误差；另一方面可能存在减排数据不实，从地方到中央的逐级上报过程中存在诸多因素可能导致数据层层失真，网络媒体称之为"数字减排"，即减排数据上去了，而环境质量却下降了。学者对我国减排政策的执行研究主要聚焦在两个方面：一方面是从行为主体的角度通过剖析央地关系、政府间关系及政企之间的利益博弈来阐释减排政策执行行为；[1][2][3][4] 另一方面利用样本数据对减排执行情况进行定量分析以探究相关影响因素。[5] 现有大多数文献对减排政策效果、问题和对策的研究，较少从激励视角分析减排政策执行中的

---

[1] 王珂，毕军，张炳. 排污权有偿使用政策的寻租博弈分析 [J]. 中国人口·资源与环境，2010，20（09）：95-99.

[2] 丁煌. 浅谈政策有效执行的信任基础 [J]. 理论探讨，2003（05）：91-93.

[3] 周权雄. 政府干预、共同代理与企业污染减排激励——基于二氧化硫排放量省际面板数据的实证检验 [J]. 南开经济研究，2009（04）：109-130.

[4] 李侃如. 治理中国：从革命到改革：from revolution through reform [M]. 中国社会科学出版社，2010.

[5] 李永友，沈坤荣. 我国污染控制政策的减排效果——基于省际工业污染数据的实证分析 [J]. 管理世界，2008（07）：7-17.

激励效率。那么，我们不禁思考从中央政府到地方政府，从地方政府到排污企业，减排政策真实的激励效果究竟如何？是否存在激励偏差？这一现象也引起了学术界的激烈讨论。

减排工作历年来是全球环境保护工作的重头戏。减排工作的成效有赖于减排政策的有效执行。从中央政府到地方政府，从地方政府到排污企业，减排政策层层落实的背后，其实是一套激励机制在发挥作用。对减排政策执行中的激励问题进行探讨具有重要的现实意义。本书的研究试图从理论和实证上探究减排政策执行中的激励效率改进问题。具体而言，本书从经济学的激励视角，聚焦于减排政策执行中激励偏差现象及其发生机理的分析；从目标责任制、晋升机制、问责制等激励机制切入，探讨减排政策特征与激励偏差的关系；从中央环保督察、生态转移支付、公众参与等治理方式出发，剖析与减排目标密切相关的政策激励及其偏差问题。本书尝试系统地回答减排政策执行中激励偏差现象如何发生，在央地、政府间、政企关系中哪些因素可能影响减排工作，偏离了委托人的激励目标。这些研究结论将有助于改进现有的减排政策激励机制；为政策制定者提供思路建议，优化未来减排政策的激励机制；为政府管理者提供决策参考，提高实践中的激励效率。因此，减排政策执行中的激励偏差现象的研究具有重要的现实意义。

1.2 研究主要内容和观点

"减排"一词正式出现在国家政策文件中时，常常与"节能"一词一起使用，合称"节能减排"。减排包括主要污染物减排和碳减排。本书研究的减排政策范围包括规制主要污染物和碳排放的政策以及与之相关的一系列配套支持政策或关联政策，也包括财政上的生态转移支付政策，以及运动式治理的中央环保督察政策等。

减排政策执行的背后，其实是一套激励机制在起作用。本研究所讨论的政策执行中的激励问题，既包括奖励、晋升、财政拨款等正向激励，也包括问责、罚款、停职等负向激励；既包括薪酬待遇、岗位内容、职位晋升、工作环境等的外在激励，也包括使命、认同、精神嘉奖等内在激励。本研究的激励偏差，又称激励扭曲（Incentive Distortion），是指激励机制设计所引起的激励结果偏离委托人期望目标的现象。激励偏差主要有三大来源：一是由激励目标冲突引起的；二是由激励依据，即绩效指标引起的；三是由励措施和强度引起的。本研究旨在通过分析减排政策执行中的激励偏差的来源和发生机理，实现公共部门管理实践中的激励机制设计的优化。

本研究主要内容和重要观点包括以下几个方面：

（一）减排政策执行激励偏差的基本分析框架

本研究建立了一个基本分析框架，从减排政策目标、政策执行者、政策手段、政策实施对象等四个方面着手研究减排政策执行中的激励偏差现象。在政策执行过程中，政策目标的可测量性、时效性、维度、层次性，政策执行者的替代性选择、所处层级、执行任务的努力成本、努力程度与绩效考核结果的关系，政策手段的实施依据、激励强度、公众可见度、对准政策目标的精确性，政策实施对象的接受程度、内部一致性、政策参与程度等特征，均会影响激励偏差的产生。

（二）减排目标责任考核中的激励偏差

本研究利用基本分析框架剖析了减排目标责任考核的激励特征及偏差。从不同委托人之间的激励目标差异、激励权限差异、激励强度递减性、负向激励措施等方面演绎了激励偏差产生机理。继而对"十一五"减排政策的目标责任考核情况进行案例分析，结果表明地方政府面临经济发展、环境保护、社会稳定等多个任务，在问责压力下可能采取先应付后突击的减排执行方式。据此，本研究提出中期考核数据可能比终期考核数据更能够体现减排政策执行的真实情况，并收集 2010—2013 年 137 个地级市的"十二五"减排目标考核中期数据进行实证分析。数据回归结果显示，公众监督和企业行为对减排进度有显著影响，减排激励效果好；滞后一期的地方政府有偿排污征收力度、环境违规处罚力度等因素对减排进度激励效果有限。甚至一些排污费的征收力度对氮氧化物减排有反向影响作用，激励效果不显著。我国政府高瞻远瞩，于 2018 年正式实施排污费改环保税。总而言之，减排目标责任制执行过程中，存在激励不足和激励过度现象并存，拖延与突击交替的现象，地方政府"各显神通"地实现减排目标。

（三）官员晋升绩效考核中的激励偏差

本研究通过 2013—2019 年 179 个地级城市数据的分析验证了地方官员在任期内面对的纵向和横向减排绩效压力，对主要污染物浓度和空气质量均有显著影响，减排绩效压力越大，城市主要污染物减排效果越好。无论是纵向还是横向减排绩效压力，对可见度高的主要污染物减排效果的影响更为显著。若减排绩效指标的选取没有考虑主要污染物的公众感知程度，采取一视同仁的考核办法，就可能造成激励偏差。公众容易感知到的减排成效，可以在官员晋升考核中更好地证明地方官员在减排政策执行中的努力程度。所以，一些地方官员可能更愿意花精力去减少这些政绩信号强的污染物排放。

其次，由于减排绩效是以减排目标为阈值来实施考核，地方政府的减排量未达到目标时，地方官员会努力减排；达到目标后，减排努力水平下降。若官员努力程度与绩效考核结果的联系紧密，那么激励效果较好；若官员努力程度与绩效考核结果的联系不紧密，那么激励效果较差。

再者，官员任期、工作年限，以及受教育程度对减排政策执行效果均有显著影响。官员任期越长，晋升压力越大，执行减排政策越有动力。其中，市长任期比市委书记任期对减排政策执行效果的影响更加显著。若设计晋升激励机制时忽略官员任期特征和地方政府党政负责人的区别，就可能造成激励偏差。

（四）生态转移支付与激励偏差

减排政策体系中的财政激励主要体现在生态转移支付制度上。首先，生态转移支付政策目标的可测量性、维度和层次影响着该政策的激励效应。众多政策实施对象导致指标测量工作艰巨，信息不对称程度大，导致政策更注重短期指标，忽略长期指标。政策维度层面上，双重目标的设置使得功能区政府有了替代性选择，可能造成公共服务支出对环境保护支出的"挤出效应"，导致激励偏差的产生。

其次，政策执行者的替代性选择会减弱政策的激励效应，生态转移支付不限制资金使用领域，政策执行者可以把资金投入其他更有利于自身发展的领域。生态功能区自然资源禀赋不同，改善环境的努力成本也不同，在衡量成本与收益的情况下，各功能区有自己的选择，最后大量资金可能被用于扶贫而不是用于环境保护。对改善环境动力不足，以及不同的政策目标有不同的发展路径，一定程度形成激励偏差。

（五）环境问责机制中的激励偏差

环境问责机制的问责主体、问责对象、问责程序、问责范围、问责强度、问责结果等方面的特征都和激励偏差现象有关。从政策执行的激励偏差分析框架来看，环境问责制强化了负向激励效果，降低激励偏差程度。在清晰的减排目标下，环境问责有效地促进地方政府减排。中央环保督察体现了环境问责制的内在逻辑。中央环保督察组的问责强度比常规治理下更大，可以在较短的时间内做出更加严厉的处罚。中央环保督察的问责压力迫使地方政府紧锣密鼓地开展设立专门的领导小组、领导亲自督察、网格化目标责任制等工作，有效地推动地方环境治理，降低激励偏差程度。具体而言，中央环保督察行动从中央直接深入基层一线，跨层行动打破了原有多层委托-代理关系中的信息不对称，使得各地严重的环境污染问题可以直达中央，改善了在多层委托代理链条上的激励强度递减问题，增强了政策激励效果，降低了激励偏差程度。同时，中央环保督察解决了一些跨省域、跨流域、跨区域的污染合作治理问题，弥补了原有激励机制在这方面的不足，也降低了激励偏差程度。

基于以上研究结论，本书提出以下建议：

第一，减排政策制定时增加对激励偏差的考量。减排政策制定过程中，需要考虑政策执行的时效性，并从代理人角度考量政策执行的可行性。在政策可行性论证时，增加激励偏差的考量，以降低政策执行中的激励偏差。

第二，对不同来源的污染物，采取针对性减排激励手段。当前我国四项主要污染物排放的总量控制目标在进入减排绩效考核指标体系时，对考核结果的激励强度和措施是一致的。然而，不同来源的主要污染物，污染形式有差异，政绩信号的强弱也不同，设计针对性的减排激励手段非常重要。例如，二氧化硫与氮氧化物的主要来源是废气排放，直接污染空气，公众可以感知到空气质量的变化。化学需氧量，氨氮的主要来源是水体污染，相对而言，公众对水污染的感知度没有对空气污染那么敏感。由此，基于二氧化硫与氮氧化物的减排绩效，和基于化学需氧量与氨氮的减排绩效的激励手段应该不一样，后者的激励强度需要大于前者，才能收到和前者一样的减排激励效果。公众感知明显的污染物，应当充分发挥公众监督的作用，达到更优的激励效果。

第三，基于城市间合作的减排激励机制设计。空气与水污染都具有跨域流动特点，当前的减排绩效考核缺乏对不同城市政府之间团队合作的激励措施。上级政府只考核各地市的"自家一亩三分地"是否搞好，那就必然造成各地市"自扫门前雪"的激励结果。在晋升锦标赛刺激下，甚至各地政府之间展开恶性竞争。因此，建议加大对政府间减排合作的激励，在减排考核指标选取上充分考虑政府间合作绩效。

第四，科学设置激励目标体系，优化减排考核办法。减排目标的设置要有可行性。应当充分考虑污染物来源和地区经济发展实情，有区别地制定各地减排考核办法，如果设置了地方政府无论怎么努力也不可能完成的减排目标，那么容易导致数据造假、合谋欺骗、瞒报虚报等激励偏差现象出现。

1.3　研究方法与思路

本研究在梳理大量研究文献基础上，开展以下研究：首先在经济学的委托代理分析框架下，构建基本分析框架，从理论上演绎政策执行中的激励偏差的内在机理。其次，分析我国从中央到地方的近千份减排政策文本，归纳总结减排政策中的激励方法、依据、措施、强度等信息。再者，采用计量经济学模型，用经验数据验证减排政策执行中的激励偏差程度，以及各项影响因素。最后，总结归纳减排政策执行中的激励偏差现象。如图 1.1 所示。

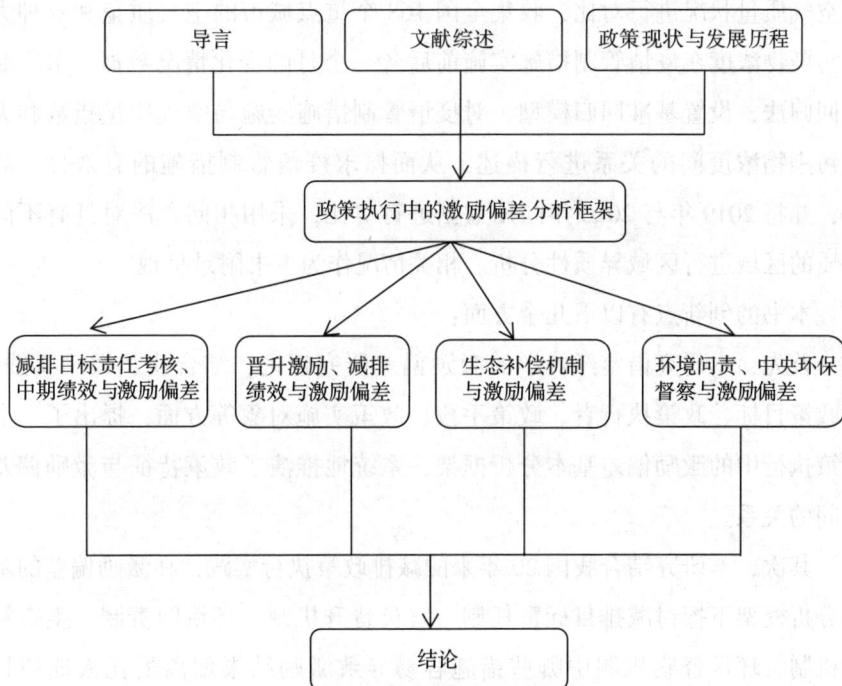

图 1.1　研究思路图

1.4　本书框架与创新点

本书研究框架如下：第一章概述本研究的基本内容，第二章对环境政策、减排领域相关文献进行综述，第三章介绍我国减排政策的现状与发展历程，第四章分析减排政策执行中的晋升激励与激励偏差，第五章分析减排政策目标责任考核、中期绩效与激励偏差的关系，第六章分析晋升激励、减排绩效与激励偏差的关系，第七章探讨减排政策的生态补偿机制的激励偏差问题，第八章探究减排政策的环境问责、中央环保督察制度的激励偏差的问题。第九章概述本研究的结论与不足，并提出了研究展望。

此外，在本课题研究期间，突如其来的新冠病毒肺炎疫情造就了一场天然的实验，即检验人类生产与出行突然间急剧减少，主要污染物排放和空气质量如何变化。课题组成员将新冠病毒肺炎疫情管控措施前后我国城市空气质量状况进行对比，收集全国 168 个重点城市的空气质量和 6 种大气污染物浓度在疫情管制措施实施前后各一个月的变化情况数据，引入断点回归法，设置基准回归模型，对疫情管制措施实施与空气质量指数和大气污染物浓度间的关系进行描述，从而探求疫情管制措施的有效性。此外，并将 2019 年与 2020 年同期数据进行对比，采用相同方法对具有不同特质的区域进行区域异质性分析。相关情况作为本书附录呈现。

本书的创新点有以下几个方面：

首先，本研究借鉴经济学的激励偏差研究理论，结合我国政策实践，从政策目标、政策执行者、政策手段、政策实施对象等方面，提出了一个政策执行中的激励偏差基本分析框架，系统地推演了政策特征与激励偏差之间的关系。

其次，本研究结合我国 20 年来的减排政策执行实践，在激励偏差的基本分析框架下探讨减排目标责任制、官员晋升机制、环境问责制、生态补偿机制、环保督察机制中哪些措施容易导致激励结果偏离委托人期望目标，从减排目标责任考核、地方官员晋升绩效考核、环境问责依据、生态转移支付依据、中央环保督察等方面对激励偏差的存在性、来源、内在发生机理进行了理论分析和实证检验。

再者，激励偏差程度的测量一直是一个理论难题，本研究创造性地选择中期绩效作为激励偏差的指示变量。通过中期与终期绩效数据相比较，本研究提出中期绩效是衡量激励偏差更优的统计量的观点。

最后，本项目根据我国省级和市级减排政策执行效果的面板数据的实证分析结果，提出基于污染物来源的减排激励手段设置和基于城市间政府合作的减排激励机制的设计思路，为我国政府减排政策制定和执行提供有益借鉴。

第 2 章　相关文献综述

2.1　环境政策执行的相关研究

2.1.1　环境政策执行模式

环境政策执行相关研究的成果较多集中在政策执行模式的探讨上。20世纪 70 年代到 80 年代，美国行政界掀起了一股关于政策执行的研究热潮，由此产生了"自上而下"与"自下而上"两条路径。以"自上而下"研究模型为例，代表人物包括 Pressman（普雷斯曼）和 Wildavsky（威尔达夫斯基）①，此外，Sebatier（萨巴蒂尔）和 Mazmanian（马兹曼尼安）也提出了政策执行综合模型。"自下而上"的研究模型是以个体为起点，以李普斯基（Lipsky M.）的街坊官僚理论、埃尔默（Elmore R. F.）的追溯性筹划研究为代表。

在政策执行模式的相关实证研究中，国外学者根据样本情况，构建了相应的理论体系和模型。其中，Antweiler（安泰尔）、Copeland（科普兰）和 Taylor（泰勒）提出了一种将环境影响分为规模、结构和技术 3 种效应的 ACT 模式，并以此来检验其对环境的影响。② 而 Grossman（格鲁斯曼）和 Krueger（克鲁格）则通过对北美地区的环境影响的研究，提出了一个

---

① Pressman, J. and A. Wildavsky. Implementation: How Great Expectations in Washington are dashed in Oakland [M]. Berkeley, Calif: University of California Press. 1973.

② Antweiler, Werner, Brian R. Copeland and M. Scott Taylor. Is Free Trade Good For The Environment? [J]. American Economic Review. 2001. 877−908.

有关经济开放对环境的影响的理论体系。① 一些学者对环境政策实施的问题进行了探讨，Duncan Liefferink（邓肯·利福林克）的研究表明，由于体制和文化等方面的原因，欧盟的环境管理模式在实施起来并不顺畅。Van Rooij（范路易）从环境政策出发，以政策执行优先性为核心，讨论了环境政策执行方面的问题，并探析了中国的一系列环保相关的政治性运动的进展和取得的成效。② Fredriksson（弗雷德里克松）和 Millimet（米里米特）研究结果表明，环境规制有着空间上的关联性，在特定的国家，其环境控制的政策是由毗邻州决定的，所以，它的环境控制标准必须与毗邻州保持一致，不然就会造成更大的污染。③

我国环境政策演变的动力多来源于"自上而下"的政府内部推动，其原因主要在于外部社会因素影响力不足。张萍、农麟和韩静宇指出，中国的环境政策演进有 5 个不同的历史时期。5 个时期的演进，标志着我国环境保护工作进入新的历史时期。④ 在我国，环境政策受到了越来越多的关注，关于环境政策的研究也日益丰富，其中环境政策工具有着丰富的研究成果，不同的学者对政策工具有着不同的分类方法。对于环境政策工具的分类，经济发展与合作组织按照强制程度将其划分为命令—控制方法、经济手段和劝说式手段等 3 类。⑤ 甘黎黎的分类方法也是相似的，他着重于政策工具的外部协调和内部互补。⑥ 李伟伟认为，环保政策的工具有两种

① Gene M Grossman, Alan B Krueger. Environmental Impacts of a North-American Free Trade Agreement [J]. NBER Working Paper, no. 3914, 1991.

② Van Rooij B. Implementation of Chinese environmental law: Regular enforcement and political campaigns [J]. Development and Change, 2006, 37 (1).

③ Fredriksson P G, Millimet D L. Strategic interaction and the determination of environmental policy across US states [J]. Journal of Urban Economics, 2002, 51 (1): 101-122.

④ 张萍，农麟，韩静宇. 迈向复合型环境治理——我国环境政策的演变、发展与转型分析 [J]. 中国地质大学学报（社会科学版），2017，17（06）：105-116.

⑤ 张世秋，李彬. 环境管理中的经济手段 [M]. 北京：中国环境科学出版社，1996.

⑥ 甘黎黎. 我国环境治理的政策工具及其优化 [J]. 江西社会科学，2014，34（06）：199-204.

类型：一是经济的，二是自愿的。① 在将环保政策分类之后，学术界的研究重点明显更进一步，任盛刚等人考察了 3 种不同的环境调控手段对中国经济增长的作用②，而张江雪的研究结果表明，与自愿的环境管制手段相比，行政环境管制和市场管制手段在促进经济绿色增长方面的效果更为显著③，魏龙和潘安从战略环境政策发展的角度出发，指出战略环境政策具有经济逻辑，可以从环境政策的角度对企业的进出口进行研究，从而为环境问题提供新的视角。④

关于环境政策执行模式，我国学术界也有相关研究。毕正宇研究表明，以"自上而下"模型为基础的政策问题研究，是以决策者的视角为基础的，这一系列的决策过程包含了一系列的逻辑环节。⑤ 在实证方面，贺东航、孔繁斌等人提出了中国政府政策实施的经验，其中包括中国特色的"高位推进""层级化""多属性"的治理模式，是中国政府政策实施成效的关键保障。⑥ 胡象明则从中央集权的国家结构入手，提出中央监控下的"点面"模式。⑦

"自下而上"的研究路径主要是从基层的行为主体入手，着重探讨了如何提高执行人员的责任感和执行力。如翁士洪在研究土地流转执行政策时，以小岗村为研究样本，结果显示，由于基层政策执行人员其特殊的社会地位与工作性质，具有极大的自由裁量权，使得政府决策的权力配置出

---

① 李伟伟. 中国环境政策的演变与政策工具分析 [J]. 中国人口·资源与环境，2014，24（S2）：107-110.

② 任胜钢，蒋婷婷，李晓磊，袁宝龙. 中国环境规制类型对区域生态效率影响的差异化机制研究 [J]. 经济管理，2016，38（01）：157-165.

③ 张江雪，蔡宁，杨陈. 环境规制对中国工业绿色增长指数的影响 [J]. 中国人口·资源与环境，2015，25（01）：24-31.

④ 魏龙，潘安. 战略性环境政策研究述评 [J]. 经济社会体制比较，2016（01）：174-183.

⑤ 毕正宇. 西方公共政策执行模式评析 [J]. 江汉论坛，2008（04）：91-96.

⑥ 贺东航，孔繁斌. 公共政策执行的中国经验 [J]. 中国社会科学，2011（05）：61-79.

⑦ 胡象明. 地方政策执行：模式与效果 [J]. 经济研究参考，1996（J6）：39-42.

现了偏差。① 江凤娟以教育政策执行为例，着重探讨了政府在政策实施过程中所遇到的"自主权与控制""回应与规范""需求与供给"等问题②；葛大汇还深刻地阐述了乡村义务教育资金实施中基层干部的决策困境，并指出，由于"政策变异"，基层干部的自由裁量权，能够保持贫困国家的教育规模，这是一个奇迹，尽管存在着可能丧失法律程序的风险。③ 庄文嘉将上述两种路径结合起来，对基层劳动监察的实施情况进行了剖析，指出其政策执行者的身份认同导致了其决策的有选择性。④

在我国关于环境政策执行问题的研究，从经济学、社会学、管理学等角度进行了比较全面的探讨。在社会学的研究中，人们从社会和社会的互动关系、社会结构和机制等方面来探讨环境问题产生的社会原因和相关的利益关系。⑤ 经过大量的实证分析，经济发展和环境质量的关系是密切相关的，其中最著名的是库兹涅兹曲线。经过多年的研究，管理学界的学者发现，目前的环保管理体系是一个垂直的层级结构，上级主管部门只是对下属环保部门进行业务指导，不存在隶属关系，反而地方政府是当地环境的主要责任方⑥，为解决这一问题，向延平提出，应建立一套协调控制系统，使政府、企业、社会组织和地方民众参与到环境治理中来。⑦荀丽丽等人则从政府动员的角度出发，认为环境治理的实施是由地方政府、农牧民

---

① 翁士洪. 农村土地流转政策的执行偏差——对小岗村的实证分析 [J]. 公共管理学报，2012, 9 (01)：17-24.

② 江凤娟. 基层官员教育政策执行行为分析——基于 X 省 A 县中小学布局调整政策执行的调查 [J]. 教育学术月刊，2011 (04)：44-47.

③ 葛大汇. 执行中的中央政策与地方决策机制——以安徽省农村义务教育经费的维持为例 [J]. 中国行政管理，2006 (03)：82-87.

④ 庄文嘉. 在政治与行政之间：我国基层劳动监察运作中的选择性政策执行——对某地级市劳动部门的个案研究 [J]. 广东行政学院学报，2010, 22 (04)：26-30.

⑤ 张玉林. 社会科学领域的中国环境问题研究 [J]. 浙江学刊，2008 (04)：27-33.

⑥ 参看李萱等. 中国环保行政体制结构初探 [J]. 中国人口·资源与环境，2012, 22 (01).

⑦ 向延平，陈友莲. 跨界环境污染区域共同治理框架研究——新区域主义的分析视角 [J]. 吉首大学学报（社会科学版），2016, 37 (03)：95-99.

等多方参与的过程。①

在上述文献中，有一些讨论了环境政策执行偏差的文献，如基于晋升锦标赛②、第二代财政分权理论的基础上分析环境政策执行偏差现象，并得到了以下结论：张欣怡通过对各省级面板数据的分析，认为现行的财政分权制度下，不健全的财政激励可能会导致地方政府对环境调控的偏离③；周雪光、练宏调查表明，环境监管领域在检验技术、统计手段等方面都有一定程度的模糊不清，环保部门上下级在互动过程中，组织内部的谈判现象也十分普遍④；杨海生、陈少凌、周永章等人则认为，一些地方政府在实施环保政策时，往往会相互攀比，从而使环境问题更加严重⑤；污染治理投资与软环境政策均无明显效果。⑥⑦

2.1.2 环境政策执行绩效

有关环境绩效的最初研究应该首先源自外国学者对于其内涵的定义。英国会计学家 Gary（加里）和 Corbett（考白特）分别从信息披露的角度和环境管理效果的角度提出了相应的环境绩效评价内涵。⑧⑨ Gary（加里）

---

① 荀丽丽等. 政府动员型环境政策及其地方实践——关于内蒙古 S 旗生态移民的社会学分析 [J]. 中国社会科学，2007（05）.

② 周黎安. 中国地方官员的晋升锦标赛模式研究 [J]. 经济研究，2007（07）.

③ 张欣怡. 财政分权下地方政府行为与环境污染问题研究——基于我国省级面板数据的分析 [J]. 经济问题探索，2015（03）：32-41.

④ 周雪光，练宏. 政府内部上下级部门间谈判的一个分析模型——以环境政策实施为例 [J]. 中国社会科学，2011（05）：80-96.

⑤ 杨海生，陈少凌，周永章. 地方政府竞争与环境政策——来自中国省份数据的证据 [J]. 南方经济，2008（06）：15-30.

⑥ 李永友，沈坤荣. 我国污染控制政策的减排效果——基于省际工业污染数据的实证分析 [J]. 管理世界，2008：7-17.

⑦ 王凤，阴丹. 公众环境行为改变与环境政策的影响——一个实证研究 [J]. 经济管理，2010，32（12）：158-164.

⑧ Gary R H, Bebbington K J, Walters D. Accounting for the environment：The greening of accountancy [M]. London；Part Ⅱ，Paul Chapman，1993：93.

⑨ Corbett. Evaluating environment performance using statistical process control techniques [J]. Europran journal of Operation Research，2002，139（1）：68-83.

认为所谓的环境绩效应该包括在环境管理过程中所采取的环境政策、计划和结构框架、企业的财务状况、开展的环境活动等；Corbett（考白特）则认为环境绩效是政府或者企业进行环境管理所取得的效果，包括政府管理制度、地区文化、人力资本、资金运用等体现的环保意识和企业的生产经营活动对于环境事务造成的直接或者间接的影响。

还有许多国外学者从重要性、作用和内容等方面对环境绩效评价指标进行了研究，例如 Henri（亨利）和 Journeault（朱奈尔）认为政府和企业迫切需要环境绩效指标对环境绩效进行测量，并且从环保法规、政府补贴和环保目标 3 个方面深入分析了环境绩效指标的使用方法。[①] 国外学者 Moana（莫阿纳）在他的文章中提到消费指数和环境绩效指标之间具有一定的关联性，利用 exlobase 数据库全球多区域投入产出模型，确定了温室气体排放、材料、水、土地利用和固体废物的生产和消费压力指标。他指出，以生产力为基础的指标与国内生产总值平价之间具有一定的关联性，其中以环境指标中的碳和国内生产总值评价之间的相关性最高。[②] 另外，有部分国内学者在国外发表文章表述自己的观点，例如 Tang（唐）、Liu（刘）在文章中着重于如何通过中国的强制性目标体系（MTS）将以前的环境绩效排名转变为未来的政策绩效。通过研究表明，省级环境绩效评价是加强环境治理的有效激励手段。[③] 由于官方赛事的竞争，排名较低的省份将在未来几年改善其环境政策表现。并对中国环境政策的现状提出相应的政策建议。

环境政策执行绩效体现在环境政策的执行效果，而环境政策的实施成效，则取决于环境问题的处理和处理的程度，也就是环境的质量和公共卫

① Henri，Journeault. Environmental performance indicators：An empirical study of Canadian manufacturing firms ［J］. Journal of Environmental Management，2008，87：165-176.

② Moana Simas. Correlation between production and consumption-based environmental indicators：The link to affluence and the effect on ranking environmental performance of countries ［J］. Ecological Indicators，2017，76.

③ Tang，Zhengwen Liu，Hongtao Yi. Performance Ranking and Environmental Governance：An Empirical Study of the Mandatory Target System ［J］. Review of Policy Research，2018，35（5）.

生的安全。英国于 1956 年通过《清洁空气法》，引发了一场异常激烈的争论，有关环保政策的效力评价问题也成了学界津津乐道的话题。Chay（tp）利用最小二乘法，发现 1970 年美国《清洁空气法案》虽然减少了总悬浮微粒，但对成人和老人的死亡率却没有任何影响。[①] Dechenes（德切尼）等人通过运用三重倍差法发现美国 NOX 的排放权交易机制可以降低死亡率，也对改善公众的健康有很大的帮助。[②] Luechinger（卢钦格）公司的调查显示，德国电力工业实行的脱硫政策可以有效地减少 SO_2 的排放。[③]而在发展中国家，其实施环境政策的成效却很差，而政府能力不足是其最大的障碍。Greenstone（格林斯通）& Hanna（汉娜）通过运用两阶段倍差法，发现了由于更多的民众参与政策的实施更加有效。[④] Hedley（何德利）等人调查显示，20 世纪 90 年代，中国香港 SO_2 的排放下降部分是由于实行了对环境的限制政策。[⑤]此外，学者对不同环境政策的执行效果进行比较分析。Baumol（鲍莫尔）等人对环境政策模型进行了综合分析，并对排放许可进行了分析，结果显示，强制管制的政策比经济政策更有效。[⑥] Barry. C. Field（巴里·费尔德）认为，因为各个企业对政府的边际管理费用的控制程度各不相同，用统一的标准来衡量，会存在一定的偏差，所以，他建议

① Kenneth Y Chay, Michael Greenstone. Air Quality, Infant Mortality, and the Clean Air Act of 1970 [J]. National Bureau of Economic Research, 2003.

② Olivier Deschenes, Michael Greenstone, Joseph S. Shapiro. Defensive Investments and the Demand for Air Quality: Evidence from the NOX Budget Program and Ozone Reductions, IZA Dicussion Paper, 2013 (7557).

③ Luechinger, S. Air pollution and infant mortality: A Natural Experiment from Power Plant Desulfurization [J]. Journal of Health Economics, 2014, 37 (9).

④ Greenstone, M., R. Hanna. Environmental Regulations, Air and Water Pollution, and Infant Mortality in India [J]. American Economics Review, 2014. 104 (10).

⑤ Hedley, A. J., C. M. Wong, T. Q. Thach, S. Ma, T. H. Lam, H. R. Anderson. Cardiorespiratory and All-cause Mortality after Restrictions on Sulphur Content of Fuel in Hong Kong: An Intervention Study [J]. The Lancet, 2002, 360 (9346). 1646-1652.

⑥ Baumol, Oates, Wallace E. Fiscal federalism [M]. New York: Harcourt Brace Jovanovich, 1972. 32-34.

制定一种"指令–控制性"的环保政策更为有效。[①] Nick Hanley（尼克·汉利）从环保角度出发，分析了经济–激励模型中常见的方法，他认为税收和补贴政策的实施难度很大，因为很难确定一个合适的标准，所以只能提高税收收入，而不能有效地减少污染。[②]

目前，国内实证领域内关于环境政策执行效果的相关文献较少，只有少数学者运用数据包络理论对我国实施节能减排的影响进行了实证分析。包群等人从法律的角度出发，认为环境保护的立法要想有效的实施，当地必须存在非常严重的地方环境问题，或者说，当地执法更为严厉。[③] 朱琳从"成本—效益"角度，对节能减排的最终实施效果进行了分析，从微观角度考察了各产业的实施效果[④]；刘伟和李虹在分析了工业数据后，发现取消煤炭补贴后，单位 GDP 的 CO_2 排放量会相应减少。[⑤]

Grossman（格罗斯曼）和 Krueger（克鲁格）认为，环境污染程度与经济增长存在着长期的倒 U 形关系，即环境库兹涅茨曲线[⑥]，而 Brock（布洛克）等人则将污染因素与环境质量纳入经济增长的内生增长模式中，最终得出了提高环境投入可以改善环境的结论。[⑦] 而在考察政府行为对中国 85 个城市的环境影响方面，Wang（王）和 Di（狄）认为各级政府的环

---

① Barry. C. Field, Martha. K. Field. Environmental economics an introduction [M]. New York：Mc -Graw-Hill, 2005. 235-257.

② Nick Hanley. The new economics of outdoor recreation [M]. France：Edward Elgar Publisher, 1996.

③ 包群，邵敏，杨大利. 环境管制抑制了污染排放吗？ [J]. 经济研究, 2013, 48 (12)：42-54.

④ 朱琳. 基于成本—效益的节能减排政策执行效果分析 [D]. 天津师范大学, 2014.

⑤ 刘伟，李虹. 中国煤炭补贴改革与二氧化碳减排效应研究 [J]. 经济研究, 2014, 49 (08)：146-157.

⑥ Gene M Grossman, Alan B Krueger. Economic growth and the environment [J]. Quarterly Journal of Economics, 1995.

⑦ William A. Brock, M. Scott Taylor. The Green So-low Model. Social Sciences and Research Institute University of Wisconsin, Madison Working Paper, No. 2004-16.

保意识和所反映的环境问题，都会促进当地政府的环境管理。[①] 而 Thomas Heberer（托马斯·海博勒）和 Anja Senz（安贾·森兹）等人的研究表明，在鼓励当地官员实施中央环保政策方面，政治奖励还远远不够。[②] 此外，Harsman（哈斯曼）和 Quigley（奎格利）在 2010 年的一项研究中也提到了公众的直接参与和监督能够提高环境质量[③]，Harrison（哈里森）和 Kostka（科斯特卡）的研究显示，约束指标对于环境政策的执行具有非常大的影响，可以帮助当地政府更好的执行环境政策。[④]

我国目前对环境政策实施的影响因素的研究主要是从实证研究进行的，而且以不同的视角进行分析。李侃如、李继龙等人在分析了影响当地政府参与气候变化的各种因素后，归纳出了我国地方政府在环境问题上的 MPC-IC 行为方式，即动力、能力、权力、激励、约束。[⑤] 郑寰的研究在某种程度上弥补了这一问题，他从垂直层次和水平层次两个层面对我国水资源保护体制实施困境的成因进行了分析。结果表明，在垂直层面上，存在着 3 个方面的问题，即中央派驻机构缺乏政策权威、层级控制断裂、公共政策缺乏参与。

李侃如通过对中国政府治理制度的分析，发现权力分配与激励机制是制约环境政策实施成效的重要因素。[⑥] 同样，黄晗还从环境治理规模、制

---

① Hua Wang, Wenhua Di. The determinants of Government environmental performance – an empirical analysis of Chinese townships, Policy Research Working Paper Series 2937, The World Bank. 2002.

② Thomas Heberer, Anja Senz. Streamlining Local Behavior through Communication, Incentives and Control: A Case Study of Local Environmental Policies in China [J]. Journal of Current Chinese Affairs, 2011, 40 (3). 77-112.

③ Harsman. B. J. M. Quigley. Political and Public Acceptablity of Congestion Pricing: Ideology and Self_ interest [J]. Journal of Policy Analysis and Maanagement, 2010, 29 (4).

④ Tom Harrison, Genia Kostka. Manoenuvres for a low carbon state: the local politics of climate change in China and India [J]. Research Paper, 2015.

⑤ 李侃如，李继龙. 中国的政府管理体制及其对环境政策执行的影响 [J]. 经济社会体制比较，2011（02）：142-147

⑥ 李侃如，李继龙. 中国的政府管理体制及其对环境政策执行的影响 [J]. 经济社会体制比较，2011（02）：142-147

度结构和激励机制等角度，对我国环境政策实施的困境进行了剖析。[①] 唐啸、胡鞍钢和杭承政则更加深入地探讨了激励问题，他构建了一种基于激励-行为-产出的二元激励模式，认为非正式制度的信号作用可以让地方政府感受到政府的政策取，从而提高了政策的实施。[②] 上述学者的研究都是以激励为出发点，之后的学者则分别从压力系统的不同层次进行分析，马亮提出的压力-状态-响应模型，指出环境压力会促使环境调整，并将其还原到正常水平，并对此进行了实证分析，结果显示，"侮辱式"的管理对绩效等级的影响是有限的。[③] 周权雄认为，面对各种经济指标的压力，区域财政赤字水平会对地方政府环境保护功能产生一定的影响。[④] 张华的调查还表明，对实现经济目标的更大的激励，部分地分散了地方政府对环保政策的关注。[⑤] 李永友、沈坤荣等人对排污权交易机制进行了分析，结果显示，污染排放之所以能有明显的效果，主要是因为征收了污染税，而现在，排污权交易并没有起到任何作用。[⑥] 因此，孙伟增、罗党论、郑思齐、万广华等人分别从 86 个主要城市的数据分析中得到了一个结论，那就是要把环保工作纳入政府的工作考核中去，并且要加大对环境的管理力度，这对环境的影响是非常大的。[⑦] 除了上述有关环境政策实施的动机与压力因素的探讨外，还有一些学者则从利益合谋、贪污等方面进行探讨，结果显

---

① 黄晗. 地方政府与中国环境政策执行困境分析 [J]. 北京行政学院学报，2013（04）：14-18.

② 唐啸，胡鞍钢，杭承政. 二元激励路径下中国环境政策执行——基于扎根理论的研究发现 [J]. 清华大学学报（哲学社会科学版），2016，31（03）：38-49.

③ 马亮. 绩效排名、政府响应与环境治理：中国城市空气污染控制的实证研究 [J]. 南京社会科学，2016（08）：66-73.

④ 周权雄. 政府干预、共同代理与企业污染减排激励——基于二氧化硫排放量省际面板数据的实证检验 [J]. 南开经济研究，2009（04）：109-130.

⑤ 张华. 地区间环境规制的策略互动研究——对环境规制非完全执行普遍性的解释 [J]. 中国工业经济，2016（07）：74-90.

⑥ 李永友，沈坤荣. 我国污染控制政策的减排效果——基于省际工业污染数据的实证分析 [J]. 管理世界，2008（07）：7-17.

⑦ 孙伟增，罗党论，郑思齐，万广华. 环保考核、地方官员晋升与环境治理——基于 2004—2009 年中国 86 个重点城市的经验证据 [J]. 清华大学学报（哲学社会科学版），2014，29（04）：49-62.

示，作为管制政策的环保政策，其实施失败的主要原因在于管制目标−污染制造者和监管者−地方政府与基层政策执行者之间的利益共谋。① 李后建则以三阶段博弈模式为基础，进一步揭示了腐败对环境政策执行的影响机制，即腐败与工业企业的规模会削弱其政策执行力。②

总之，就其研究的内容而言，目前已有大量的国内外学者对环境政策进行了大量的探讨，其中包括对环境政策实施的理论探讨和环境政策工具的研究，大部分集中在相关理论的讨论。目前国内有关政策实施成效的实证研究主要集中在教育、农业、扶贫等领域，而许多学者仅从激励、腐败、分权、压力体制等方面探讨环境政策执行的影响，而对其执行成效的研究相对较少。

2.2　减排与减排政策的相关研究

"减排"就是要降低污染物排放量，减少对环境的危害。③ 减排政策出自我国"十一五"规划纲要，是"节能减排"政策的一部分。④ 减排政策的提出源于改善资源和能源消费的对环境的负担，是国家为了保护环境、经济发展而制定的一套行为准则。能源的有效利用和再利用是节能减排的关键，其根本特点有 3 个方面：一是能源消耗少，二是排放量少，三是高效能。

---

① 魏姝. 政策类型与政策执行：基于多案例比较的实证研究 [J]. 南京社会科学，2012（05）：55−63.

② 李后建. 腐败会损害环境政策执行质量吗？[J]. 中南财经政法大学学报，2013（06）：34−42.

③ 刘洪斌. 节能减排政府责任保障机制研究 [D]. 中国海洋大学，2010；13.

④ 2006 年 3 月 16 日发布的《中华人民共和国国民经济和社会发展第十一个五年规划纲要》，提出了单位国内生产总值能源消耗降低 20% 左右的节约能源约束性指标和主要污染物排放总量减少 10% 的环境保护约束性指标。2007 年 5 月国务院发布的《节能减排综合性工作方案》提出，" '十一五' 期间，主要污染物排放总量减少 10%，到 2010 年，二氧化硫排放量由 2005 年的 2549 万吨减少到 2295 万吨，化学需氧量由 1414 万吨减少到 1273 万吨；全国设市城市污水处理率不低于 70%，工业固体废物综合利用率达到 60% 以上。"

2.2.1 减排政策执行研究

陈振明对政策执行的解释如下："政策执行是执行者采取解释、宣传、实验、实施、协调与监控等运用各种政策资源而建立的组织机构，是将政策观念化形态转变为实际效果以实现既定政策目标的动态过程"。① 这一概念与国内学术界的普遍认识是一致的。减排政策实施的本质在于"执行"，主要体现在3个方面：一是实施减排政策是一个动态的规划、组织、监督、控制、考核和问责的动态过程；二是实施减排政策是对污染进行有效控制的过程，是将思想上的减排内容真正转变成企业的可操作的过程；三是政策实施是由主体、客体、信息资源、政策环境等要素相互影响的整体。总体而言，减排政策的执行，是"十二五"期间，政府作为主导方，明确企业减排的主体责任，达成企业减排的目标，通过经济、法律等行政手段，将减排的各项政策层层落实的一系列减排措施。②

《"十二五"节能减排综合性工作方案》第五条关于加强减排目标的规定，明确规定，各省政府要在年底前将本地区的减排任务完成情况上报给中央，并明确指出，要将年度的减排指标与进度追踪相结合。③ 另外，"十二五"规划提出的年度减排目标是20%④，国家发改委主任徐绍史在2014年5月26日的全国能源节约与应对气候变化工作电视电话会议上，提出了三年内的中期评估，按原则上，减排指标要达到60%。因此，要实现减排政策目标是减排政策的最终效果，这一点很重要，但同时也不能忽略减排的具体实施与进度。通过对"十二五"节能减排政策的实施情况进行跟踪，可以帮助政府及时掌握有关环境状况、合理调控减排政策、正确指导减排政策，实现资源的有效利用和循环利用。

---

① 陈振明. 政策科学 [M]. 中国人民大学出版社，1998，279.

② 陶学荣，崔运武. 公共政策分析 [M]. 华中科技大学出版社，2008，295.

③ 国务院关于印发"十二五"综合性节能减排工作方案的通知 [J]. 宁波节能. 2011-10-15，国发［2011］26 号.

④ 梅赐琪，刘志林. 行政问责与政策行为从众："十一五"节能目标实施进度地区间差异考察 [J]. 中国人口·资源与环境，2012，22（12）：127-134.

2.2.2　减排政策执行及其效果的相关研究

自 21 世纪以来，我国的发展理念开始转变，逐步加强对发展方式的约束。从"十一五"规划开始，国家发展战略的顶层设计就将环境保护事业单独成篇，并对具体的减排任务设置了量化的目标。可见国家对减排工作的重视和执行减排的决心。"十二五"规划主要污染物约束性指标由原有的两项增加至四项，沿用至"十三五"规划期间。截至"十三五"收官之年，我国环境减排工作取得世界瞩目的成就。许多学者认为其归功于减排政策的有效执行，[1] 才有了我国城市的空气质量好转。[2] 具体而言，中央（上级）政府设置的环境约束性指标，在科学分解后，又常常被"层层加码"给各级地方政府，再加之官员晋升中的环保工作一票否决机制以及非正式路径的激励[3]，有效地促使地方（下级）政府去执行减排政策，实现减排目标。在这种压力下[4]，每一个五年规划末期的收官之年，都能如期完成目标任务。

也有很多学者持相反观点，他们认为减排政策的执行效果并不理想，我国环境质量并没有显著改善。具体表现为：地方政府只是一般性地完成

---

[1]　刘政文、唐啸（2017）通过 2006—2015 年中国省际环境数据实证分析得出，约束性指标的设立对地方政府的环境政策执行力度具有显著影响。

[2]　刘阳荷（2017）整合了中国主要大气污染物排放量的相关数据，发现：二氧化硫、工业烟尘、工业粉尘、可吸入颗粒物 PM10 和细颗粒物 PM2.5 等在全国、省份层面及城市层面，均呈现出不同程度的波动下降趋势，从而得出中国大气污染严重并不能掩盖空气质量好转的事实。

[3]　唐啸、胡鞍钢、杭承政（2016）在研究中国环境治理领域的官员激励时发现，约束性指标主要通过非正式激励路径影响了地方官员行为意愿。在此研究基础上，周绍杰、刘源浩、胡鞍钢等（2017）以二元委托代理激励模型为分析框架，通过分析 717 名不同级别官员的问卷数据，发现与约束性指标相关的正式制度激励相比，顺应中央政府导向和上级领导注意力所代表的非正式制度激励对官员环境治理行为力度产生的影响更为显著。

[4]　荣敬本等.《从压力型体制向民主合作体制的转变：县乡两级政治体制改革》，中央编译出版社，1998.

约束性指标，实际上中央政府并没有真实达到预期的目标，① 我国减排整体效率仍然比较低。② 这背后的原因主要有几个方面：一是减排任务的行政问责制容易导致地方政府短期行为，从而实质上减弱政策效果，导致约束性指标的真实效果打折扣。③ 二是我国主要污染物的减排任务的指标分配不是以市场机制为基础，而是以行政手段为主导，较难全面了解转型期中国的市场需求。④ 而且，政府的行政手段中，强制性措施过多，激励性措施不足。⑤ 三是对减排任务的指标考核容易只得到短期的政策输出，也就是各项考核指标的完成情况，而不是长期有效的政策效果。⑥

自 2020 年 9 月我国明确提出"双碳"战略目标后，碳交易、碳税、试点政策等碳减排政策的执行情况及其实施效果引起学界广泛地讨论。

碳排放权交易政策，简言之，就是将二氧化碳的排放权作为商品，放到碳交易市场上进行买卖。对于碳排放权交易政策的实施效果，刘传明等（2019）采用合成控制法，对试点城市碳排放交易政策的减排效果进行评估，发现碳排放权交易政策可以显著减少碳排放，并进一步研究发现了政策对于不同企业的减碳的传导机制，对于拥有较多排放权的企业来说，主

---

① 宋雅琴、古德丹（2007）在研究"十一五"规划主要指标制定和执行的过程中，发现中央政府未达到预期的责任机制，地方政府仅在表面上"作秀式"的完成目标责任制任务。

② 于鹏飞、李悦、高义学等（2010）通过建立节能减排效率评价指标体系模型，得出我国能源、水资源的利用效率、废水、SO2 治理和排放效率虽有普遍提高，但整体效率仍比较低。李永友、沈坤荣（2008）在研究我国控制政策的减排效果时发现减排补贴和环保贷款制度对污染减排影响甚微。

③ 梅赐琪、刘志林（2012）通过对"十一五"节能目标政策执行进度（即节能目标完成率）的省际差异进行实证分析，发现政策实施初期执行进度较慢的省份将在行政问责的压力下强化政策实施力度以实现赶超，但初期执行进度较快的省份将在后期主动弱化实施力度。不同执行主体的"从众"行为将在整体上减弱行政问责制的政策效果，并在客观上导致节能约束性指标打折扣。

④ 朱旭峰（2008）认为"十一五"期间，中国主要污染物减排指标没有实现达标的重要原因是国家污染物减排指标的分配机制无法适应我国市场转型的要求。

⑤ 史丹、马翠萍（2014）认为缺乏节能减排的核心技术、节能减排融资渠道有限、节能减排强制性措施过多和激励引导不足等因素制约着我国节能减排工作的深入。

⑥ Bruce Gilley（2012）对中国气候变化政策的研究发现，以指标考核为主的政治激励方式更容易产生政策输出（policy output）而不是具体的政策结果。

要通过市场获利、技术创新、政府支持，对于拥有较少排放权的企业来说，主要通过成本压力、工艺创新、市场导向。邓荣荣（2016）对比分析了碳排放权交易政策在试点城市实施前后碳排放量的变化，发现，试点实施后碳排放总量和人均碳排放量呈持续上升的状态，但是增速有所减缓，碳排放强度有所下降，碳排放绩效也高于非试点城市和全国平均水平。大部分学者的研究都证实了碳排放权交易政策的减排效应。对于交易政策减排有效性的影响因素，王文军等（2018）发现了四个关键性要素，包括对象的减排潜力、交易配额总量、碳交易价格和当地的经济发展水平。

碳税政策主要指的是以减少碳排放为目的，以二氧化碳排放为单位征收的税，按照一次能源和二次能源的含碳量或者碳排放量来征税。Metcalf（2008）主要论证了美国实行碳税政策的经济、行政和效率方面的可行性，并提出要构建收入和分配中立的改革以减少政策实施中的阻碍，并认为碳税政策是控制温室气体排放的有效方法。Lin et al.（2011）运用双重差分法研究了北欧五国的碳税的政策实施效果，发现碳税政策在芬兰的减排效应较好，显著减少了碳排放量，在其他四个国家碳税政策的减排效果不理想。由于我国尚未实施碳税政策，因此学者研究中国碳税政策主要是基于政策建议的角度出发。刘磊等（2022）从目标、成本、风险三个角度分析了碳税政策和碳排放权交易政策实施的协同机理；王茹（2021）从多源流分析的角度，分别在问题源流、政策源流、政治源流中加入时间、风险、体制要素，提出了碳税和碳排放权交易政策的协同实施建议。

在试点政策研究中，戴嵘等（2015）运用双重差分法对低碳试点政策的效果进行评价，发现减排效果从不显著变得显著。董梅（2020）运用合成控制法研究了低碳试点省份的减排净效应，发现低碳试点省份的碳排放量并非全都下降，也存在试点政策无效以及增加碳排放的现象，并指出试点政策区域异质性的因素，主要包括工业产值、经济发展水平、指标设置、其他减排政策的叠加效应、产业结构等因素。苏涛永等（2022）基于285 个城市的面板数据，研究了低碳和创新双试点政策的碳减排效应，发现双试点政策城市相比较非试点城市的减排效应更显著，相比较单试点政策的城市，减排效应也更加显著，表明低碳试点和创新试点具有协同减排的作用，从时间上看，先成为创新试点城市比先成为低碳试点城市的减排效果更好。

2.3　公共部门激励偏差问题研究

2.3.1　公共部门激励偏差

激励偏差，又称激励扭曲（Distortion of Incentive），是指激励机制自身可能导致的代理人行为偏离委托人期望目标现象。Holmstrom（霍姆斯特姆）& Milgrom（米尔格罗姆）（提出不完全激励契约可能导致"激励偏差"，他们通过多任务（multitask）代理模型证明当代理人有多种可选择行为时，会根据激励契约选择自己获利最多的行为，而这些行为可能与委托人的期望不一致。① 此后，激励偏差现象引起了更多学者的关注。其研究大致有两条脉络：一是风险视角，以 Holmstrom（霍姆斯特姆）为代表的学者从信息不对称所造成的风险，以及委托人和代理人风险偏好特征等方面探讨激励偏差的形成原因②③；二是评估视角，既代理人行为对组织目标的边际贡献和绩效目标的边际贡献不同导致偏差，在实践中后者比前者更重要。④⑤ 就部门差异而言，由于组织功能和服务对象的特殊性，公共部门的激励偏差问题比私人部门更加突出。

激励偏差测量的理论研究。有效激励依赖于和绩效挂钩的差别化报

---

① Holmstrom B, Milgrom P.. Multitask principal-agent analyses: Incentive contracts, asset ownership, and job design [J].

② Holmstrom B, Milgrom P.. Multitask principal-agent analyses: Incentive contracts, asset ownership, and job design [J].

③ Prendergast Canice. What Tradeoff of Risk and Incentives? [J]. American Economic Review, 2000, 90 (2): 421-25.

④ George Baker, The Use of Performance Measures in Incentive Contracting [J]. The American Economic Review, 2000, 90 (2): 415-420.

⑤ George Baker. Distortion and Risk in Optimal Incentive [J]. The Journal of Human Resources, 2002, 37 (4): 728-751. [6] Robert Gibbons. 1998. Incentives and Careers in Organizations [J]. Journal of Economic Perspectives, 12 (4): 115-32.

酬，几乎所有经典模型所推导的最优激励契约都是建立在一定的绩效结果基础上。绩效指标可能引发的激励偏差自然成为研究者关注的重点。在政府部门和非营利组织，激励契约很容易使用激励目标与组织目标不一致的偏差的绩效指标①，因为公共部门的组织目标很难明确界定。由于绩效考核结果是可观测的信息，委托人通常将其作为激励依据写入激励契约，所以 Baker（贝克尔）求解基于绩效考核结果的最优激励强度，线性报酬的斜率可表达成风险和偏差共同决定的一个系数。而激励偏差则由代理人行为对组织价值和绩效目标的边际贡献向量形成的夹角来表示。② Bake（贝克尔）的理论提供了测量思路，但未回答边际贡献如何测量的问题。

激励偏差测量的实证研究。Courty（库尔迪）& Marschke（马施克）提出用关系统计量识别激励偏差，他们通过 JTPA 机构新绩效考核体系推行前后数据的对比，发现新考核指标推行后，新的绩效结果和组织目标之间的关联下降，从而验证了该机构存在绩效指标引起的激励偏差。③ Kelman（凯尔曼）&Friedman（弗里德曼）从绩效考核可能引起的代理人"努力替代"和"博弈行为"来探讨激励偏差，利用英国 155 家医院 2003—2006 年的数据来验证激励偏差。④ 这些文献通过测量公共部门绩效指标与组织目标之间的相关度来检验偏差的存在，并不是通过代理人行为的边际贡献。

---

① George Baker. The Use of Performance Measures in Incentive Contracting [J]. The American Economic Review, 2000, 90（2）：415–420

② George Baker. Distortion and Risk in Optimal Incentive [J]. The Journal of Human Resources, 2002, 37（4）：728–751. [6] Robert Gibbons. 1998. Incentives and Careers in Organizations [J]. Journal of Economic Perspectives, 12（4）：115–32.

③ Pascal Courty and Gerald Marschke. A General Test for Distortions in Performance Measures [J]. The Review of Economics and Statistics. 2008, 99（3）：428–441.

④ Steven Kelman, John N. Friedman. Performance Improvement and Performance Dysfunction: An Empirical Examination of Distortionary Impacts of the Emergency Room Wait-Time Target in the English National Health Service [J]. Journal of Public Administration Research and Theory 2013, 23（4）：917–946.

2.3.2　基于 θ 向量夹角的激励偏差测量模型[①]

由于绩效考核结果是可观测的信息，委托人通常会将其作为激励依据写入激励契约，Baker（贝克尔）求解基于绩效考核结果的最优激励强度，线性报酬的斜率就可以表达成风险和偏差共同决定的一个系数[②]，如公式（2-1）所示。

$$b_p^* = \frac{\cos\theta}{1 + 2h\sigma_\phi^2} \qquad (2-1)$$

公式（2-1）中的 $\cos\theta$ 代表绩效考核的偏差程度，σ_ϕ^2 代表绩效考核的风险，h 代表代理人的绝对风险规避系数。$\cos\theta$ 值越高，意味着偏差程度越低，反之则越高。绩效考核的偏差程度越高，就会导致该绩效指标在激励契约中的权重越低。Baker（贝克尔）的测量思路可以将复杂多维度的代理人行为选择转换成一个可以在线性空间中描述的问题，大大简化了绩效考核偏差的描述。他设置的最优激励强度既包含了绩效指标偏差的信息，又包含了风险的信息，为后续研究提供了重要参考。Pascal Courty（帕萨卡·库尔迪）& Gerald Marschke（杰拉尔德·马施克）（2008）在 George Baker（乔治·贝克尔）模型的基础上采用关系统计量来识别绩效指标偏差。

在委托-代理框架下，构造两个关于代理人行为的线性产出函数：一个是组织目标收益随着代理人不同行为选择而变化，另一个是绩效考核结果随着代理人不同行为选择而变化。代理人行为带来的组织目标收益和绩效考核结果不同的原因在于代理人行为对组织目标收益的边际贡献和对绩效考核结果的边际贡献不同。如公式（2-2）、公式（2-3）所示，V 表示组织目标收益，P 表示绩效考核结果。

$$V(a, \varepsilon) = f \cdot a + \varepsilon \qquad (2-2)$$

$$P(a, \phi) = g \cdot a + \phi \qquad (2-3)$$

---

① 周碧华. 公共部门激励偏差 [M]. 北京：经济日报出版社，2017.

② George Baker. Distortion and Risk in Optimal Incentive [J]. The Journal of Human Resources, 2002, 37 (4): 728-751. [6] Robert Gibbons. 1998. Incentives and Careers in Organizations [J]. Journal of Economic Perspectives, 12 (4): 115-32.

　　其中 f、g 及 a 均为向量,"·"表示内积。a 表示代理人的行为,f 为代理人行为对组织目标收益的边际贡献,g 为代理人行为对绩效考核的边际贡献。随着代理人行为对组织目标收益与绩效考核结果的边际贡献的差异程度增加,两个向量的夹角增加,绩效考核指标偏差了激励结果。当出现夹角 θ 时,委托人会降低激励强度,也就是最优激励契约的斜率会减小。绩效考核的偏差程度越高,就会导致该绩效指标在激励契约中的权重越低。如果代理人行为既会增加 P 也会增加 V,那就说明对这一行为的绩效考核指标没有偏差。

　　假设代理人有两种可选择的行为:行为 1 对组织目标收益的贡献是 f_1,对绩效考核结果的贡献是 g_1;行为 2 对组织目标收益的贡献是 0,对绩效考核结果的贡献是 g_2。尽管行为 2 对组织目标收益毫无贡献,但代理人仍会选择行为 2,因为它会提高绩效考核结果。如图 2.1 所示,刻画出这种激励偏差的程度。

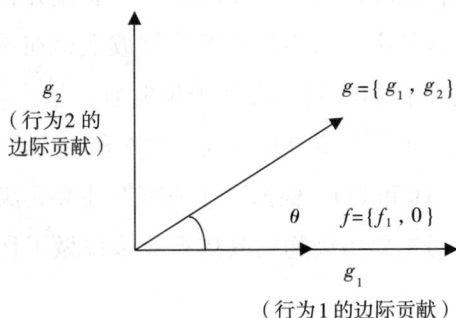

图 2.1　激励偏差的二维坐标夹角图

　　向量夹角 θ 可以表示为公式(2-4),求解夹角 θ 的问题转换为如何求解两个向量的内积和模的问题。

$$cos\theta = \frac{[f,\ g]}{\|f\|\|g\|} \qquad (2-4)$$

第3章 我国减排政策的现状
与发展历程

3.1 我国各地区减排现状

3.1.1 主要污染物的行业来源

我国幅员辽阔,各地区资源和环境存在显著差异,经济发展水平差异也非常大,各地区的主要污染物来源及排放上存在一定差异。各地区在执行主要污染物减排的时候,必然因地制宜,结合当地的发展水平,统筹规划发展目标。本节主要分析空气中的 6 种主要污染物,即 PM2.5、PM10、SO_2、NO_2、O_3 和 CO。根据"十三五"主要污染物总量控制规划的编制技术指南,对主要污染物的具体行业来源做了详细的划分和介绍(见表3.1)。

表3.1　主要污染物具体行业来源表

水污染物及其来源		水污染源减排治理包含的行业/措施		空气污染物及其来源		大气污染源减排治理包含的行业/措施
方向	污染来源	–		方向	污染物	—
工业	废水污染COD 排放氨氮排放	工业类型	分属行业	机动车排放	一次性颗粒 PM2.5一次性颗粒 PM10二氧化氮 NO_2	电力行业冶金行业建材行业
		造纸业及纸制品业	—			

续表

水污染物及其来源	水污染源减排治理包含的行业/措施		空气污染物及其来源	大气污染源减排治理包含的行业/措施
工业 废水污染COD排放氨氮排放	纺织印染业	—	一氧化碳（CO） 碳氢化合物（HC）	有色金属行业 石化行业 焦化行业 燃煤锅炉 交通运输业
	农副食品加工业	制糖行业	煤炭消耗 一次性颗粒物 PM2.5 一次性颗粒 PM10 二氧化氮 NO_2 一氧化碳（CO） 二氧化硫（SO_2）	
		淀粉制造业		
		屠宰行业		
	化学原料及化学品制造业	氮肥行业	非道路移动源 碳氢化合物（HC） 一次性颗粒 PM2.5 一次性颗粒 PM10 二氧化氮 NO_2 一氧化碳（CO） 二氧化硫（SO_2）	
		农药行业		
		饮料制造业		
		染印行业		
		食品制造业		
		医疗制造业		
	皮革、毛皮、羽毛及制品业		生物质燃烧源 一次性颗粒 PM2.5 一次性颗粒 PM10 二氧化氮 NO_2 一氧化碳（CO） 二氧化硫（SO_2） 氨气（NH_3） 挥发性有机物（VOCs）	
生活 生活用水污染、CO排放、氨氮排放餐饮、医院、服务业污染源	主要为污水处理		扬尘源颗粒物排放 一次性颗粒 PM2.5 一次性颗粒 PM10	
农业 废水排放CO排放氨氮排放、畜禽养殖污染	农业类型			
	畜禽养殖业			
	水产养殖业			
	种植业			

资料来源：《"十三五"主要污染物总量控制规划的编制技术指南》

如表 3.1 所示，表中主要污染物来源于生产、生活的许多方面。机动车尾气中就含由其中几种主要污染物，包括 PM2.5、PM10、NO_2 和碳氢化合物等，不会释放 O_3 和 CO。煤炭的燃烧（主要用于 4 个行业，即电力、冶金、建材及化工）是各种污染物的重要来源，煤炭燃烧会释放 PM2.5、PM10、SO_2、NO_2 和 CO，仅仅不包括 O_3。生物质燃烧（锅炉用未经改性的燃料、深林火灾、草原火灾以及秸秆的露天焚烧等）也会释放众多的污染物，包括 PM2.5、PM10、SO_2、NO_2、CO 和氨气、挥发性有机物等，对环境构成严重危害。一些非道路移动源，包括农业机械，工程机械，以及船舶、飞机等也会释放一定量的污染物，包括 PM2.5、PM10、NO_2 和碳氢化合物、SO_2 等。扬尘颗粒主要与 PM2.5、PM10 有关，它是指一些无组织颗粒物在经过自然或人力的作用下，无规则的排放到地表空气中，也会对人体构成很大的危害，所以要治理大气污染，这就对各行业提出了新的要求，其中包括电力、冶金、建材、有色金属、石化和焦化行业，以及燃煤锅炉、交通运输业等。

3.1.2　各地区的主要污染物来源差异

本研究分析各地区主要污染物排放量，以及排放量与当地 GDP 的比值。本研究共收集了 2014—2019 年各地区的相关数据。主要污染物排放数据来源于自国内空气品质线上的监测与分析的平台。[①] 单位 GDP 的主要污染物排放量是将 31 个省级行政区的年均污染物数据分别除以对应年份的 GDP（单位：亿元人民币），得到的各地区的单位 GDP 主要污染物排放量数据。相对应单位分别是微克/立方米/亿元人民币。由于各相邻年份的数据变化较为平稳，研究选取在时间跨度上间隔 5 年的 2014 年和 2019 年的各地区 6 种主要污染物排放差异进行分析，如图 3.1 所示。2015—2018 年的主要污染物浓度及单位 GDP 主要污染物浓度见附录 B。

[①] 该平台其属于公益性的软件系统，共计收录了 367 个不同城市 PM2.5，以及相关的天气数据信息，具体包括 AQI、PM2.5、PM10、SO2、NO2、O3、CO、温度、湿度、风级、风向、卫星云图等监测项。检测点对空气中 6 种污染物的检测是每天 24 小时进行的，全部数据信息的更新频次为 1 次/小时，此平台当中的月度 AQI 数据、污染物浓度数据信息等均源自当天环保数据信息同时借助计算的方式来获取平均值的数据结果，再将每年的 12 个月的污染物含量取平均值作为该年的污染物含量数据。

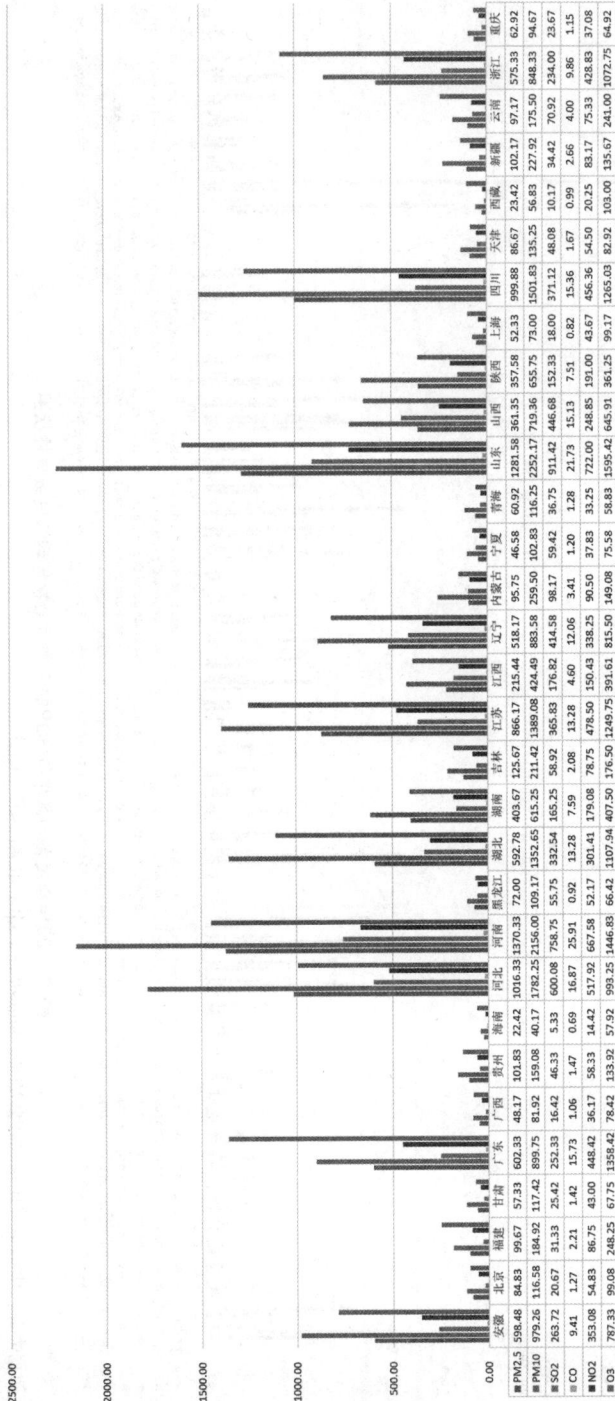

图3.1 2014年度各地区六种污染物年均浓度数据柱状图

数据来源：中国空气质量在线监测平台 https://www.aqistudy.cn/historydata/

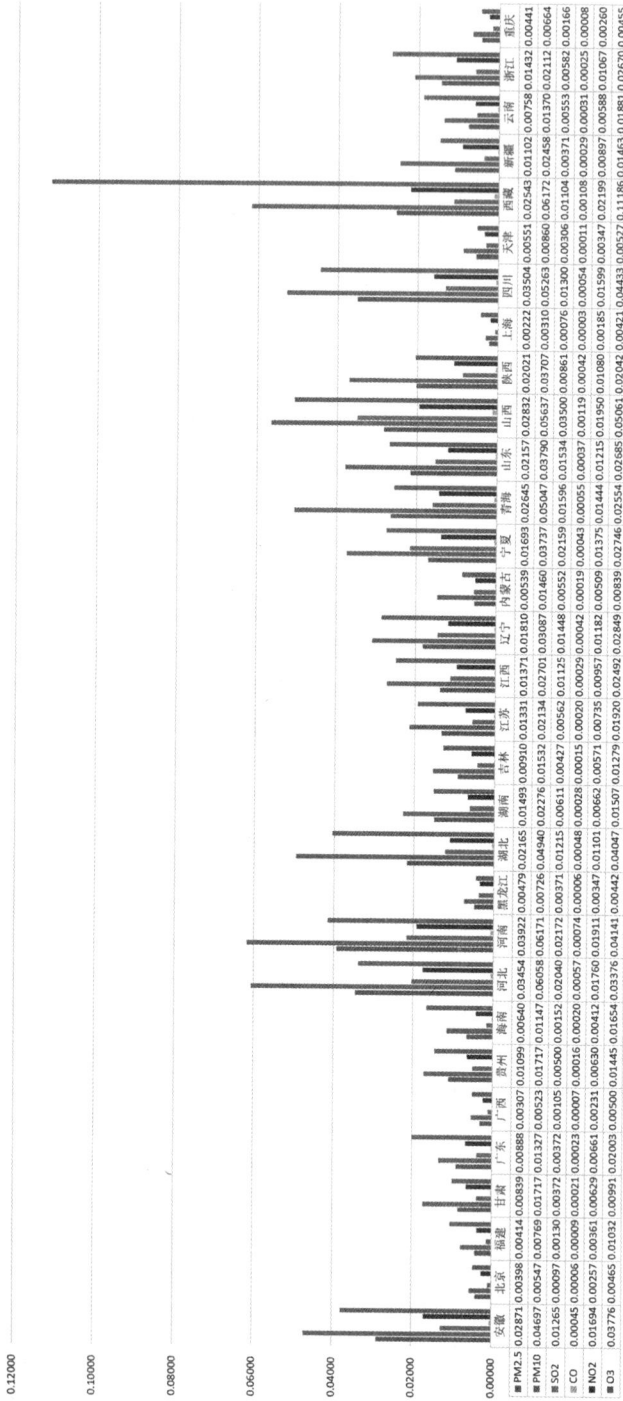

图3.2 2014年度各地区单位GDP的六种污染物年均浓度数据柱状图

数据来源：中国空气质量在线监测平台https://www.aqistudy.cn/historydata/

3.1.2.1 2014 年各地区空气六种污染物分析

一、单位 GDP 的 PM2.5 排放量分析

图 3.2 中集中展示了 2014 年各个省份的 PM2.5 的排放量，其中，河南省、四川省、河北省的单位 GDP PM2.5 排放量位居前列。从图表中可以看出，我国 PM2.5 含量最高的 10 个城市全部位于北方地区。这不难看出，与南方区域相比，国内北方区域当中空气体系中存在的 PM2.5 污染问题更为恶劣；同时，沿海区域在气象等多重因素的共同影响之下，空气品质比内陆区域更为优良。研究表明，在整年当中，空气品质最差的在冬季，特别是在北方区域当中，气候较为寒冷，用于日常取暖的煤炭及废弃物质等不利状况致使北方区域当中的空气品质持续降低。同时，国内的西北及南方区域因为同时会受到沙尘与生物质燃烧等因素的冲击与影响，在春季与秋季时，PM2.5 浓度会达到最高的水平。同时，结合不同季节当中大气当中污染物每天的数据信息动态状况可知，北京市、上海市、广州市的 PM2.5 对应的来源渠道在不同季节当中表现出较高水平的差异性，其品质浓度与二次气溶胶形成的大气化学条件、气象因素等数个因素的综合作用直接相关。

二、单位 GDP 的 PM10 排放量分析

山西省、河南省、河北省的 PM10 排放量相对偏高。据了解，有个别山西省内市县，曾经不重视其大气环境体系的品质恶化，以及省内区域当中火电产能体系过剩问题严重等状况，与《山西省低热值煤发电"十二五"专项规划》相悖，一些项目的污染物排放总数量对应的控制工作不严格，是导致山西省 PM10 排放量偏高的原因。

另外，河南省的个别工地仍然存在着违规施工的现象，尤其是一些新建工程，存在渣土车不正规等诸多问题。个别汽修店无组织排放，调漆房、危废处置间密封不严，污染较为严重。而在河北省的个别市区，存在着对大气污染综合治理研判调度不足，督导考核不严，导致推进力度减弱，重点任务推进不力，污染管控不到位的现象。

而重庆市、北京市、广西壮族自治区、上海市等地 PM10 排放量相对

较低，这可能与其第三产业高度发达有关。

三、单位 GDP 的 SO_2 排放量分析

从图 3.2 中可以看出，空气中 SO_2 含量偏高的地区仍然集中在河南省、河北省、山西省、四川省等地，这可能与当地的石化产业高度发展有关。如前所述，石油和煤炭中都会含有硫元素，燃烧时必然会释放 SO_2。四川省拥有众多的石化企业，所以其 SO_2 含量也比较高。近些年随着对环境保护的重视，北京的高污染企业都在外迁，可以发现北京的 SO_2 含量并没有高的很突出，在图表中居于中位。广东地区的单位 GDP SO_2 含量为 0.0037 微克/每立方米，这与其经济发展水平和气候环境息息相关。

四、单位 GDP 的 CO 排放量分析

CO 排放量居于高位的集中在我国东南、东北部，以及中部地区，其中山西省单位 GDP 一氧化碳排放量最高，为 0.0011 毫克/立方米，河南、河北、青海、湖北等省紧跟其后，究其原因，长久以来山西省等地区目前的产业结构仍然是以重化工业为主，其重化工业约占比 70%。除此之外，重污染企业也大量存在。相对来说，北京、上海等发达城市因为避开了重工业的污染侵袭，CO 排放量比较低。

五、单位 GDP 的 NO_2 排放量分析

图 3.2 中明显地看出，山西省 2014 年度单位 GDP NO_2 排放量最高，为 0.0195 微克/每立方米。山西省煤炭经济发达，如今，全球范围内关键的能源便是煤炭，在全球范围经济体系持续发展的背景下，煤炭体系的利用已经衍生出了相对恶化的环境污染问题。特别是燃煤电厂锅炉会排放出硫氧化物以及氮氧化物，这使得环境体系的恶化水平持续提升。其中，氮氧化物含量水平的持续提升是由于如下两层次的原因导致的，首先是因为晚交通高峰时出现了污染物集中进行排放的状况，其次是由于白天出现的臭氧污染问题在逐渐消退之后会在傍晚时出现 NO_2 污染累积的问题。山西省由于机动车尾气排放的污染压力，因此其 NO_2 污染程度始终在全国排名前列。

六、单位 GDP 的 O_3 排放量分析

河南、四川、山西等省 O_3 含量较高，川南地区多数城市秸秆集中焚烧风

险高，容易导致臭氧污染严重。此外，河南、山西等省由于长期以来，污染物排放总量大，从而导致 O_3 含量增加。而上海市、黑龙江省、广西壮族自治区等省市由于本身地理条件因素和经济发展因素的关系，臭氧排放量比较低。

综上所述，本研究结合各个工业及道路交通等污染物来源，分析了 2014 年 6 种主要污染物排放情况在各地区的差异。

3.1.2.2 2019 年度各省空气六种污染物分析

一、单位 GDP 的 PM2.5 排放量分析

图 3.3 集中展示了 2019 年度各个省份的 PM2.5 的排放量。我们可以看到 2019 年度单位 GDP 的 PM2.5 排放量位居前列的仍然聚集在我国东南地区，有安徽省、河北省、河南省、山西省。而北京市、上海市、天津市、广西壮族自治区等地仍然处于一个比较稳定的数值波动范围之内，北京的高污染高排放企业的外迁，为提升北京空气质量环境提供了保障，当下北京地区的空气质量已经得到非常大幅度的改善。上海的空气质量最优，其 PM2.5 含量已经低至 0.0009 微克/立方米/亿元人民币，这说明上海仍然维持第三产业的发展，实现了经济的又好又快发展，保障了人民享受舒适生活的权力。整体数据与 2014 年度数据相差比较明显，说明在近年来这些地区的节能减排策略起到了卓越的成效，空气质量得到了显著改善。

二、单位 GDP PM10 排放量分析

从图 3.4 中可以看到，安徽省、辽宁省已经加入重度 PM10 污染行列，其数值分别达到了 0.0244 微克/立方米、0.0254 微克/立方米。河北省、河南省、山西省位居前列，分别是 0.0291 微克/立方米、0.0309 微克/立方米、0.0435 微克/立方米。PM10 的增加与近年来的极端天气有关，近几年来，出现了大范围、高影响的沙尘暴天气。贵州省、云南省、海南省等空气湿度较大的地区比较少受影响，PM10 数值仍能够保持在较低水平。

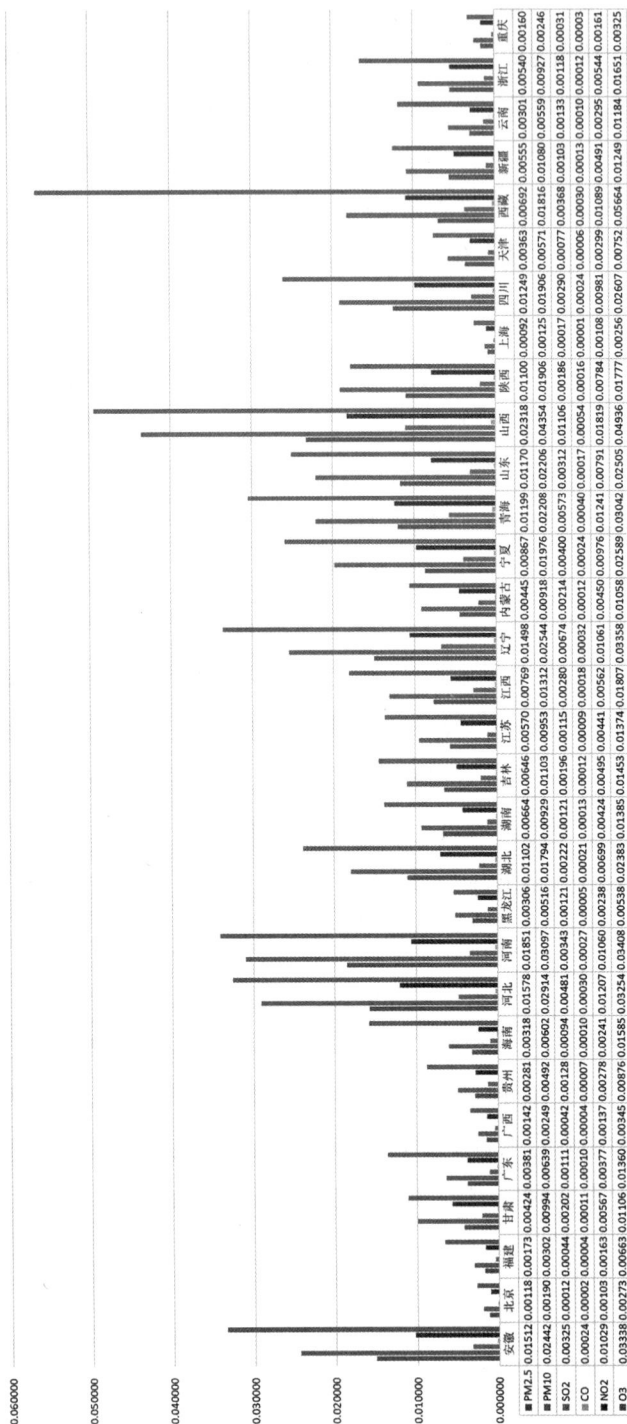

图3.3 2019年度各地区空气六种污染物年均浓度数据柱状图

地区	PM2.5	PM10	SO2	CO	NO2	O3
安徽	0.01512	0.02442	0.00325	0.00024	0.01029	0.03338
北京	0.00118	0.00190	0.00012	0.00002	0.00103	0.02273
福建	0.00173	0.00302	0.00044	0.00004	0.00163	0.00663
甘肃	0.00424	0.00994	0.00202	0.00011	0.00567	0.01106
广东	0.00381	0.00639	0.00111	0.00010	0.00377	0.01360
广西	0.00142	0.00249	0.00042	0.00004	0.00137	0.00345
贵州	0.00281	0.00492	0.00128	0.00007	0.00278	0.00876
海南	0.00318	0.00602	0.00094	0.00010	0.00241	0.01585
河北	0.01578	0.02914	0.00481	0.00030	0.01207	0.03254
河南	0.01851	0.03097	0.00343	0.00027	0.01060	0.03408
黑龙江	0.00306	0.00516	0.00121	0.00005	0.00238	0.00538
湖北	0.01102	0.01794	0.00222	0.00021	0.00699	0.02383
湖南	0.00664	0.00929	0.00103	0.00013	0.00424	0.01385
吉林	0.00646	0.00953	0.00196	0.00121	0.00495	0.01453
江苏	0.00570	0.00953	0.00115	0.00009	0.00441	0.01374
江西	0.00769	0.01312	0.00280	0.00018	0.00562	0.01807
辽宁	0.01498	0.02544	0.00674	0.00032	0.01061	0.03338
内蒙古	0.00445	0.00918	0.00214	0.00012	0.00450	0.01058
宁夏	0.00867	0.01976	0.00400	0.00024	0.00976	0.02589
青海	0.01199	0.02208	0.00573	0.00040	0.01241	0.03042
山东	0.01170	0.02206	0.00312	0.00017	0.00791	0.02505
山西	0.02318	0.04354	0.01106	0.00054	0.01819	0.04936
陕西	0.01100	0.01906	0.00186	0.00016	0.00784	0.01777
上海	0.00092	0.00125	0.00017	0.00001	0.00108	0.00256
四川	0.01249	0.01906	0.00290	0.00077	0.00981	0.02607
天津	0.00363	0.00571	0.00077	0.00006	0.00299	0.00752
西藏	0.00692	0.01816	0.00368	0.00030	0.01089	0.05664
新疆	0.00555	0.01080	0.00103	0.00013	0.00491	0.01249
云南	0.00301	0.00559	0.00133	0.00010	0.00295	0.01184
浙江	0.00540	0.00927	0.00118	0.00012	0.00544	0.01651
重庆	0.00160	0.00246	0.00031	0.00003	0.00161	0.00325

数据来源：中国空气质量在线监测平台https://www.aqistudy.cn/historydata/

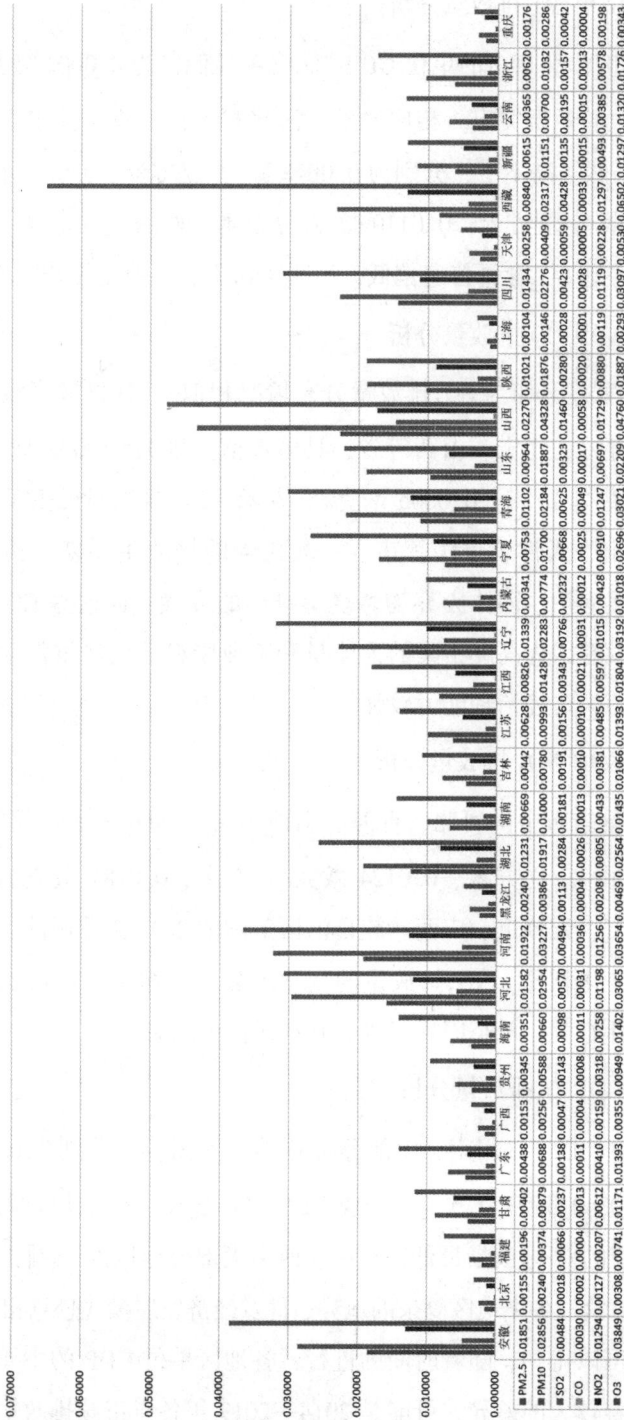

图3.4 2019年度各地区单位GDP的六种污染物年均浓度数据柱状图

数据来源：中国空气质量在线监测平台https://www.aqistudy.cn/historydata/

三、单位 GDP SO_2 排放量分析

在 2019 年度，北京市的单位 GDP SO_2 含量最低，为 0.0001 微克/立方米，空气质量改善效果突出。相比之下，河北省、青海省、辽宁省、山西省的 SO_2 含量仍然居高不下，分别为 0.0048 微克/立方米、0.0057 微克/立方米、0.0067 微克/立方米、0.0110 微克/立方米。西南、西北地区，如贵州省、四川省等地 SO_2 含量普遍偏低，说明水污染、工业污染相对不严重。

四、单位 GDP CO 排放量分析

CO 排放量程度分布与 SO_2 排放量分布情况相似，CO 排放量较高的地区依旧聚集在青海、辽宁、山西等省，具体数值分别为 0.0003 毫克/立方米、0.0004 毫克/立方米、0.0005 毫克/立方米。CO 排放量较低的地区主要是上海、北京、天津、重庆等市，一氧化碳的排放主要来自机动车尾气、炼铁、采暖锅炉、固体废弃物焚烧等排出的废气，而这些 CO 排放量较低的地区却没有因为高度密集的人流量和工业废料造成严重污染，说明这些地区大气污染防控治理能力较强。

五、单位 GDP NO_2 排放量分析

在 NO_2 含量排布中，河北、青海、山西等省的 NO_2 含量居于最高位，分别为 0.0120 微克/立方米、0.0124 微克/立方米、0.0181 微克/立方米，上海市、北京市、天津市、广西壮族自治区等地的 NO_2 含量较低。与上述几种污染物的变化相比，NO_2 排放量的变化趋势较为缓和，这可能与其产生来源的多样性有关，单个因素很难对其造成巨大的影响。

六、单位 GDP O_3 排放量分析

如图 3.4 中，辽宁、河南、山西等省 O_3 排放量最高，分别为 0.0335 微克/立方米、0.0340 微克/立方米、0.0493 微克/立方米。而与此同时，上海、北京、天津等市的 O_3 排放量最低，东南、西南大部分地区的 O_3 排放量位于中间数据位置，这与各个地区复杂的地势条件及经济发展模式息息相关。

综上分析可以得到，随着时间的进行，各地区单位 GDP 的主要污染物排放仍然维持着较大的差异，可能是 2014—2019 年各省市减排政策执行情

况不同，导致差异的水平高低，以及各自的趋势有所变化。

3.1.3 各地区主要污染物变化趋势分析（2014—2019）

下面是我国各个省级行政区 2014—2019 年度的主要污染物的排放量变化趋势分析。

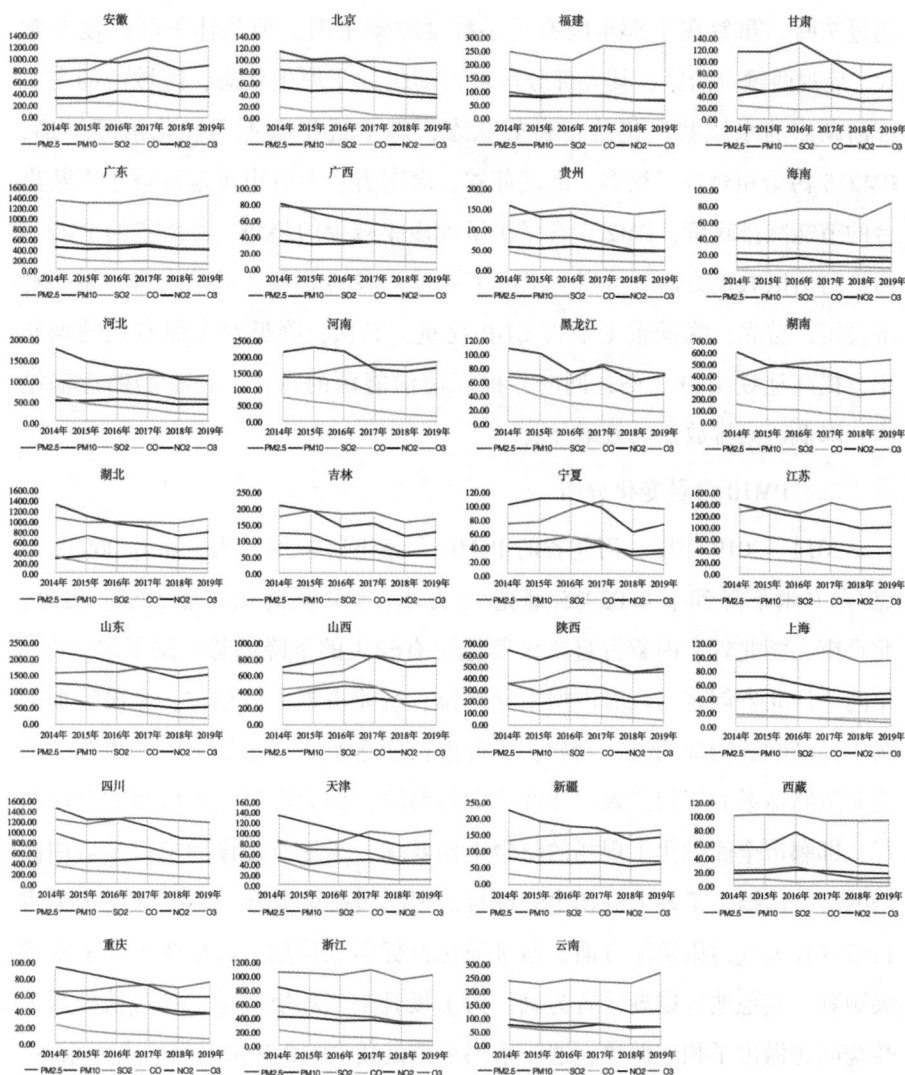

图 3.5 2014—2019 年度各地区六种主要污染物浓度变化折线图

数据来源：中国空气质量在线监测平台 https：//www. aqistudy. cn/historydata/

一、PM2.5 含量变化分析

2014 年度至 2019 年度，PM2.5 含量变化最为明显的几个地区为北京市、海南省、上海市、西藏自治区，江苏省。其中，北京的下降趋势较为明显，这是因为北京是祖国的首都，其环境保护得到了足够的关注和重视，从 0.00398 毫克/立方米下降至 0.00119 毫克/立方米，其下降的幅度超过 70%，虽然在个别年间有了小幅度波动上升，但整体下降幅度非常大。反观西藏自治区，其大部分区域目前仍处于原生状态，区域内的主要江河湖泊的水质状况仍处于良好状态，加上近年来不断优化治理举措，PM2.5 污染相对少了很多。而江苏省、海南省、上海市等地得益于不断出台的节能减排政策，PM2.5 含量正呈现逐年减少的趋势。海南省的 PM2.5 污染防治以城镇为治理重点。上海市针对 PM2.5 污染的防治出台一系列经济政策，首先，降低重工业占 GDP 比重；其次，降低汽车保有量的增长率，提高地铁出行比例；同时，提高清洁能源的占比，调整船舶运输结构，降低污染排放量的效果显著。

二、PM10 含量变化分析

2014—2019 年度，河北省的 PM10 含量下降幅度较大，从 0.06058 毫克/立方米下降到了 0.02915 毫克/立方米，5 年间降幅将近 52%。另外，北京市、湖北省、内蒙古自治区等地也有较大的下降趋势。据了解，在 5 年间，河北省创建出政府占据主导地位、企业占据主体地位、全民参加的扬尘污染问题治理系统。例如，邢台市长期落实"以水洗尘"的机制，关注对道路体系的湿扫，来回冲洗关键的路段，助力全民洗城机制的全面执行；邯郸市全面细化了现场的防尘工作要求，工地所建设的窗口是运用高密网进行遮挡，工地上的扬尘管理与治理品质持续提升。2019 年，内蒙古自治区在大气污染防治方面，通过强化目标引领作用，污染防治攻坚战进展顺利。其他地区以湖北省为例，为了提升空气环境质量，针对秸秆露天焚烧问题做出了相应调整，这一系列举措是其 PM10 含量下降的主要原因。

三、SO_2 含量变化分析

2014—2019 年，各个省市的 SO_2 含量相对于其他污染物来说变化波动比较大，整体呈下降趋势，其中河北省的变化趋势作为明显，从 2014 年的 0.02040 毫克/立方米下降到了 0.00482 毫克/立方米下降，降幅超过 76%。但河北省如今所落实的治理污染的举措体系当中，依然具备着能够进行挖掘的工作潜力：一是由于部分污染体系并未进入到调控范畴当中，二是由于一些污染因子体系的治理工作进展依然比较落后。2017 年，河南省重点推进实施重点工业行业污染深度治理，同时通过拆除燃煤小锅炉，以及拆除工业锅炉等措施调整结构，推动减排工作，SO_2 含量减少的效果显著。2014 年，河北省区域内的空气污染状况相对恶化，空气品质并未达到标准要求，其颗粒物对应的污染指数水平相对较高，对综合指数体系的贡献率水平也就比较高。在进行采暖的过程中，污染排放对应的基数水平相对较高，会对全年整体的空气品质产生比较大的影响。由于区域扩散条件不利，中南部地区污染最重。不过，在经过河北省经过几年的深度治理，空气质量得到改善，SO_2 的含量相对减少。

四、CO 含量变化分析

2014—2019 年，各个省市的 CO 含量变化幅度较小，但总体仍然呈现下降趋势，全国各地工厂污染治理、固体废弃物焚烧治理问题均得到了有效改善，另外，也是因为一氧化碳原本的基数较低，所以下降的空间并不大。其中，陕西省科学制定出碳中和路线图，出台碳达峰具体行动方案，科学地指导全省各地贯彻落实碳达峰和碳中和工作，加快出台碳达峰实现路径、考核管理办法，以及保障措施等行动方案。首先，强化节能减排目标管理，加快推动产业绿色低碳化，强化对工业燃料低碳化、机动车减排、建筑节能、农村能源替代等方面监管的同时，加快电子信息、高端装备制造、生物医药、新能源、新材料、节能环保等战略性新兴产业在工业经济中占比，继续围绕能源产业高端化、绿色化发展，推动能源产品精深加工，继续做好减煤脱碳与发展绿色煤电，并建立安全稳定清洁的电力供应网络。其次，发挥财政资金与市场融资互补优势，推动碳市场建设，积极探索碳排放权配额储备和盈余配额出售制度和设立低碳转型发展基金，支持能源、环保等领域的企业通过区域性股权交易平台办理如碳基金、碳配额质押、碳配额托管、碳期货等融资业务。同时，助力企业绿色转型升级，鼓励重点企业、科研院所、金融机构合作聚集发展，促进能源、冶金、矿山、建材等传统领域企业对现有技术、工艺设备改造升级；发挥多元化资本市场直接融资对产业发展的乘数效应，创新能够促进各类科创型企业培育成长的绿色金融产品。

五、NO_2 含量变化分析

从图 3.5 中可知，2014—2019 年各个省市的 NO_2 含量变化幅度较小，但总体仍然呈现下降趋势。其中，黑龙江省的 NO_2 含量变化较为明显，从 2014 年的 0.00347 毫克/立方米下降到了 0.00239 毫克/立方米。近几年来，黑龙江省将减少大气排放的目标锁定在烟气脱硫系统上，经过几年的整治，环境空气质量不断好转，NO_2 含量降幅大。浙江省全省排放总量有明显下降趋势，持续改善浙江省内的环境空气质量。甘肃省有 NO_2 含量有逐年小幅增加现象，说明相关问题依旧没有得到足够的重视，以及改善措施。其他个别地区，除了如重庆市有数据回弹的现象外，其他地区的 NO_2 含量基本稳定，并逐年有小幅度下降。NO_2 污染整治跟多方因素有关，因此还需要各地加强监管力度。

六、O_3 含量变化分析

自然界中原本就含有大量的 O_3，所以数据呈现出的数值相对于其他污染物来说较大。从图 3.5 中可见，部分地区的排放量没有出现下降，甚至出现了上升，这很可能是平流层的 O_3 下传导致的。2014—2019 年，黑龙江省的 O_3 含量增加了，增加幅度较大，增幅在 21.85%；四川省的 O_3 含量与其他省市自治区不同，出现了明显的下降，下降幅度为 41.18%；内蒙古自治区的 O_3 含量上升幅度最大，上升趋势达到 26.15%；甘肃省的 O_3 含量也出现了 11.70% 的增加；吉林省的 O_3 含量增加了 13.70%。可以发现北方绝大部分地区 O_3 含量在增加，由于 O_3 会对人体的呼吸道构成危害，所以控制 O_3 的排放量应该引起足够的重视。反观云南省，由于地处高原、植被覆盖率高和太阳辐射强度高的自身特点，且因为控制 O_3 内源污染需要控制区域内主要产源包括工业企业和机动车。近年来的污染物排放量有明显下降趋势。

　　综上所述，各地区的主要污染物排放从横向和纵向上都存在明显差异。理论界和实务界一致认为减排政策和工作创新是两个非常重要的原因。以京津冀地区为例，在 2014 年颁布的减排政策数量急剧增加，表明了三地均采取了更为严格的监管力度。京津冀三地从 2014 年开始真正重视区域协作，在北京市、天津市及河北省制定的多个条例法案中，许多政策均在强调京津冀区域的联防联控、大气污染防治协作。① 2015 年，环保部进一步推进了京津冀三地增强对树立节能减排理念的关注程度，有利于三地真正实现协同治理。

　　此外，各地区减排工作的创新性做法不同。例如，我国珠三角地区通过提升煤炭品质，以及淘汰黄标车及老旧车、划定焚烧区、推进集约化养殖等措施的实施，进一步推进了节能减排的工作成效，还通过重点加大对扬尘源、道路移动源，以及农牧源这 3 个污染源的管控力度，进一步控制了 PM2.5 的排放量。江苏省则通过深入推进供给侧结构性改革，将法制化和市场化的手段地结合起来，依法推进化工产业安全环保的整治提升，从而推进省区节能减排以及空气质量提升。上海市则通过节能环保服务业、节能环保装备制造业等的大力发展和壮大等，推进关键技术攻关和应用，从而推进节能减排的环保工作。从 2018 年至今，重庆市大力推进国土绿化提升行动，2018 年全年完成营造林 570 万亩，更好地推进了绿色生态环保工作，也进一步提升了空气质量。

　　各地区无论是地理位置环境还是资源环境，无论是经济发展水平还是行政管理水平等方面都存在着显著差异，所以各地区的节能减排工作的具体目标及要求都各不相同。各地区都是从自身出发，根据具体实际情况，来制定适合本地区的减排政策，从而推进减排工作的落实，实现提升环境质量的目标。

---

① 由于三地政府必须根据其自身实际情况来制定具体政策标准，且京津冀区域间没有真正建立有效的区域联调机制及沟通机制，所以三地并未真正实现协同治理节能减排。

3.1.4 各地区碳排放变化趋势分析

随着经济的快速发展，我国的碳排放量居高不下。2005 年我国碳排放总量超过美国，一跃成为碳排放量最高的国家。2020 年第七十五届联合国大会上，我国提出"二氧化碳排放力争在 2030 年前达到峰值，努力争取 2060 年前实现碳中和"战略目标。2022 年国务院《政府工作报告》提到要处理好发展和减排关系，有序推进碳达峰碳中和工作。党的二十大会议再次强调打好蓝天、碧水、净土保卫战，加强污染物协同控制，基本消除重污染天气。一系列政策文件和行动彰显了我国努力做好碳减排工作的决心。

根据图 3.6、3.7、3.8 显示的我国东、中、西部地区碳排放总量趋势图，从区域层面看，碳排放量自东向西逐渐递减，东部地区碳排放量最大，中部地区碳排放量次之，西部地区碳排放量最少。原因在于东部地区经济发达，能源消耗量大，工业迅速发展，人口的大量聚集，城市化的迅速发展，进出口贸易繁荣，导致了大量的碳排放量，中西部地区由于地理区位的差异，导致经济发展水平落后于东部，虽然碳排放总量总体上呈现增长趋势，但是增长速度较为缓慢。

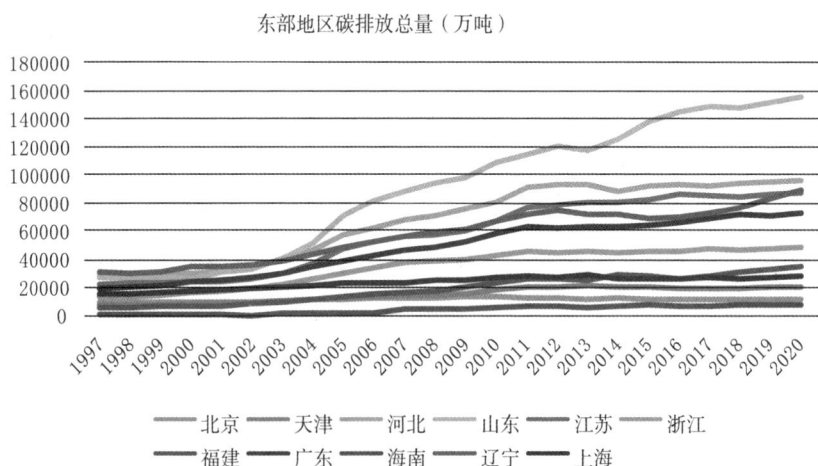

图 3.6 东部地区碳排放总量趋势图

东部地区中，山东省碳排放量最多，总体上呈现增长趋势，原因在于山东人口基数大，居民的能源消费需求大，以及山东第二产业发达，存在大量的高污染、高耗能的企业，排污企业数量较其他省份多。其次是河北省，由于在地理位置上河北省包围北京市和天津市，北京、天津由于严格的环境规制政策，导致部分高污染企业外迁，落户河北对当地碳排放量的上升有一定影响。海南省在东部地区碳排放量最少，由于海南省主要依靠旅游、热带农业等产业发展经济，第二产业占比较低，以及海南省气候原因，空气湿度大，对碳排放具有一定的吸收作用。广东省和辽宁省在2010年之后出现小幅度的下降，主要是2010年国家出台低碳试点政策，其成为第一批低碳试点省份，因此碳排放量小幅度下降。

中部地区碳排放总量（万吨）

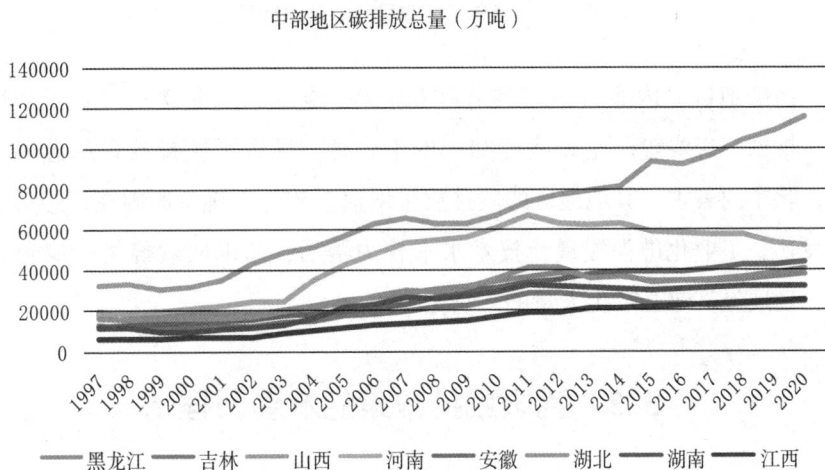

图3.7 中部地区碳排放总量趋势图

在中部地区，山西省碳排放量最多。由于山西作为煤炭大省，大量的煤炭消耗，造成了当地的环境污染，并且煤矿业作为其支柱产业，很难在短时间内改变以煤炭消耗为主的能源结构，导致了碳排放量的迅速上升，湖北省在2010年之后也出现小幅度下降，也是收到低碳试点政策的影响。

西部地区碳排放总量（万吨）

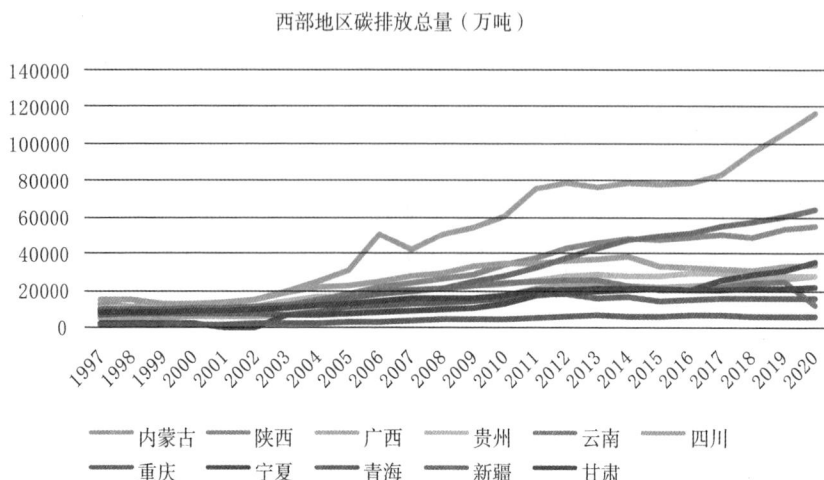

图 3.8　西部地区碳排放总量趋势图

西部地区，内蒙古由于具有呼和浩特、包头、鄂尔多斯等重工业城市，钢铁、煤炭等产业和能源结构的不合理，导致了碳排放量的急速上升。除了内蒙古，其他地区的碳排放量增速都较为缓慢，原因在于经济的不发达，工业化进程缓慢，技术水平较为落后，尚未实现经济的绿色转型，发展经济势必产生大量的二氧化碳。

3.2　我国减排政策的发展历程

减排政策最早可以追溯到 20 世纪 70 年代。在随后的 50 多年发展历程中，我国陆续推出多部环境保护相关政策法规，减排相关政策法规占据了比较大的篇幅。减排政策与我国的社会各个领域的变化发展息息相关，在不同时期有着不同的侧重点，呈现着不同的变化阶段。

3.2.1　20 世纪 70 年代的起步探索阶段

我国自 1972 年派代表赴斯德哥尔摩参加联合国第一次人类环境会议后，逐步意识到环境污染对经济社会发展产生的负面影响。1973 年，我国第一部环境保护的综合性法规——《关于保护和改善环境的若干规定（试行）》出台，该法规对于减少废气、废水、废品、废渣等的排放做了相关规定，说明减排相关政策是环境政策的重要组成部分。随后，国家又陆续出台了《工业"三废"排放试行标准》《中华人民共和国防止沿海水域污染暂行规定》《中华人民共和国环境保护法（试行）》等多部关于减少污染物排放的法律法规，开始实行污染物排放标准制、排污收费等制度，减排相关政策渐成体系。此时，环境保护相关法律法规处于起步状态，"减排"概念在法规政策中有了初步的体现。①

3.2.2　20 世纪 80 年代的体系初步形成阶段

改革开放后，随着我国经济飞速发展，环境污染问题逐年突显。减排政策的颁布更加密集，政策体系逐步成型。② 1981 年，国务院发布《关于在国民经济调整时期加强环境保护工作的决定》，提出"谁污染、谁治理"的原则。1982 年颁布《征收排污费暂行办法》，标志着排污收费制度正式确立。1983 年颁布《中华人民共和国环境保护标准管理办法》，为生态环境质量的各个组成部分，包括大气、水、土壤的质量，都制定了对应的标准。1984 年全国人大通过《中华人民共和国水污染防治法》，这是我国第一部水污染防治领域的专项法律，全面规定了水污染防治的基本制度和管理体制。1984 年国务院出台《关于环境保护工作的决定》，进一步完善环境保护部门机构的设立，明确各部门各级地方政府污染物减排的职责。

---

① 1978 年《中华人民共和国宪法》第十一条规定："国家保护环境和自然资源，防治污染和其他公害。"1988 年《中华人民共和国宪法》第二十六条规定："国家保护和改善生活环境和生态环境，防治污染和其他公害。"对比两年的宪法，1988 年版指明了环境保护的范围及内容，强调了生态环境保护的重要性。而 1979 年颁布实施了首部环境保护法——《中华人民共和国环境保护法（试行）》要求"全面规划，合理布局，综合利用，化害为利，依靠群众，大家动手，保护环境，造福人民"的环境保护"三十二字方针"。

② 1980 年国务院出台《关于加强节约能源工作的报告》和《关于逐步建立综合能耗考核制度的通知》，强调节能减排的关键作用"不仅影响着国民经济，更是代表了社会发展的程度"，确立了"节约与开发并重，充分发挥资源的可利用率"的政策方针。为此，国家设置了专门的管理机构，将节能作为国家管理的专项任务，节能措施在能源发展中的占据了核心地位。

1985 年出台《工业企业环境保护考核制度实施办法（试行）》，对工业企业环保层面做出了明确的要求，即最大程度上采用低污染或无污染技术，从根源上减少污染物的排放。1989 年全国人大修订出台了《中华人民共和国环境保护法》，明确表明环境保护与经济发展应两手抓，让单项环境法律得以创立，自此中国进入了依法保护环境的新阶段；明确了各级地方政府应对所管理区域的生态环境情况负责的基本原则。在 1989 年的第三次全国环境保护会议上，与减排高度相关的三大政策（即预防为主、防治结合，谁污染谁治理和强化环境管理）和八项管理制度（即"三同时"制度、环境影响评价制度、排污收费制度、城市环境综合整治定量考核制度、环境目标责任制度、排污申报登记和排污许可制度、限期治理制度和污染集中控制制度）得到了系统确立。

3.2.3　20 世纪 90 年代的创新发展阶段

随着我国对环境保护工作重视程度的提高，"保护环境"已经上升为基本国策。1990 年《国务院关于进一步加强环境保护工作的决定》开篇就提道："保护和改善生产环境与生态环境、防治污染和其他公害，是我国的一项基本国策。"旨在防治工业污染，净化环境。20 世纪 90 年代中后期，我国逐步建立具有中国特色的减排目标责任机制体系。1996 年 8 月发布了《国务院关于环境保护若干问题的决定》，文件提出要建立污染物排放总量控制制度，要求实行环境质量行政领导负责制，同时建立关于主要污染物排放总量指标的体系，并要求定期公开。"九五"期间，制定并实施了《全国主要污染物排放总量控制计划》，明确了"一控双达标"的减排工作思路。随后在原来的基础上，强化了污染物总量控制，试行约束性指标管理。

这一阶段，随着我国的经济体制逐步深化市场化改革，减排政策也展开了市场化探索，逐步发挥市场机制对减排的促进作用。继 1985 年开始试点排污许可证交易后，1993 年我国推出了环境标准和标志制度，1995 年又推行了 ISO14000 环境管理体系标准、标识的自愿认证制度。到了 1999 年颁布《中华人民共和国环境影响评价法》，开始实施环境影响评价制度。

此后又陆续出台了《中华人民共和国清洁生产促进法》《中华人民共和国循环经济促进法》。这一期间大气排污交易政策开展试点，清洁生产大力推进，环保产业减税开始实行。

在此期间，我国对减排政策也做了进一步的细化完善，特别是水污染事件的频发使得污水减排受到前所未有的重视。1994 年发布的《关于淮河流域防止河道突发性污染事故的决定（试行）》是由中央部门与省级政府共同参与发布的政策文件，是第一个预防水污染的规章制度。1995 年 8 月，国务院签发了我国历史上第一部流域性法规——《淮河流域水污染防治暂行条例》，对淮河流域预防水污染的目标做出了清晰的阐述。①

3.2.4 21 世纪的战略发展阶段

步入 21 世纪后，世界环境污染形势进一步加剧恶化。② 随着我国国民经济水平的快速增长，环境保护工作也越来越严峻，减排工作的战略重要性也愈加突出。国务院 2005 年发布的《关于落实科学发展观加强环境保护的决定》，把保护生态环境上升为战略高度。环境问题日益突出使得国家对于减排政策的重视逐渐加强。③

---

① 2000 年颁布实施的《中华人民共和国水污染防治法实施细则》进一步细化法律责任，加大处罚力度。随后国务院先后批复了太湖流域、巢湖流域、淮河流域的水污染防治"十五"计划。

② 2009 年，丹麦哥本哈根世界复杂气候变化大会以有关国家和国际地区发展为讨论重点，推动有关国际社会各国经济社会的共同努力发展和交流合作，应对未来的各种全球性复杂气候变化。中国政府再次承诺：截至 2019 年之前，单位的占国内生产总值的碳 CO 排放的总量比 2005 年大幅下降 40%~45%。与此政策相应，中国的相关节能环保低碳绿色减排优惠政策和自律法规进一步细化添加了国家关于减少中国温室化硫气体排放污染物境外排放等诸多方面的优惠政策。

③ 《国民经济和社会发展第十个五年规划纲要》再次明确提出，必须进一步坚持加快深化改革和创新转变现代国民经济健康增长发展模式，要把充分利用节约资源合理利用空间作为根本经济国策，发展可再生资源经济，保护良好的自然生态环境，经济发展与保护环境两手抓，促进现代国民经济的健康发展和谐型社会与新的人口、资源、环境之间关系。同时，市场机制对于实现节能环保低碳绿色减排的重要影响也被充分认识。2014 年修订通过《中华人民共和国大气污染防治法》，2016 年修订通过《中华人民共和国节约能源法》。

"十一五"规划期间，国家将减排政策与节能政策单独放在一起，加快了节能减排政策出台的步伐，开始实施主要污染物减排目标责任考核。2007 年 4 月 25 日国家发改委颁布《节能减排综合性工作方案》，对减排政策的目标和措施做了具体规定，并将减排作为经济发展规划的约束性指标。随后国务院于 2007 年 5 月 23 日发布《关于印发节能减排综合性工作方案的通知》，明确提出把节能减排指标完成情况作为政绩考评的重要内容，实行"一票否决"，成为指导全国减排工作的纲领性文件。2007 年《国务院批转节能减排统计监测及考核实施方案和办法的通知》建立了全套的节能减排统计、监测和审核三大体系，标志着中国节能减排目标责任制得到了落实。

"十二五"时期，① 温室气体减排力度有所加强。2011 年颁发的《"十二五"控制温室气体排放工作方案》，对中国的温室气体排放提出了总体要求和主要目标。在《"十二五"控制温室气体排放方案》中，中央将碳减排目标层层分解至各地，也使地方官员的考核指标更加明确。② 2014 年，国家发改委开始对各地区碳减排的上年度及累计进度情况进行绩效考核，绩效考核结果是干部考核的重要组成部分。

这个阶段我国减排政策拥有战略性地位，国内减排经济政策蓬勃发

---

① 在《国民经济和社会发展第十二个五年规划纲要》的引导下，节能低碳减排重点工作的主要任务重点已经逐渐转向积极主动适应这个全球性的复杂气候变化，加强自然资源的合理节约和综合利用，大力发展可再生能源经济，加大环保保护力度，促进地区自然生态的持续保护和努力维持健康环境修复。2010 年 10 月中国共产党十八大的工作报告首次明确提出"生态文明建设"，将当前我国的社会生态特色文明体系建设目标纳入调整到我国建设一个富有浓郁中国民族特色的小康社会主义总战略布局中，我国首次在工作报告中，提出实行"五位一体"计划，同时建设社会经济、政治、文化、社会、生态特色文明，在我国史册上添上了浓墨重彩的一笔。报告中，阐明了"绿色发展、循环发展、低碳发展"的重要性，推动了人民群众转变生产生活方式，并对后续的国家节能低碳减排等相关优惠政策产生了积极影响。

② 2011 年《"十二五"控制温室气体排放工作方案》第一次明确国内对控制国内温室有害气体累计排放的整体性年度目标，要求进一步支持加快和完善调整节能产业结构，大力支持促进企业节能降碳低耗，加快研究建立全国温室有害气体累计排放总量统计数据核算方法制度管理体系，大力支持促进全国和社会低碳环保节能。

展，减排公众参与政策继续推进，逐步建立起综合减排政策体系。一是对污染物排放的相关定义，以及管理章程更加具体和可行，如 2003 出台的《排污费征收使用管理条例》、2016 年国务院办公厅印发的《控制污染物排放许可制实施方案》等。二是财税价格支持政策更加规范。如 2006 年颁布的《环保标志产品政府采购实施意见》、2018 年国家发展改革委发布的《关于创新与完善促进绿色发展价格机制的意见》和 2017 年财政部、税务总局、环境保护部联合发布的《中华人民共和国环境保护税法实施条例》等。值得一提的是，2016 年 12 月通过的《中华人民共和国环境保护税法》是我国第一部专门体现"绿色税制"的单行税法，意味着自 1982 年开始在全国实施的排污收费政策退出历史舞台。三是与生态环境保护相关的各类金融政策逐步出台并开始试点，如绿色信贷、绿色保险、绿色证券。2007 年出台了《关于落实环境保护政策法规防范信贷风险的意见》和《关于进一步规范重污染行业生产经营公司申请上市或再融资环境保护核查工作的通知》，同年也在湖南、江苏、湖北、宁波、沈阳等省市试点《关于环境污染责任保险工作的指导意见》。2016 年，中国人民银行等七部委联合印发了《关于构建绿色金融体系的指导意见》。2017 年发布了《环境保护部关于推进环境污染第三方治理的实施意见》和《绿色债券评估认证行为指引（暂行）》。2018 年生态环境部审议并原则通过《环境污染强制责任保险管理办法（草案）》。四是减排公众参与政策继续发展。2016 年发展改革委等十部委出台的《关于促进绿色消费的指导意见》和 2018 年出台的《环境影响评价公众参与办法》等都是推进公众参与减排的相关政策文件。

3.3　减排政策的主要类型和执行特征分析

经过 50 多年的发展，我国减排政策体系逐渐成熟，特别是"十一五"以来，国家一系列的减排政策和措施相继出台，频率之高、强度之大，均属史无前例。我国的减排政策包括国家层面的立法、战略和纲领性文件，以及相关部门的相关配套政策，以及在实施的过程中采取的一些措施，这些都是从上到下形成的较为完善的制度体系。从内容上看，我国减排政策是相对完备的，以《节能减排综合性规划方案》为基础，各级地方政府又发布了相关的配套政策，包括命令控制式政策、市场激励式政策、社会参与式政策等多个类别，基本涵盖减排工作的方方面面。本章将从政策目标和政策手段等方面来分析减排政策的主要类型和执行特征。

3.3.1 减排政策的类型分析

本研究在收集全国性减排政策文件基础上，进行政策文本分析，归纳总结出不同类型的减排政策特征。资料来源于全球法律法规网及各减排政策颁布部门门户网站（如中国政府网、中华人民共和国国家发展和改革委员会网、中国人民网，以及中华人民共和国环境保护部、财政部、国家能源局等）。搜索方式为输入特定关键词来获得与减排相关的全国性政策文件（如"节能减排""污染物排放""污染物减排""大气污染治理""低碳""循环经济"等）。

通过减排政策文本研读可知，减排政策随着时间演变愈加全面具体，特别是后期发布的《节能减排综合性工作方案》，对减排工作做了全面部署，是指导全国减排工作的纲领性文件。根据《节能减排综合性工作方案》等减排政策文本可知：从污染物种类的角度来看，减排政策可划分为大气污染物减排政策、水污染物减排政策和固体废弃物减排政策；从污染来源的角度则可划分为工业污染减排政策、移动源污染减排政策、生活源污染减排政策和农业污染减排政策。各领域减排工作涉及产业的退出转型、能源结构的优化、重点区域流域行业污染防治、减排工程、总量减排等多个方面，使用的政策手段包括标准管制、科技支持、经济激励、市场化、责任考核、社会参与、基础建设等。其中，政策手段是减排政策内容的重要组成部分，也是分析政策执行特征的关键切入点。减排政策执行过程中综合运用多种政策手段，主要有标准管控、行政考核、经济激励手段、市场化机制、社会参与、科技支持和基础建设。下面根据政策手段的不同，对减排政策进行分类。

一、减排标准管控

减排标准管控是指政府通过行政命令及法律法规制定各类减排相关标准，对目标群体的行为进行指导和控制，限制或禁止污染，违反者将受到处罚，例如限制污染物数量排放标准、强制技术标准、淘汰落后产能等。[21]减排标准管控涉及标准制定、解释和管控等多个环节，其中减排标准的制定是管控得以顺利进行的基础。2011 年，国家就加快环保标准体系的完善，发布了 13 项国家污染物排放标准。《火电厂大气污染物排放标准》《加油站大气污染物排放标准》《火电厂污染防治技术政策》等政策文件也从技术工艺、排放浓度及数量限值等多方面制定了减排标准，为实现污染物减排目标提供了重要支撑。而《全面实施燃煤电厂超低排放和节能改造工作方案》和《煤电节能减排升级与改造行动计划（2014—2020年）》等政策文件中则更多涉及标准的管控流程。此外，在《"十三五"节能减排综合规划方案》中也有减排标准管控的相关表述，如"提高新机动车船和非道路移动机械环保标准，发布实施机动车国 VI 排放标准。加快淘汰黄标车、老旧机动车、船舶，以及高排放工程机械、农业机械""实施燃煤电厂超低排放和节能改造工程，到 2020 年累计完成 5.8 亿千瓦机组超低排放改造任务，限期淘汰 2000 万千瓦落后产能和不符合相关强制性标准要求的机组"等。

二、减排行政责任考核

减排行政责任考核是将减排指标层层分解到各地区部门，并组织开展督查考核，考核结果将作为干部考核的重要内容。完整的减排目标责任机制包括减排目标任务分解、计量统计、监测预警，责任评价考核等多个环节。《"十三五"节能减排综合工作方案》将化学需氧量、氨氮、二氧化硫、氮氧化物 4 种主要污染物总量减排目标量化分解到各地区并强化约束性指标考核。此外，国务院于 2007 年颁发了《批转节能减排统计监测及考核实施方案和意见的通知》《节能减排统计、监测及考核实施方案和办法》，2013 年颁布了《关于转发环境保护部"十二五"主要污染物总量减排考核办法的通知》，2014 年又印发《关于印发大气污染防治行动计划实施情况考核办法

（试行）的通知》，这些都是运用减排目标责任制的专门性政策文件。

三、减排经济激励

减排经济激励手段是政府部门利用经济激励支持措施来促进减排政策的执行，包括价格收费政策、财政补贴、税收激励、绿色采购、绿色金融等。其中，税收激励既有税收优惠的正激励，也有环境税征收的负激励。绿色金融还可细化为绿色信贷、绿色债券、绿色基金、绿色保险等。《"十三五"节能减排综合工作方案》中从完善价格收费政策、完善财政税收激励政策、健全绿色金融体系等多角度对这类政策做了具体部署。21世纪后，这类政策手段的应用频率有了较大幅度的增加，在减排过程中发挥着越来越重要的作用，《环保标志产品政府采购清单》《国家税务总局关于进一步做好税收促进节能减排工作的通知》《关于进一步做好支持节能减排和淘汰落后产能金融服务工作的意见》《关于印发节能减排补助资金管理暂行办法的通知》《四部门关于2016—2020年新能源汽车推广应用财政支持政策的通知》等政策文件的出台对减排政策的实施起到了助推作用。

四、减排市场化运作

减排市场化运作以市场机制为依托，借助市场力量影响当事人的经济行为，从而达到环境保护目标，包括排污权交易、合同能源管理、绿色标识认证、环境污染第三方治理等。除了在《"十三五"节能减排综合规划方案》有系统表述外，2014年的《国务院办公厅关于进一步推进排污权有偿使用和交易试点工作的指导意见》和《国务院办公厅关于推行环境污染第三方治理的意见》，以及2015年国家质量监督检验检疫总局、国家发展和改革委员会出台的《节能低碳产品认证管理办法》、2016年国务院颁布的《国家发展改革委办公厅关于切实做好全国碳排放权交易市场启动重点工作的通知》等都是充分运用减排市场化机制的相关文件。

五、减排社会参与

减排社会参与手段指通过宣传、公告、教育等形式公开环境信息，鼓励公众直接、系统、有效地广泛参加到可持续发展的环境经济发展中，对环境决策过程施加影响，达到保护自己生存环境的目的。《"十三五"节能减排综合工作方案》提出要推行绿色消费、倡导全民参与、强化社会监督。而 2007 年国家发改委、中共中央宣传部、教育部、财政部等十七部委联合发布的《节能减排全民行动实施方案》更是采取社会参与手段实现减排的典型政策。此外,《环境信息公开办法(试行)》《环境保护公众参与办法》《环境影响评价公众参与办法》《关于促进绿色消费的指导意见》《关于加强对环保社会组织引导发展和规范管理的指导意见》《关于 2017 年全国节能宣传周和全国低碳日活动的通知》《关于进一步做好全国环保设施和城市污水处理设施向公众开放工作的通知》等政策从各个方面对公众参与减排做了具体部署。

六、减排科技支持

减排科技支持手段通过提高科技创新水平来促成减排目标的实现。随着环境问题的加剧和对科技推动减排重要性认识的提升,我国颁布了一系列减排科技政策。2009 年发布了中国首个《环境保护技术发展报告》。2011 年,国家发布了《国家环境保护"十二五"科技发展规划》。在《"十三五"节能减排综合性工作方案中》也说明了要启动减排科技战略研究,加快减排共性关键技术研发示范推广,推进减排技术系统集成应用,完善减排创新平台和服务体系。而在 2014 年科技部等部门联合发布的《关于印发 2014—2015 年节能减排科技专项行动方案的通知》中,则详细部署了节能减排关键共性技术研发、节能减排先进适用技术推广应用、节能减排创新示范工程实施、节能减排创新平台与服务体系完善、全民节能减排科技行动开展五项重点任务。同时《关于发布火电厂氮氧化物防治技术政策的通知》《关于发布农村生活污染防治技术政策的通知》《关于发布燃煤电厂污染防治最佳可行技术指南(试行)的通知》等政策文件则为各领域减排工作提供了针对性的技术支持。

七、减排基础建设

减排基础建设通过减排相关基础设施的投入建设推动减排目标的达成,包括燃气管道、污水收集管网、固体废弃物存储设施、污水处理厂、污染源监测中心、配套监测执法设备等减排基础设施的建设和提升改造,以及园区循环化改造等。在《"十三五"节能减排综合性工作方案》中提出了"对城镇污水处理设施建设发展进行填平补齐、升级改造，完善配套管网，提升污水收集处理能力"，"选择50个左右地级及以上城市规划布局低值废弃物协同处理基地"，"建设完善区域天然气输送管道、城市燃气管网、农村配套电网，加快建设天然气储气库、城市调峰站储气罐等基础工程"，"加强城市、县城和其他建制镇生活污染减排设施建设。加快污水收集管网建设，实施城镇污水、工业园区废水、污泥处理设施建设与提标改造工程，推进再生水回用设施建设"，"建设100个资源循环利用产业示范基地、50个工业废弃物综合利用产业基地"等诸多举措。2009年出台的《城镇污水处理设施配套管网以奖代补资金管理暂行办法》和2015年出台的《国务院办公厅关于印发生态环境监测网络建设方案的通知》《国务院办公厅关于加快电动汽车充电基础设施建设的指导意见》等政策也有涉及减排的基础建设。

上述各类减排政策手段高度相关的相应政策文件整理见表3.2。

表 3.2　主要减排政策手段及相关政策文件表

政策手段	相关政策文件（节选）
减排标准管控	《火电厂大气污染物排放标准》《加油站大气污染物排放标准》《火电厂污染防治技术政策》《全面实施燃煤电厂超低排放和节能改造工作方案》《煤电节能减排升级与改造行动计划（2014—2020年）》
减排目标责任制	《节能减排统计监测及考核实施方案和意见的通知》《节能减排统计、监测及考核实施方案和办法》《环境保护部"十二五"主要污染物总量减排考核办法的通知》《大气污染防治行动计划实施情况考核办法（试行）的通知》
减排经济激励手段	《环保标志产品政府采购清单》《国家税务总局关于进一步做好税收促进节能减排工作的通知》《关于进一步做好支持节能减排和淘汰落后产能金融服务工作的意见》《关于印发节能减排补助资金管理暂行办法的通知》《四部门关于2016—2020年新能源汽车推广应用财政支持政策的通知》
减排市场化机制	《国务院办公厅关于进一步推进排污权有偿使用和交易试点工作的指导意见》《国务院办公厅关于推行环境污染第三方治理的意见》《节能低碳产品认证管理办法》《国家发展改革委办公厅关于切实做好全国碳排放权交易市场启动重点工作的通知》

政策手段	相关政策文件（节选）
减排社会参与手段	《节能减排全民行动方案》《环境信息公开办法（试行）》《环境保护公众参与办法》《环境影响评价公众参与办法》《关于促进绿色消费的指导意见》《关于加强对环保社会组织引导发展和规范管理的指导意见》、《关于 2017 年全国节能宣传周和全国低碳日活动的通知》《关于进一步做好全国环保设施和城市污水处理设施向公众开放工作的通知》
减排科技支持手段	《环境保护技术发展报告》《国家环境保护"十二五"科技发展规划》《关于印发 2014—2015 年节能减排科技专项行动方案的通知》《关于发布火电厂氮氧化物防治技术政策的通知》《关于发布农村生活污染防治技术政策的通知》《关于发布燃煤电厂污染防治最佳可行技术指南（试行）的通知》
减排基础建设	《城镇污水处理设施配套管网以奖代补资金管理暂行办法》《国务院办公厅关于印发生态环境监测网络建设方案的通知》《国务院办公厅关于加快电动汽车充电基础设施建设的指导意见》

资料来源：作者自制

3.3.2 减排政策的"模糊-冲突"特性分析

马特兰德（1995）认为一项政策的模糊性和冲突性主要体现在政策目标和政策手段上。[①] 政策的模糊及冲突程度的判断一般以政策文本为基础，从政策目标及政策手段的语言表述切入考察，对政策进行解构和分析。在实际政策属性分析中还应结合执行参与者的利益、执行环境、政策衔接情况等具体情境来考究。一项政策的模糊及冲突程度并非总是一成不变的，

[①] Matland. R. E. "Synthesizing the Implementation Literature：The Ambiguity – Conflict Model of Policy Implementation". Journal of Public Administration Research &Theory. 1995. 5（2）：145-174. "模糊-冲突"模型源自于马特兰德（Matland）于 1995 年所发表的论文。马特兰德根据政策的模糊程度和冲突程度的不同，划分了 4 种政策执行类型，并指出对各种政策类型起关键作用的支配性要素：一是当政策的模糊程度和冲突程度都较低时，政策执行过程呈现"行政性执行"方式，此时政策执行结果取决于资源状况。二是当政策的冲突程度较高而模糊程度较低时，政策执行过程呈现"政治性执行"方式，此时权力对政策执行结果起决定作用。三是当政策的模糊程度较高而冲突程度较低时，政策执行过程呈现"试验式执行"方式，此时地方情境，即地方执行中的参与者和资源支配着政策的执行结果。四是当政策模糊程度和冲突程度都较高时，政策执行过程呈现"象征性执行"方式，此时地方层面的联盟力量决定着政策执行结果。

因为政策内容可能会随着时间发展更加完善具体，或在自上往下逐级实施中更加可操作化。近年来，减排政策整体呈现内容日益明细化、结构逐渐系统化、工具日渐多元化、效力逐步提升的变化趋势，因而政策的模糊程度会随之减低，冲突程度可能也会有所减低。减排政策的指标量化考核趋势，以及执行减排对地方经济发展和相关利益主体的冲击，本身就预示着其政策目标具有较低模糊和较高冲突的政策属性，但是随着各种政策手段的探索引入，政策的模糊及冲突性也会有所变化。也就是说，政策手段往往在更大程度上决定着减排政策的模糊性和冲突性。下面笔者单从政策手段角度对各类减排政策的模糊程度和冲突程度简要做一般性分析。

一、不同减排政策的模糊性分析

减排政策现较多以专题性或综合性文件形式发布，综合运用标准管制、目标责任制、经济激励手段、市场化机制、社会参与手段、科技支持手段、基础建设等多种政策手段。多种政策手段的结合应用一般会使政策的模糊性较低，但从可操作性的角度来讲，不同政策手段的模糊程度并不相同，因而一项政策中选取的政策手段组合不同，政策整体的模糊程度也会有所区别。这在诸如《四部门关于 2016—2020 年新能源汽车推广应用财政支持政策的通知》《国家发展改革委办公厅关于切实做好全国碳排放权交易市场启动重点工作的通知》《环境影响评价公众参与办法》《关于印发 2014—2015 年节能减排科技专项行动方案的通知》等主要发挥某一类政策手段作用的专门性减排政策中体现得较为明显。

由于减排科技研发需要攻克一些难题，具备不确定性，难以有较为明确的时间、任务限定，因而减排科技支持手段的模糊性相对较高。运用减排科技支持手段的典型政策当属 2014 年科技部等部门联合发布的《关于印发 2014—2015 年节能减排科技专项行动方案的通知》。虽然该政策不仅在目标安排上明确了关键共性技术攻克、先进适用技术推广、战略联盟创新平台建设等的任务数，也在重点任务部署上，对各重点行业、领域、区域具体要突破推广哪些技术、实施哪些示范工程都做了细致的安排。但是究竟该如何推进落实确没有说明具体措施，因而在政策手段方面的模糊性是比较高的。值得一提的是，减排科技研发成果常常应用于标准控制政策中作为技术控制标准。

二、不同减排政策手段的冲突性分析

对于一些专题性或综合性减排政策来说，多种政策手段的配套使用不仅增加了政策执行的可行性，降低了政策执行的难度，而且经济激励的探索应用更是可以调动地方政策执行者和目标群体的积极性，对于降低减排政策的冲突性具有积极作用。因而一般来说，减排政策所采取的政策手段组合不同，该项政策的冲突程度也会有所区别。若以冲突性较高的政策手段为主，则该项政策上的冲突性就会较高，反之亦然。一般来说，减排标准管控政策和减排行政责任考核政策的冲突性是最高的，而减排公众参与政策、减排科技支持政策、减排基础设施建设的冲突性次之，减排经济支持政策和减排市场化政策的冲突性最低，甚至能起到调和整体政策冲突的作用。本研究在上述分析基础上，整理各类减排政策手段"模糊–冲突"性的一般性分析情况见表 3.3。

表 3.3　减排政策手段的"模糊–冲突"性分析表

主要政策手段		模糊性	冲突性
减排标准管制		较低	较高
减排行政责任考核		较低	较高
减排经济激励手段	财政手段（包括补贴、奖励、绿色采购等）	较低	较低
	税收手段（包括优惠政策、收费政策等）	较低	——
	价格手段	较低	较低
	金融手段	较高	较低
减排市场化机制		较高	较低
减排社会参与		较高	较高
减排科技支持		较高	较高
减排基础建设		较高	较高

注：以上只做总体一般性分析。

资料来源：作者自制。

3.3.3 减排政策的执行特征分析

通过上文对减排政策的模糊性及冲突性分析可知，以行政责任考核或标准管控为主要政策手段的减排政策一般模糊性较低，冲突性较高；以经济激励手段的为主要政策手段减排政策可能模糊性和冲突性都较低；以市场化机制为主要政策手段的减排政策往往模糊性较高，冲突性较低；而以社会参与手段、科技支持手段或基础建设为主要政策手段的减排政策则多数模糊性和冲突性都较高。因而，从模糊性和冲突性这两个维度出发，减排政策可以划分为低模糊–高冲突型、高模糊–高冲突型、低模糊–低冲突型、高模糊–低冲突型4种类型。低模糊–高冲突型减排政策具有较低的模糊性和较高的冲突性，包括"十一五"规划以来的主要污染物减排政策、燃煤电厂改造政策等；高模糊–高冲突型减排政策的模糊性和冲突性都较高，包括"九五"及"十五"期间各大流域污水排放治理政策、减排公众参与政策、环境信息公开政策等；低模糊–低冲突型减排政策的模糊性和冲突性都较低，包括煤改气（电）政策、新能源汽车推广应用财政支持政策、政府绿色采购政策等；高模糊–低冲突型减排政策具有较高的模糊性和较低的冲突性，包括了碳排放权交易试点政策、绿色金融政策等。如图3.9所示。

根据上述各种类型减排政策的模糊及冲突属性的差异，减排政策执行过程中会体现出不同的特征。

对于低模糊–高冲突型减排政策来说，政策的高冲突性使得地方政府执行减排的意愿不高，甚至存在强烈的抵触情绪，但政策的低模糊性又使得采取各种方式不执行减排的余地很小，在这种情况下地方执行者就会将执行减排当作一项不得不完成的政治任务，在政治激励和政治强制的高位推动下执行，使得执行过程充满着政治性。而有些地方政府也会选择在关键时间节点采取突击治理行动快速达成减排目标，使得减排执行方式具有一定的突击性，执行成效的可持续性也往往较低。

对高模糊–高冲突型减排政策而言，其高模糊性和高冲突性的共同作用往往会使地方执行者利用政策执行的模糊空间进行弹性操作，通过采图中纵轴为"冲突性"（低→高），横轴为"模糊性"（低→高）：

左上（低模糊）：**低模糊–高冲突型减排政策：** 多数以目标责任制或标准管控为主要政策手段的减排政策。包括"十一五"规划以来的主要污染物减排政策、燃煤电厂改造政策等

右上（高模糊）：**高模糊–高冲突型减排政策：** 多数以社会参与手段、科技支持手段或基础建设为主要政策手段的减排政策。包括"九五"及"十五"期间各大流域污水排放治理政策、减排公众参与政策、环境信息公开政策等

左下：**低模糊–低冲突型减排政策：** 多数以经济激励手段的为主要政策手段减排政策。包括煤改气（电）政策、新能源汽车推广应用财政支持政策、政府绿色采购政策等

右下：**高模糊–低冲突型减排政策：** 多数以市场化机制为主要政策手段的减排政策。包括碳排放权交易试点政策、绿色金融政策等

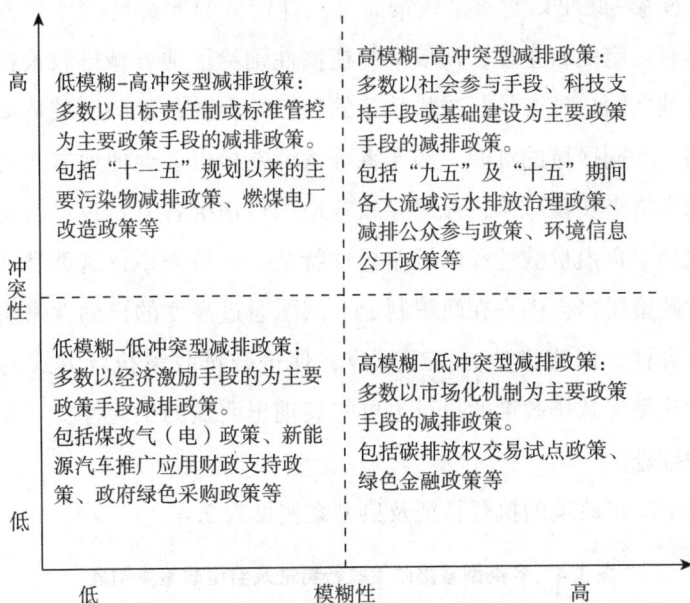

图 3.9　减排政策的类型划分图

取数字造假、变相执行、应付执行、重构政策等一系列变通手段"完成减排任务"，可以说，变通性特征贯穿于整个政策执行过程中。这类型减排政策多数只是在上级压力或社会力量舆论压力下名义上执行，实则存在政策空转、名实偏差现象，即地方上报的减排相关措施执行结果与实际执行情况往往不相符合，所以政策执行通常也会表现出象征性的执行特征。

对低模糊–低冲突型减排政策而言，较低的冲突性意味着地方执行者对于实施减排相关政策措施的抵制意愿不大，而较低的模糊性则往往是因为执行的各个流程和环节有标可对、有章可循，即在政策目标上设置了具体明确量化的任务指标，或在政策手段上设定了详细具体且操作性强的程序步骤，执行者只要按部就班，一般都能逐步完成，因而在政策执行上会表现出行政性特征。同时由于这样的政策执行难度和阻力不大，政策执行过程往往较不会受到过多外界复杂因素的干扰。如果出现较大的执行偏差，一般问题在于政策资源配置本身不够充足或者不能有效利用，故政策执行具有资源约束性特征。

对高模糊-低冲突型减排政策而言，其较低的冲突性会使地方在执行减排上具有一定的自主性，而较高的模糊性则给了地方减排政策执行较大的自由量裁空间。地方执行减排政策的积极性会随各地的区域情境差异而有所不同，不同区域的资源、参与者等情境差异也会促使地方政府采取迥然不同的举措来实现减排，最终导致各地执行情况各有特色，因而政策执行上体现出了自由量裁性和区域差异性特征。一般来说，这类型减排政策以试点性政策居多，中央在政策制定上试图通过高度的模糊性来缓解执行减排的冲突性，以推进地方探索试点，促进减排政策执行方式的创新推广。故而这类型减排政策的执行也可能表现出明显的试验性，即在不断尝试改善中推进。

各类型减排政策的执行特征及典型案例见表 3.4。

表 3.4　各类型减排政策执行特征及典型政策案例表

减排政策类型	政策特点	关键分析变量	执行特征	典型政策案例
低模糊-高冲突型	模糊性较低，但冲突性较高	央地间权力关系	1. 政治性：将减排政策当作必须完成的政治任务，在政治强制或激励的高位推动下执行。 2. 执行方式的突击性和执行成效的低可持续性：偏向于在关键时间节点采取短期专项行动、运动治理等方式突击达成减排目标，执行成效的可持续性往往不高	"十一五"主要污染物减排政策
高模糊-高冲突型	模糊性和冲突性均较高	地方联盟力量	1. 象征性：多数只是在名义上执行减排相关措施，实则存在政策空转，名实偏差。 2. 变通性：通过采取数字造假、变相执行、应付执行、重构政策等一系列变通手段"完成减排任务"	"九五"期间淮河流域排污总量控制政策
低模糊-低冲突型	模糊性和冲突性均较低	资源的多寡及其有效性	1. 行政性：一般有较清晰完整的执行目标、程序、标准等，可操作性较高，执行难度较小，多按部就班机械落实减排措施。 2. 资源约束性：政策资源等的供给和利用情况是影响减排执行绩效的关键	2017 年"煤改气"政策

减排政策类型	政策特点	关键分析变量	执行特征	典型政策案例
高模糊–低冲突型	模糊高，但冲突性较低	资源多寡及参与者的积极性	1. 试验性：多数是试点执行减排相关创新举措，政策执行多在尝试探索中不断完善。 2. 自由量裁性和区域差异性：地方执行减排的自由量裁空间大，各区域执行情况往往存在明显的差异性	七省市碳排放权交易试点政策

资料来源：作者自制

第4章 政策执行中的激励效果分析

组织的激励机制设计，在许多情况下是根据组织目标来制定绩效目标，然后将绩效目标写入激励契约。代理人行为对组织目标的边际贡献和对绩效目标的边际贡献通常是不同的。组织目标越清晰，代理人行为对组织目标的边际贡献与对绩效目标的边际贡献之间的夹角越小。组织目标越模糊，夹角越大。George Baker（2002）将代理人努力行为对组织目标的边际贡献和对绩效目标的边际贡献之间的夹角，称为激励偏差或激励扭曲。在公共部门，许多组织的目标并不清晰。特别是在政府部门和非营利组织，甚至连他们的管理人员都不能对组织目标达成共识，更别提进一步明确组织目标内容的描述。这类组织的激励往往成为特别困难的问题。因为，没有足够清晰的组织目标来形成一套有效的绩效考核体系。由于没有清晰的考核依据，所以这类组织大多采用弱激励，强激励往往是失效的。

然而，近年来，我们越来越多地观察到政府部门在管理实践中采用强激励手段，以期实现特定的政策目标。他们根据政策目标制定一套有着明确绩效操作指标的考核体系来激励下级政府部门向统一的方向努力。那么，政策目标和绩效操作指标形成的夹角就表示激励偏差的程度，即下级政府部门的政策执行行为对政策目标的边际贡献与对绩效指标的边际贡献不同。这种现象就是政策执行中最常见的一种激励偏差形式。在公共部门的政策执行中，委托人设计的激励机制引导代理人行为偏离委托人期望的现象，统称为政策执行中的激励偏差。

在公共部门的政策执行中，最基本的 4 个要素是政策目标、政策执行者、政策手段、政策实施对象。这四者与上述的激励偏差有着密切关系，影响着激励偏差程度和发生概率。本章从政策目标、政策执行者、政策手段和目标 4 个维度出发，运用公共部门的激励偏差理论，并从政策的实际出发，构建了激励偏差的基本分析框架。从理论上演绎和推导激励偏差的内在发生激励。本章提出的基本分析框架可应用到减排目标责任考核、官员晋升激励考核、环境问责依据、生态补偿标准等方面的研究。

4.1 政策目标特征与激励效果

公共政策的目标是制定政策时首要考虑的，也是执行政策的总方向。政策目标的特征与激励偏差发生的可能性和大小有关。政策目标的特征主要有可测量性、维度、时效和层次等方面。

4.1.1 政策目标的可测量性

政策目标的可测量性是指政策目标可以量化测量的程度。例如，"优化产业结构"和"改善空气质量"这两个政策目标相比较而言，后者较为容易量化测量，后者可以进一步细化为"空气质量优良天数比例达到百分之几""细颗粒物年均浓度控制在多少""空气质量六项指标年平均浓度达到国家二级标准"等量化的目标。政策目标的可测量性直接影响绩效指标的选取，进而决定了绩效指标的偏离程度，造成了激励偏差。

政策目标的可测量性主要由政策目标的测量技术难度和信息不对称程度来决定的。前者属于客观因素，后者属于主观因素。有些政策目标难以量化测量是因为客观上技术水平有限。例如，截至 2020 年 12 月，我国生态环境部已经发布了"75 项排污许可证申请与核发技术规范，明确了属于排污许可管理的全部行业的污染物实际排放量计算方法"。另外不属于排污许可管理的排污单位，使用"全国污染源普查圈定的排（产）污系数、物料衡算方法计算应税污染物排放量"①。尽管如此，仍然存在没有相关计算方法的情形，需要辅助使用抽样测算方法。如果某项政策目标的制定恰好以没有计算方法的排污情形为依据，那么就无法准确地量化该政策目标。有些政策目标难以量化测量是因为存在信息不对称问题，在政策执行中委托人无法观察到代理人的行为，信息不对称程度越高，委托人越难准确量化政策目标。委托人所设计的激励机制越难解决信息不对称带来的道德风险和逆向选择问题。

4.1.2　政策目标的维度和时效性

政策目标的维度是指政策的目标具有不同方面的内容。例如，各省出台的《大气污染防治条例》的政策目标大致都有以下几个维度，包括"优化产业结构和布局""优化能源结构和运输结构""加大对大气污染防治的财政投入""建立健全大气污染防治协调机制""督促有关部门依法履行监督管理职责"② 等。那么，在一些财税收入高度依赖第一产业的地方，执行该防治条例时，目标维度"优化产业结构和布局"与"加大对大气污染防治的财政投入"之间可能存在一定冲突。因为调整产业结构，减少第一产业比重，可能在一段时期内影响 GDP，导致该地财政税收减少，那么就难以加大对大气污染防治的财政投入。类似这种情形下的政策目标维度之间的冲突，会大大增加激励机制设计的难度，容易产生激励偏差。

从时效性来看，政策目标有长期与短期之分。如果在长期目标下，对代理人实施的激励却是依据一些短期见效的绩效指标，那么就可能引导代理人只注重眼前的成绩而忽略长期的效益。例如，"保护生态环境"是一项长期目标，从长远来看，投入环保研发，创新环保技术可以从源头上减少污染物的排放，是有利于这一长期目标的实现。从短期来看，关停重点排污企业、限制产能等做法可以立竿见影地看到效果，但对长期目标的实

---

① 中华人民共和国生态环境部. 关于公开征求《关于发布计算污染物排放量的排污系数和物料衡算方法的公告（征求意见稿）》意见的通知. http：//www. mee. gov. cn
② 浙江省生态厅. 浙江省大气污染防治条例（2020 年修正文本）. http：//www. zaepi. com/news/. 广东省生态厅. 广东省大气污染防治条例. http：//gdee. gd. gov. cn/.

现却无实质性帮助。如果激励机制的设计是以短期见效的考核指标为依据，那么政策目标越长，激励偏差越大。由于长期政策目标的时间跨度大，政策执行期间面临的内外部不确定性增加，考核难度更大，激励偏差产生的可能性也更大。

4.1.3 政策目标的层次性

政策目标是多层次的，可以分为基本目标和不同层次的具体目标。基本目标是指公认一致的关于某项公共政策的总体方向，通常是较为模糊的表述。例如"加快建设生态文明、推动绿色循环低碳发展""加快建设资源节约型、环境友好型社会"等。具体目标是指该项政策在实践中需要努力达到的具体内容。例如，我国"十三五"节能减排综合工作的具体目标是"到 2020 年，全国万元国内生产总值能耗比 2015 年下降 15%，能源消费总量控制在 50 亿吨标准煤以内。全国化学需氧量、氨氮、二氧化硫、氮氧化物排放总量分别控制在 2001 万吨、207 万吨、1580 万吨、1574 万吨以内，比 2015 年分别下降 10%、10%、15%和 15%。全国挥发性有机物排放总量比 2015 年下降 10%以上"[①]。当这个具体目标分解到各省市自治区时，就形成了省级的具体目标；分解到各地市时，就形成了市级的具体目标；分解到各县区时，就形成了县级的具体目标；分解到重点排污企业时，就形成了企业级的具体目标。在我国政府的科层制体系中，这种公共政策具体目标的逐级分解现象是很常见的，体现了政策目标从中央到地方的高度一致性，也体现了政令自上而下的连贯性。政策目标的层次性主要指从模糊的基本目标到清晰的具体操作目标之间经过的层次。政策目标的层次越多，说明具体操作化的过程越复杂，最终形成的具体目标可能与基本目标之间有夹角，形成了激励偏差。政策目标的层次越多，越可能产生激励偏差。

---

① 国务院办公室."十三五"节能减排综合工作方案. 国发〔2016〕74 号 http：//www. gov. cn/zhengce/content/2017-01/05/content_ 5156789. htm.

4.2 政策执行者的特征和激励效果

政策执行者的特征和行为影响激励偏差。政策执行者的替代性选择、执行任务的努力成本、政策执行者的努力与绩效考核结果的关系、政策执行者所处的层级等特征都影响着激励偏差产生的可能性和大小。

4.2.1 政策执行者的替代性选择

若根据激励契约，在政策执行人员的一系列行动战略中，有些行为有助于达到政策目标，有些行为有利于政策执行者的自身利益。当这两类行为都能提高激励所依据的考核绩效时，也就是说，有利于政策目标的行为与有利于政策执行者的行为之间有了替代性。那么，政策执行者将倾向于采取有利于自身利益的行为，如此一来，激励结果就偏离了政策目标，形成激励偏差。例如，激励契约列出公务员的"德能勤绩廉"中的"德"方面的考核由上级评价打分，那么下级既可以通过日常学习党的方针路线、遵纪守法、行事公正来提高这方面的绩效，也可以通过请客送礼，与上级搞好关系来提高"德"的绩效。这就是激励对象有替代性选择的情况。政策执行者的替代性选择越多，越容易产生激励偏差。政策执行者作出替代性选择的难度越小，越容易产生激励偏差。

4.2.2 执行任务的努力成本

政策执行者执行任务的努力成本会影响激励偏差的形成和大小。对政策执行者而言，执行政策时需要完成不同的任务，完成不同任务需要付出不同的努力成本。在同样的激励强度下，政策执行者会倾向于优先执行努力成本低的任务，推后执行努力成本高的任务。在时间精力有限的情况下，政策执行者甚至也可能最终放弃一些努力成本太高的任务。这就可能出现与政策目标不一致的激励结果，产生激励偏差。在不同的激励强度下，即便激励契约对努力成本高的任务进行强激励，对努力成本低的任务进行弱激励。政策执行者仍然会基于努力成本对执行任务的最终收益进行权衡，结果同样可能产生与政策目标不一致的激励偏差。此外，不管激励强度是否一致，执行任务的努力成本越高，政策执行者越希望有替代性选择，也越有动力采取替代性选择。

不同政策执行者执行同样的任务，可能付出的努力成本是不同的。例如，一个发展依赖钢铁等冶金工业的城市和另一个发展依赖旅游业的城市，在同样执行"减少二氧化硫排放"这一任务时，前者比后者需要付出的努力成本更大。当激励契约未考虑政策执行者在执行任务时努力成本的不同，而对所有政策执行者都采用同样的考核标准时，就可能导致对一些政策执行者激励不足，而对另一些政策执行者激励过度，进而产生激励偏差。

4.2.3 努力程度与绩效考核结果的关系

政策执行者执行政策时的努力程度和绩效考核结果的关系，与激励偏差有着密切联系。由于存在信息不对称，制定政策的上级政府部门通常希望能够将难以观测的政策执行者的努力程度通过一些绩效考核指标显示出来。如果政策执行者的努力程度与绩效考核结果相符，就是说政策执行者越努力，绩效结果越好。那么，这种情况下绩效指标的设计能够有效激励政策执行者更加努力。例如，政策执行者执行"节能减排宣传工作"的努力程度用"组织节能减排宣传活动的次数"来衡量，组织活动的次数反映了宣传工作的重要方面，通常情况下活动次数越多，宣传工作效果越好。这一考核指标能够有效激励政策执行者更加努力多组织节能减排宣传活动。当然，这一考核指标也不能代表所有的"节能减排宣传工作"，它与政策目标之间天然存在一个夹角，然而这一夹角代表的激励偏差程度在实践中是在可以接受的范围。

如果政策执行者的努力程度与绩效考核结果的关系受随机因素的干扰，有时候即便政策执行者很努力，绩效结果仍然很差；有时候即便政策执行者不努力，绩效结果却很好。那么在这种情况下，激励对象很可能只会采取最低的努力程度，这种不好的绩效指标导致的激励偏差程度就很大。例如，空气中的主要污染物浓度会受雨雪风向等天气因素的影响，如果以"空气中主要污染物浓度"为绩效考核指标来评判政策执行者执行减排工作的努力程度，那么考核结果就会受到天气这个随机因素的很大影响。在南方延绵的雨季里，政策执行者可能不努力，空气中PM2.5的浓度也很低；在一些被重工业城市环绕的小城市里，政策执行者可能很努力地执行减排，空气中的污染物浓度也居高不下。总之，当政策执行者的努力程度与绩效考核结果的关系越不确定，激励偏差程度可能越大。

4.2.4　政策执行者所处层级

在公共部门，政策制定主体与政策执行者通常处于不同的行政层级，两者之间的层级差距越大，激励偏差发生的概率也越大。因为信息在不同层级之间传递时可能出现信息量逐级递减或信息失真。层级差距越大，信息不对称现象越严重，设计激励契约的难度越大，激励偏差越容易发生。

有些政策的执行涉及数个层级的执行者。政策执行者跨越的层级越多，产生激励偏差的可能性也越大。因为政策的激励措施难以顾全不同层级政策执行者的不同特征，激励契约设计的难度大大增加，激励偏差越可能发生。例如，如果中央在制定减排总量控制政策时，对各省、各市、各县、各区、各重点企业都做出激励方案，那难度是非常大的，而且很可能因为选择的绩效考核指标不够科学，从而导致激励偏差的产生。因此，中央政策文件中常常有类似"各省根据各地实际情况制定详细方案"的表述。

4.3　政策手段的特征与激励效果

公共政策执行中，为了实现既定的政策目标，所使用的工具和方法，就是我们通常所说的政策手段。从形式上看，政策手段有通过行政命令实现控制的，有通过市场机制进行优化配置的，有调动公众参与实现全面监督的。从内容上看，政策手段有设置奖励、提干、表彰等正向激励方法的，也有使用通报、约谈、处罚、问责等负向激励方法。政策手段的特征影响激励偏差的程度。

一、政策手段的实施/执行依据

政策手段的实施通常是按照一定的执行标准或依据一定的考核指标。执行标准或考核指标与政策目标的方向越一致，激励偏差程度越小；执行标准或考核指标越容易测量，激励依据就越清晰，激励偏差发生的可能性越小。执行标准或考核指标与奖罚结果的挂钩机制越清晰，激励偏差越不容易发生。

执行依据的可测量性也影响激励偏差。执行依据可以对结果实施测量，也可以对政策执行的行为过程进行测量。

二、政策手段的激励强度

不同的政策手段所采用的激励强度可能不同。例如，以相对绩效为考核依据的政策手段，就增加了激励强度，增强了绩效和代理人行为之间的关系。一般情况下，绩效指标与政策目标的方向都会存在一定程度的夹角，当激励强度越大时，政策对象越有动力去实现绩效目标，此时夹角越大，政策的执行偏离政策目标的速度越快。也就是说，激励强度越大，激励偏差的程度可能越大。

三、政策手段对准政策目标的精确性[①]

这个概念来自林德和彼得斯（1989）讨论在如何选择政策工具时提到的一个属性。政策手段越对准政策目标，政策执行中的激励偏差程度就越小，产生激励偏差的可能性也越小。这个精确性可以通过一定的政策评估方法得到。

四、政策手段的公众可见度

公众可见度是指公众可以感知、观察、了解或认识到的信息。比如将空气质量或环保科技创新作为官员减排工作考核的依据，前者比后者的公

---

① Linder and Peters. Instrument of Government：Perceptions and Contexts. Journal of Public Policy，1989，9/1：47.

众可见度高。大众每天都能感受到城市空气的质量，空气质量的数据不容易造假。因此，近年来我们看到国家越来越重视城市空气质量，并将其作为政府减排工作的考核依据之一。政策手段的公众可见度越大，激励偏差发生的可能性越小。

4.4 政策实施对象的特征与激励效果

政策实施对象也被称为目标人群（target population）。实施对象的特征会影响政策执行中的激励偏差程度，以及发生的可能性。政策手段的选择需要根据政策实施对象的特征。施耐德和英格拉姆把政策实施对象分为优势群体、竞争群体、依赖群体和偏差群体4种类型。他们认为，如果政策实施对象如果是优势群体，那么适合通过激发和培训其自身的能力，使他们自我管制，形成内驱力，给予正面激励的政策手段；如果政策实施对象是竞争群体，那么适合采取罚款等负面激励方法或更具有强制性的政策手段；如果政策实施对象是依赖群体，那么适合采用设定资格并给予补贴等恩赐型或权威型政策手段，或采取劝告、象征等政策手段来激发依赖者自立和自强，例如请钟南山和姚明做第五次人口普查的宣传形象大使。如果政策实施对象是偏差群体，那么适合采用强制和惩罚的政策手段[1]，见表4.1。

表 4.1　目标人群类型与政策工具选择表

政策工具＼类型	优势者	竞争者	依赖者	偏差者
利益	激发能力 正面诱致	负面诱致	补贴（设定资格） 象征和劝告	偶尔
负担	自我管制	索价	威权式工具	强制/处罚

---

[1]　宁骚. 公共政策学 [M]. 北京：高等教育出版社。2018：150-152.

续表

政策工具 \\ 类型	优势者	竞争者	依赖者	偏差者
理论基础	在自愿的基础上采取适当的行动	在自利的基础上采取竞争行为	自感力量不足，有赖于他人协助	希望改变其行为，而非针对结构性问题

资料来源：Schneider and Ingram. Social Construction of Target Populations；Implications for Politics and Policy. American Political Science Review, 1993, 87, 2, 339-340. 文献析自：宁骚. 公共政策学[M]. 北京：高等教育出版社。2018：150-152.

一、实施对象的接受程度

政策实施对象对政策内容越接受，政策目标越容易实现，越不容易发生激励偏差；政策实施对象越抗拒政策内容，政策执行难度越大，越容易产生激励偏差。例如，在村里评选五好家庭和"好媳妇"的荣誉称号，有一些家庭因兄弟较多，存在多个媳妇的现象，他们担心只有一个荣誉称号，会引起媳妇之间的比较，会产生不满，故而不愿意接受"好媳妇"称号。①

二、实施对象的内部一致性

政策实施对象的内部一致性是指政策目标群体的社会融合度或群体融合度。政策实施对象的内部一致性越高，政策执行越容易，激励偏差发生的可能性越小；政策实施对象的内部一致性越低，政策执行越负责，激励偏差发生的可能性越大。例如，高校招生录取政策，需要考虑不同考生群体中的录取比例；当只针对一个地区同一类考生时，就可以只考虑择优录用。

三、实施对象的政策参与程度

这里的政策参与度，是指在决策过程中，如果实施对象越多地参与进来，政策内容越容易被目标群体接受，政策执行中越不容易发生激励偏差。如果实施对象参与政策制定的程度越深，他们形成的政策社群会深入

---

① 真实案例发生在福建泉州晋江市某乡镇。

参与政策内容的制定①，政策手段的选择也就越能够促进政策目标的实现，政策执行中越不容易发生激励偏差。

四、实施对象的类型

政策实施对象的类型不同也会影响执行中激励偏差的发生。如果政策实施对象是优势群体或依赖群体，却采取负向激励措施，就会产生激励偏差；如果政策实施对象是偏差群体或竞争群体，却采取正向激励措施，就会产生激励偏差。

综上所述，政策目标、政策执行者、政策手段、政策实施对象的特征都会影响激励偏差的程度和发生概率。在政策执行过程中，这些特征共同影响着绩效结果和激励偏差程度。下面以政策目标的可测量性和政策手段的激励强度为例，将这两个政策特征与激励偏差的关系进行归纳见表4.2）。当政策目标的可测量性强，政策手段的激励强度也高时，政策的绩效考核结果通常会很好，激励偏差程度中等；当政策目标的可测量性强，政策手段的激励强度低时，政策的绩效考核结果中等；激励偏差程度中等；当政策目标的可测量性弱，政策手段的激励强度高时，政策的绩效考核结果通常会差，激励偏差程度大；当政策目标的可测量性弱，政策手段的激励强度也低时，政策的绩效考核结果通常会差，激励偏差程度小。

表 4.2　政策特征与激励偏差关系表

		政策手段的激励强度	
		高	低
政策目标的可测量性	强	偏差程度中 绩效好	偏差程度小 绩效中
	弱	偏差程度大 绩效弱	偏差程度小 绩效弱

资料来源：作者自制

根据表4.2所示，激励偏差程度和绩效结果之间有时候会呈现两难局

---

① 丘昌泰：《公共政策——当代政策科学理论之研究》，台北：巨流图书公司1995年版本，第260页.

面。好的绩效结果的背后，可能存在一定程度的激励偏差。例如，"十一五""十二五"总量减排政策有着非常清晰的政策目标（见表4.3）①

表 4.3 "十二五"环境保护四项约束性指标具体规定表

序号	指标（万吨）	2010 年排放基数（万吨/年）	2015 年控制目标（万吨/年）	2015 年比 2010 年削减率目标
1	化学需氧量排放总量	2551.7	2347.6	8%
2	氨氮排放总量	264.4	238.0	10%
3	二氧化硫排放总量	2267.8	2086.4	8%
4	氮氧化物排放总量	2273.6	2046.2	10%

我国从中央到地方都在总量减排目标的基础上制定了明确的奖惩措施。有些地方采取正向激励，完成目标将获得财政拨款、表彰等奖励；有些地方采取负向激励，未达标将通报批评、约谈、罚款等，甚至影响晋升。可见，政策的激励强度高。在"十一五"收官之年，全国各地减排目标任务都完成，有着漂亮的减排绩效结果。然而，政策执行者的努力行为对环境改善的边际贡献和减排目标的边际贡献可能并不完全一致，既存在一定的激励偏差。比如限制产能、临时关停污染企业，可以立竿见影地见到减排效果，但过后企业可能进行报复性生产。因此，长远来看，并不一定是真正有利于环境的改善。

又例如在中央环保督察期间，发现严重问题未整改到位的，责任领导将被免职。这样的负向激励的强度是相当大的。因此出现某个县级市大量关停印染企业，排污问题的整改效果立显。但中央环保督察风暴过后，许多印染企业又恢复生产。此外，在"河长制"政策执行期间，"河长"通常由当地官员担任，同样执行很强的问责制。环境执法人员在巡查时发现

---

① 数据来源于《国家环境保护"十二五"规划》[EB/OL]. http：//www. china. com. cn/policy/txt/2011-12/21/content_ 24206929. htm，2011-12-21/2018-04-10.

了企业污水排放管道，就堵上。河水质量在短期内就得到改善。但严查过后，许多企业把管道疏通后继续排污，或者另外铺设管道继续排污。如此一来，就出现了绩效考核结果很好，但政策执行的并不是都真正有效地促进环境改善。

第5章 减排目标责任考核、中期绩效与激励效果

自"十一五"以来，我国的国家发展规划纲要明确设置了每个五年的环保减排目标任务。从中央政府到地方政府，减排政策以目标责任制的形式自上而下、层层落实执行。在经济学的多层委托-代理分析框架下，减排目标责任制的委托人特征、激励依据特征以及激励措施特征都与激励偏差有着密切关系。本章首先介绍减排目标责任制；其次分析减排目标责任制的激励特征；其次，对"十一五"期间减排目标责任制执行进行案例分析；最后，以"十二五"期间减排执行进度数据为样本进行计量分析，验证激励偏差的存在。由于"十一五"期间减排目标仅考核两项主要污染物，且期间经历了 2008 年全球金融危机风暴和我国政府 4 万亿投资的经济刺激政策，污染物排放数据受外部突发因素的强烈影响，减排政策执行的数据有很大波动。而"十二五"期间减排目标设置的主要污染物从两个增加到四个，五年发展期间整个国民经济发展平稳增长，没有受外部极端事件刺激，更能体现我国减排政策执行的真实情况。因此，本章将"十一五"执行情况作为案例分析，将"十二五"执行情况进行统计数据分析。

5.1 减排目标的责任考核制

早在"十五"发展规划中，我国就设置了二氧化硫、化学需氧量排放减少 10% 的总量控制目标。然而，在经济快速发展的"十五"期间，这两项减排目标并没有全面实现。在"十一五"的开局之年，国家审时度势，

正式启动更为严格的目标责任制，自此拉开减排目标责任考核的序幕。国家设置明确的减排目标任务，从中央到地方政府自上而下、层层分解和落实的形式进行推行。

目标责任制如何有效地确保减排工作的落实。首先，目标责任制通过"考核"的方式，成功地将上级政府的减排政策执行的责任转移给下级政府。这样，上级政府不需要关注减排政策执行中各项繁杂的事务性工作，而专注于监督减排政策执行的考核结果即可。因此，目标责任制有助于上级政府集中精力实现有力监督，大大裨益于减排工作的有效控制。其次，目标责任制对减排工作规定了清晰的目标和可测量的考核依据，大大降低了考核结果的不确定性，从而产生很好的激励效果。在清晰的目标导向下，下级政府非常清楚自己的努力方向；在明确的责任状中，下级政府了解自身的努力程度是如何被评估的。因此，目标责任制可以让下级政府更加放心地、大胆地执行减排的目标任务。再者，目标责任制是上级政府在明确的减排目标基础上进行工作任务的分解和细化，形成一套清晰的指标体系，作为考核下级政府和实施奖惩激励的依据。而且上下级政府通常会正式地签订书面形式的责任书或责任状，双方非常明确考核期需要完成的目标。如此一来，上下级政府就有了考核期内减排工作的统一行动框架。双方通过减排目标的考核情况可以实现更有效的沟通。上级政府能够了解减排政策执行过程中的问题，调整下一考核期的减排目标设置。下级政府则能够借此展示自己在减排工作上的努力程度，传递政绩信号。此外，目标责任制的考核结果与官员晋升有关，这给下级政府官员带来了巨大动力。下级官员会非常重视减排目标考核带来的机会，全力以最好的考核结果来获得上级的肯定，争取获得更大的晋升机会。

然而，在这些减排目标责任状的背后也隐藏着一些问题。首先，上级政府下达的减排"硬性指标"，往往与"一票否决"等考核方式相联系，一定程度给下级政府造成巨大压力。一些下级政府带着"只许成功、不许失败"的沉重包袱着手执行减排任务。于是，各地多次出现"强制关停""勒令停产"等短期见效的执法现象。一些执法部门在目标考核的压力之下，难以有精力去鼓励和支持环保创新、技术研发、结构调整等长远有助于污染物减排的做法。最后很可能出现数字减下去了，环境污染并没有实质改善。因此，目标责任制可能并不像数字上显示得那么真实有效地促进了减排工作。那么，减排工作中实行的目标责任制到底有什么样的激励效果呢？目标责任制的哪些特征可能导致激励偏差？

5.2 减排目标考核中的激励问题

减排目标的考核很大程度上调动了地方政府的积极性。中央政府充分利用管理层级上的分工，放权给地方政府，在减排目标的设置上，尽可能最大限度地进行量化，提供更为清晰的考核依据；在减排目标的实现上，充分信任地方政府，让他们一级管一级，实现更有效率的控制。总体而言，减排工作的目标考核制度体现了科学管理精神，促进减排目标的实现。接下来我们在委托-代理框架下，对这一制度实施过程中的激励特征及激励偏差的可能来源进行分析，将更有利于完善目标考核制度，有助于优化减排工作中的激励机制设计。

5.2.1 不同权限的多个上级政府部门

在非对称信息结构下，作为委托人的上级政府不能观测到下级政府如何执行减排任务，但他们能观测到下级政府辖区内的减排指标，这些指标是由下级政府执行减排任务的努力程度和其他的外生随机因素共同决定的。因此，减排目标责任状里设置的考核指标都是可量化、可观测的。

在减排工作的委托代理链条中，中央政府是居于链条顶端的委托人，拥有最终设定减排目标的权力。国家环保部和省级政府是第二层的委托人，他们拥有设置减排考核指标的权力，这些考核指标是根据中央政府设定的减排目标进行分解和细化的。各省环保厅和市级政府作为第三层的委托人，他们继续分解和细化减排考核指标，并下达给下一级部门。市环保局和县区政府作为第四层的委托人，他们继续分解和细化减排考核指标，并下达给县区环保局（市辖区通常设立环保执法大队，为简化表述，统一称为县区环保局），县区环保局作为最终代理人，执行日常减排任务（如

图 5.1 所示)。在这一委托代理链条中,显然代理人面临多个委托人领导,代理人所执行的减排任务需要接受不同委托人的考核。这就可能客观存在不同委托人之间激励目标的差异,使得激励内容相互冲突,造成激励结果的偏差。例如,县区环保局受市环保局委托,当年完成辖区内某主要污染物减排 30 吨的任务,同时,县区环保局又受县区政府委托,当年完成征收排污费 300 万的任务。若全力以赴地去完成减排的任务,那么县区环保局在日常工作中会提前部署和监督重点排污企业的生产情况;若全力以赴地去执行排污费征收任务,那么县区环保局会在重点排污企业排放污染物后进行环保执法,以便完成排污费征收任务。

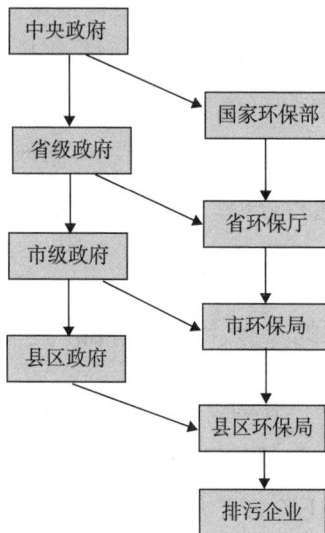

图 5.1　减排工作的委托代理链条图

在减排工作的委托代理链条中,作为激励主体的多个委托人对同一个代理人是有不同的激励权限的,这也容易导致代理人在执行减排任务时进行排序和取舍,可能造成最终激励结果的偏差。例如,县区环保局的财政来源于县区政府,若县区环保局未完成县区政府设置的考核指标,将影响县区环保局下一年度的财政拨款;县区环保局的人事由市环保局决定,市环保局所设置的减排目标往往成为重要的政绩信号,影响县区环保局的人事任免。甚至有些地区的市环保局明文规定减排目标的考核有一票否决权，那么减排目标是否完成就对人事任免影响更大了。作为代理人的县区环保局，可能在时间精力有限的情况下对不同的减排任务做出先后顺序地安排，有选择性地执行。

5.2.2 指标考核体系特征

在减排工作的委托代理链条中，上级政府对下级政府的激励机制通常明确设置了减排目标的考核指标，且不同地区的政府在考核指标设置上各有特色。例如，宁夏回族自治区制定了《宁夏回族自治区环境质量和污染物排放总量指标考核办法》《自治区环境质量和污染物排放总量考核奖补和处罚资金管理办法》，对辖区内 2018 年各市、县、区的主要污染物排放情况和环境质量进行考核，明确列出二氧化硫、氨氮、氮氧化物、化学需氧量、城市环境空气优良天数、国控地表水断面水质、可吸入颗粒物、细颗粒物等八大项考核指标。银川市根据《银川市环境空气质量生态补偿暂行办法》对下属县区环境空气质量进行考核。该办法第四条明确规定以可吸入颗粒物、细颗粒物、二氧化硫、二氧化氮季度平均浓度同比变化情况为考核依据来进行奖惩激励，而且明确规定在最终考核结果中，以上 4 种污染物的权重分别是 50%、15%、20% 和 15%。

湖北省出台的《湖北省环境空气质量考核预警和重污染天气应对工作管理办法》规定在考核年份的 1 月到 6 月，该城市细颗粒物的累计浓度均值超过年度考核值 10% 以上的，给予环境空气质量考核预警；城市优良天数比例低于年度考核值 6 个百分点以上的，给予环境空气质量考核预警。同时，该办法也规定了一些非量化的考核依据，"日常工作调度和检查中发现大气污染防治重点领域工作推进不力、进度严重滞后的，在环境保护督察或其他专项执法检查期间发现大气污染问题突出的"，有上述情况的城市也给予环境空气质量考核预警。

辽宁省环保厅制定的《辽宁省城市环境空气质量考核暂行办法》，明确将该省 14 个城市的环境空气质量考核指标定为二氧化硫、二氧化氮和可吸入颗粒物。该办法还规定以上三种中的任何一种污染物的日平均浓度值超标，给予该城市黄色通报；前两种污染物日平均浓度值超标 0.25 倍以上，最后一种污染物日平均浓度值超标 0.5 倍以上的，给予该城市红色通报。被红色通报的城市需要限期整改并罚款。[①] 罚缴款项由省环保厅核定总额后，通报市政府和省财政部门，由省财政厅在年终结算时扣缴。

一、量化和非量化考核指标考核结合

我国各省市自治区在设置各自辖区的减排工作考核指标时，所选取的量化指标有所区别。其实，我国从"十一五"规划开始就将化学需氧量和二氧化硫两种主要污染物设置为国家总量控制指标，"十二五""十三五"规划的国家总量控制指标是二氧化硫、氨氮、氮氧化物、化学需氧量 4 种主要污染物。各省在制定考核下属城市环境质量方法时，并不是完全照搬国家的总量控制指标，而是根据各自辖区的实际情况进行增减。由于产生主要污染物的经济活动的构成在各地有所区别，因此用于显示空气质量等环境治理成效的指标的选取也有所区别。倘若国家在考核各地区减排工作成效时，能够充分细致地考虑各地区污染物来源的区别，有区别地制定符合当地经济发展特色的减排目标，将更有效地推进减排工作的落实。在量化考核指标以外，一些省份还增加了非量化的考核。非量化的考核常常需要主观评价，会增加考核结果的不确定性，可能削弱激励效果。

二、目标任务逐级递增与激励强度逐层递减并存

自上而下的委托代理层级间存在激励强度递减现象，考核要求上却存在层层加码、逐级愈严的现象。例如，山东省规定 2019 年至 2020 年 12 月底，各市要以主要污染物排放调节资金的返还比例为基准，来对所管辖的县市区进行主要污染物减排的奖惩。这意味着，省对市的减排任务考核中，获得返还资金越多的市，才有越多的资金用于对县级减排工作的奖励；获得返还资金越少的市，只有越少的资金用于对县级减排工作的奖励。也就是说，省里对市级的激励结果限制了市级对县级的激励强度。而

---

① 《辽宁省城市环境空气质量考核暂行办法》第八条规定，惩处标准为：二氧化硫超标达 0.25 倍，罚缴 20 万元，每递增 0.25 倍（含 0.25 倍），加罚 20 万元；二氧化氮超标达 0.25 倍，罚缴 20 万元，每递增 0.25 倍（含 0.25 倍），加罚 20 万元；可吸入颗粒物超标达 0.5 倍，罚缴 20 万元，每递增 0.5 倍（含 0.5 倍），加罚 20 万元。

且，"以返还比例为基准"还意味着，市级对县级制定的奖励和惩罚的返还比例范围不能高过或低于省里对市级的最高和最低返还比例，也就是市级对县级的激励强度和奖惩力度不能超过省里对市级的激励强度和奖惩力度。又例如，2019 年湖北省升级了空气质量预警及考核办法，设置了比国家标准更严格的预警启动条件。

这种不对等的状况可能导致代理人在一些"不可能完成的目标"前驻足，失去前进的动力。这种激励不足的现象也是激励偏差的一种表现。

三、绝对指标和相对指标相结合，加大奖惩的强度

有些地方的减排目标考核依据采用绝对指标和相对指标相结合的办法，相对绩效指标的使用可以剔除考核对象共同面临的外部不确定性因素的影响，增强了激励强度。例如，《山东省节能减排奖惩暂行办法》规定，按绝对指标来奖惩激励，完成减排任务的市，返还 60%～100% 的主要污染物排放调节资金；未完成减排任务的市，返还 40%～59% 的主要污染物排放调节资金。同时①，他们还按相对指标来实施奖励，对主要污染物排放量最低的前八座城市，从第一名到第八名依次奖励 1000 万元、900 万元、800 万元……以此类推。这种对各市减排工作的绝对业绩和相对业绩同时进行奖惩的做法，增强了省对市级减排工作的激励强度。

激励强度越大，代理人越有动力去实现激励机制中设置的绩效考核目标。此时，如果考核目标与减排政策目标的夹角越大，代理人努力行为偏离得越快，激励偏差的可能性越大，偏差程度也越大。

5.2.3 负向激励措施特征

在各省制定的减排工作激励方案中，各省采用的正向激励方法主要有财政资金奖励、荣誉表彰等；负向激励方法主要有罚款、问责、约谈等。在政策执行过程中，如果面临的减排目标压力越大，政府越倾向于采用约

---

① 《山东省节能减排奖惩暂行办法》第三条规定建立与排污强度（单位 GDP4 项主要污染物排放量）排名挂钩奖励机制。对全面完成年度减排任务且单位 GDP4 项主要污染物排放量较低的 8 个市进行奖励，第一名奖励 1000 万元，排名每下降 1 位奖励资金减少 100 万元，以此类推。

谈、问责、免职、罚款等负向激励措施。负向激励越多地被使用，代理人的努力行为可能越被动。以"一票否决"制为例，代理人努力达到减排目标的基本要求后，通常就不会继续努力去实现更高的绩效。激励机制在减排底线任务以上是失效的，这也是激励偏差的一种表现。

例如，"十一五"期间，广西壮族自治区开局之年没有完成当年的减排目标，而且预测到会影响五年总体目标的实现。于是，广西壮族自治区在次年出台《广西壮族自治区节能减排实施方案》，明确规定在干部考核中，减排目标任务是否完成具有"一票否决"权。2008 年，在《广西壮族自治区主要污染物总量减排工作考核方案》中更加明确地规定未完成减排目标的市，将失去参加集体荣誉评比的资格，该市的领导干部也不能参加年度的奖项和荣誉的评比。2010 年，广西壮族自治区在《"十一五"节能减排工作行政过错责任人问责办法》中则首次明确规定："被责令辞职或者免职的市政府和区直部门主要领导、直接责任人，一年内不得重新担任与其原任职务相当的领导职务，两年内不得提拔。到末期，广西壮族自治区又出台《坚决完成"十一五"节能减排工作目标实施方案》"[①]，方案中出现"减排压力急剧增大""时间紧迫，没有退路"等字词。同时，规定减排目标任务考核不合格的市、区领导要处分，甚至"撤销职务"。考核办法见表 5.1。

表 5.1　广西壮族自治区"十一五"－"十三五"的减排工作考核办法表

年份	制定单位	批文号	名称	背景	内容
2007.8.1	广西壮族自治区政府	桂政发〔2007〕26 号	广西壮族自治区节能减排实施方案	2006 年签订节能减排工作目标责任书，但未完成年度节能减排目标，十一五节能减排的总体目标难实现	作为政府领导干部综合考评与公司领导绩效考评的重要组成部分，施行"一票否决"制

---

① 该方案指出自治区政府将对下级部门加强问责。对未完成考核目标的干部该处分的要处分，直至撤销职务。

续表

年份	制定单位	批文号	名称	背景	内容
2008.7.8	广西壮族自治区政府节能减排工作领导小组	桂政发〔2008〕94号	广西壮族自治区单位GDP能耗考核和主要污染物总量减排考核工作方案	根据《国务院批转节能减排统计监测及考核实施方案和办法的通知》（国发〔2007〕36号）要求，按照国家发展改革委下发《省级人民政府节能目标责任评价考核计分表》和《千家重点耗能企业节能目标责任评价考核计分表》的评分细则，以及国家环保总局下发的《主要污染物总量减排考核办法》，制定考核工作方案	对各主要污染物排放指标的实现和变化进行评价。建立和运行了主要污染物总量减排指标体系、监测体系和评价体系。主要污染物排放的减排措施及实施情况
2008.11.23	广西壮族自治区政府	桂政发〔2008〕178号	广西壮族自治区主要污染物总量减排工作考核方案	为控制重点污染物的总量，达到减排目的，改善环境治理，促进发展方式转变	未完成年度减排目标的市：不合格；取消参评先进集体评比资格，领导干部不得参加年度评奖，授予荣誉称号。环保厅视情况暂停3~6个月新增主要污染物的建设项目环境影响评价文件的审批。该市1个月内提出限令整改的工作措施。考核结果优秀的市：表彰奖励
2010.5.14	广西壮族自治区人民政府	桂政发〔2010〕21号	《坚决完成"十一五"节能减排工作目标实施方案》	节能减排面临严峻形势，减排压力急剧增大，扭转节能减排的严峻局面已刻不容缓。距"十一五"末仅有不足8个月，时间紧迫，没有退路	严格的问责制度：对考核等级为"未完成"的市人民政府，及考评为履职"不合格"的区直有关部门，要对主要负责人和有关负责人进行问责，直到撤职为止。对考核为未完成任务的重点企业，进行责任追究和行政处罚

年份	制定单位	批文号	名称	背景	内容
2010.9.9	广西壮族自治区人民政府		广西壮族自治区对"十一五"节能减排工作行政过错责任人问责办法	高耗能、高耗能行业在上半年迅速发展，六大高耗能行业新增116个，新增能源消耗3.6万吨标准煤，工业节能降耗形势严峻	因节能减排工作不力被诫勉谈话、责令辞职、免职或者调离工作岗位的市政府和区直部门主要领导、直接责任人，要取消本人当年年度考核评优和评选各类先进的资格，同时，被责令辞职或者免职的市政府和区直部门主要领导、直接责任人，一年内不得重新担任与其原任职务相当的领导职务，两年内不得提拔
2011.12.27	广西壮族自治区人民政府	桂政发〔2011〕80号	《广西壮族自治区"十二五"节能减排综合性实施方案》	"十二五"期间，国家继续把节能减排作为约束性指标，合理控制能源消费总量，我区万元生产总值能耗和主要污染物排放总量在"十一五"的基础上要实现较大幅度下降，同时增加单位生产总值碳排放强度、氨氮、氮氧化物排放等约束性指标，节能减排任务更加艰巨繁重	强化考核结果运用，将节能减排目标完成情况和政策措施落实情况作为领导班子和领导干部综合考核评价的重要内容，纳入政府绩效和国有企业业绩管理，完善节能减排行政过错问责办法，实行问责制和"一票否决"制。对成绩突出的地区、单位和个人给予表彰奖励
2013.4.23	广西壮族自治区人民政府	桂政发〔2013〕28号	广西壮族自治区节能减排工作行政过错问责暂行办法	推进节能减排工作，确保各项政策措施落实和节能减排目标任务完成	未完成减排终期目标的市：通报批评；影响全区完成减排终期目标的市，主要负责人和分管负责人实行问责①

---

① 《广西壮族自治区节能减排工作行政过错问责暂行办法》第六条至第十一条。

续表

年份	制定单位	批文号	名称	背景	内容
2018. 12. 13	广西壮族自治区应对气候变化及节能减排工作领导小组办公室	桂发改环资〔2018〕1442 号	2018 年 1—10 月全区及各市能耗总量和强度"双控"目标完成情况"晴雨表"	确保完成年度目标任务	预警等级为一级（红灯）的市分析本市节能降耗形势，切实抓好节能工作，确保完成年度目标任务

5.3 "十一五"总量减排目标责任制执行的案例分析

5.3.1 "十一五"主要污染物减排政策背景及执行情况

随着环境污染问题的日益严峻，我国把主要污染物减排指标写入国家的五年发展规划纲要。然而从现实情况来看，污染物减排目标长期未能实现，"六五"到"十五"计划期间，国家规划的减排指标甚至从未全面完成过。以"十五"计划为例，2001—2005 年，我国二氧化硫的排放量分别为 1947.8 万吨、1926.6 万吨、2158.7 万吨、2254.9 万吨、2549.3 万吨，化学需氧量的排放量分别为 1404.8 万吨、1366.9 万吨、1333.6 万吨、1339.2 万吨、1414.2 万吨，[①] 两个主要指标不但没有完成，反而呈上升趋势：二氧化硫 2005 年排放量大幅度上升，比 2000 增加了 27%；化学需氧量只比 2000 年减少 2%，且比 2004 年增加 5%，出现明显反弹趋势。

面对日趋严峻的环境污染形势，为了解决国家规划的减排目标得不到落实的局面，国家于 2006 年审议批准了《中华人民共和国国民经济和发展第十一个五年规划纲要》，将主要污染物减排 10%确定为"十一五"规划的约束性指标，把减排摆在了十分突出的战略地位。随后国务院又批复

---

① 2005 年中国环境状态公报第 27 页和第 48 页。

《"十一五"期间全国主要污染物排放总量控制计划》，明确到 2010 年，全国主要污染物排放总量比 2005 年减少 10%，化学需氧量由 1414 万吨减少到 1273 万吨；二氧化硫由 2549 万吨减少到 2294 万吨，并将减排任务分配给各省、自治区和直辖市，国家环境保护总局与各省、自治区、直辖市政府签署了"十一五"减排任务和减排目标责任书。从 2006 年的执行结果来看，规划纲要的出台、约束性指标的确立、目标责任书的签订，并没有推动污染物减排得到落实。2006 年主要污染物的排放量不降反增，二氧化硫的排放量 2588.8 万吨，比上年增加 1.5%；化学需氧量排放量 1428.8 万吨，比上年增加 1%。主要污染物减排指标的不降反增使得国家进一步加大政策出台步伐。2007 年，国务院发布了一系列文件，其中包括《批转节能减排统计监测及考核实施方案和办法的通知》《关于印发节能减排综合性工作方案的通知》。同年 11 月，国务院发出《关于印发国家环境保护"十一五"规划的通知》。各地区、各部门开始高度重视，分别召开工作会议，对节能减排工作进行安排部署，出台了一系列推进污染减排的政策措施，工作力度明显加大。2007 年主要污染物指标首次实现双下降，二氧化硫排放量 2468.1 万吨，比去年减少 4.7%，较 2005 年减少 3.2%；化学需氧量排放量 1381.8 万吨，比去年减少 3.2%，较 2005 年减少 2.3%。

2008 年和 2009 年期间，国际金融危机的冲击并没有使党中央、国务院放松污染减排任务。在此期间，国务院每年度印发节能减排工作安排，公布上年度各省、自治区、直辖市主要污染物总量控制情况的监测和年度上半年各省、自治区、直辖市主要污染物排放情况通报，对问题突出的地区、企业做出公开通报、责令限期整改、暂停建设项目环境影响评价或经济处罚决定。同时，对 2009 年上半年完成任务进度较慢的 8 个省份进行了书面预警、督查指导，并对相关部门负责人进行了约谈。严厉的考评问责制引发了广泛而积极的回应，地方各级政府改变了思想认识，开始积极进行减排工作，同时开展减排工作机制的创新，加强奖惩力度，运用多种问责方式，对进一步推进环境污染治理工作起到了积极作用。例如，广西壮族自治区制定了 2008 年节能减排攻坚战行动方案；河北省和山东省对当年没有实现指标的市、县级领导进行了行政记过、免职处理等处分；上海市、陕西省、宁夏回族自治区等地实行"以奖代补"激励企业减排；河北省颁布了《减少污染物排放条例》；辽宁、湖北、江西等省推进污水处理一县一厂全面建设等。2008 年主要污染物减排进一步取得了突破性进展，二氧化硫排放量为 2321.2 万吨，比 2005 年减少 8.95%；化学需氧量排放量为 1320.7 万吨，比 2005 年减少 6.61%，首次实现任务完成进度赶上时间进度。2009 年，二氧化硫排放量 2214.4 万吨，比 2005 年降低 13.14%，提前一年实现"十一五"减排目标；化学需氧量排放量 1277.5 万吨，比 2005 年减少 9.66%。

为确保"十一五"收官之年减排目标的实现，2010 年，国务院发布了《关于进一步加大工作力度确保实现"十一五"节能减排目标的通知》《2010 年节能减排工作安排》《关于贯彻落实环境保护部污染物减排工作部署电视电话会议精神的通知》《关于印发〈环境保护部 2010 年贯彻落实国务院节能减排工作任务分解表〉的通知》《关于印发〈环境保护部 2010 年贯彻落实国务院节能减排工作任务分解表〉的通知》《关于印发〈环境保护部 2010 年贯彻落实国务院节能减排工作任务分解表〉的通知》《关于印发〈环境保护部 2010 年贯彻落实国务院节能减排工作任务分解表〉的通知》等文件，对 2010 年上半年污染减排工作出现反弹的 7 个省区进行预警、通报、约谈及督查指导。各地在中央的强力推动下，进一步采取措施确保减排任务的完成。2010 年，河北省加快实施节能减排"双三十"工程；陕西省出台了减少污染物排放条例；天津市在市政府年度工作中列入了污染控制指标；上海市出台了 COD、SO_2 超量补助的奖励政策；广西壮族自治区、贵州省在财力不足的条件下挤出资金建设重点减排工程项目。2010 年，二氧化硫排放量 2185.1 万吨，比 2005 年减少 14.29%；化学需氧量排放量 1238.1 万吨，比 2005 年减少 12.45%，双双超额完成"十一五"减排任务。对"十一五"期间减排政策的执行情况，《节能减排"十二五"规划》做了权威性评估，"基本实现了'十一五'规划纲要确定的节能减排约束性目标，节能减排工作取得了显著成效。"

5.3.2 "十一五"主要污染物减排目标责任制的执行特征

一、减排目标具有"政治性任务"的特征

"十一五"主要污染物减排政策具体且严格。中央政府层面构建目标责任制治理体系并进行着指标的层层分解与考核等工作,推动地方执行者在这一体制下实现减排目标。可以说,减排执行是在中央政府自上而下推动完成,且减排指标是作为政治任务必须保证完成的。《国家环境保护"十一五"规划中期评估报告》强调指出:"污染减排已成为环境保护的中心工作。……要继续抓好治污减排。将保证企业治污设施运行作为当前减排工作的中心任务。"

然而对于地方执行者来说,实施污染物减排可能面临重重阻力。因为如果强制关闭污染企业,可能造成当地失业率上升,给地方经济增长带来影响。此外,中央制定的指标可能超过各省的实际执行能力,增加了政策执行中的阻力。一些地方政府在"十一五"规划中期评估报告中就表态,"由于市第二污水处理厂建设一再推迟工期,各镇除共和①外,污水处理设施迟迟未见动工,生活污水处理量有限,影响了全市城镇污水处理率和COD的削减。二氧化硫削减方面,由于我市没有火电、冶炼企业,很难通过结构调整实现减排,而靠关停小水泥、小砖厂和企业锅炉加装脱硫设施的减排能力非常有限,完成二氧化硫削减任务十分困难"②,"但由于我区正处于工业化发展初期阶段,长期累积的结构性矛盾一时难以解决,重化工产业比重较大,技术装备水平较低,燃煤电厂、有色、冶炼等二氧化硫排放大户的脱硫工程滞后,部分地州仍然存在违法排污的小炼焦等'十五小'企业,污染源在线监控设施安装还不到位;……总量控制目标虽然完成年度预定目标,但二氧化硫排放量仍在增长,节能减排任务艰巨"。

但是,各层级领导人在讲话中多次明确表态,要求把"节能减排"看成是"硬任务""政治任务""死任务",使得地方执行者不得不采取一切

---

① 广东省鹤山市共和镇在"十一五"期间率先启动污水处理设施建设。
② 广东省鹤山市"十一五"规划实施情况中期评估报告。

手段来确保任务的完成。比如，福建、江西、安徽等省对减排执行不力的县区进行区域限批；贵州省出台了《主要污染物总量减排攻坚工作行政问责办法》，对城市污水治理方面工作不力的市县有关部门负责人进行了谈话；广西壮族自治区公开通报了 47 位城镇污水处理设施建设进度落后的市县政府主要领导；贵州省、甘肃省、新疆维吾尔自治区、青海省等地在财力不足的情形下挤出资金建设重点减排工程项目。到了"十一五"收局之年，各地甚至出现了"拉阀限电"之风，虽然能起到促进减排的作用，但也背离了政策的初衷。

二、执行方式的突击性与执行成效的低可持续性

从"十一五"期间各年度的减排数据来看，主要污染物减排进度并非一开始就按照年度任务按部就班逐年完成，而是表现出前松后紧的执行方式，执行上具有一定的突击性。从表 5.2 可看出，以 2008 年为临界点，2008 年以前主要污染物的减排进度均未达到年度目标进度，2006 年甚至不进反退；而到了 2008 年则突然出现逆转，双双突破 60% 年度进度目标，二氧化硫的减排进度甚至接近规划期总目标的 90%。[①] 这说明污染物排放量在 2008 年度可能会有一个较为明显的降幅。再由表 5.3 可知，无论是二氧化硫还是化学需氧量，相较于去年减排量降幅最大的年份都出现在 2008 年，分别减少 5.95% 和 4.42%，由此也可推断 2008 年可能存在某种因素刺激着地方执行者采取行动以快速实现年度目标。政策执行的突击性特征在规划末期部分地区也能得到充分体现。在"十一五"收官之年的最后几个月中，江苏、河北、浙江、山西等省纷纷展开减排大冲刺，在大范围内限电甚至断电，以完成减排指标。[②] 这些突击行动甚至对居民生活带来了困扰，以至于 2010 年 9 月 17 日发改委发布《关于进一步做好当前节能减排工作的紧急通知》：声明"实现节能减排目标关键要靠工作和机制，不能靠短期的'突击行动'"。

---

① 2006—2010 年中国环境状态公报数据。
② 朱玉知，环境政策执行模式研究，第 52 页第三段，原始出处应该是：竺乾威，地方政府的政策执行行为研究：以"拉阀限电"为例［J］. 2012.

表 5.2 "十一五"主要污染物减排情况表

	2005年排放量	2006年		2007年		2008年		2009年		2010年	
		排放量	比2005年	排放量	比2005年	排放量	比2005年	排放量	比2005年	排放量	比2005年
二氧化硫	2549.4万吨	2588.8万吨	增加1.5%	2468.1万吨	减少3.2%	2321.2万吨	减少8.95%	2214.4万吨	减少13.14%	2185.1万吨	减少14.29%
化学需氧量	1414.2万吨	1428.8万吨	增加1%	1381.8万吨	减少2.3%	1320.7万吨	减少6.61%	1277.5万吨	减少9.66%	1238.1万吨	减少12.45%

数据来源：历年中国环境状态公报。

表 5.3 "十一五"主要污染物同比减排率表

	2006年	2007年	2008年	2009年	2010年
SO_2减排量比上年	1.5%	-4.7%	-5.95%	-4.6%	-1.32%
COD减排量比上年	1%	-3.2%	-4.42%	-3.27%	-3.09%

数据来源：历年中国环境状态公报。

根据《国务院关于"十一五"期间全国主要污染物排放总量控制计划的批复》（简称《计划》）规定，"2008年对《计划》执行情况进行中期评估，2010年进行期末考核，评估和考核结果向社会公布"，2008年是节能减排的问责元年。国务院办公厅专门下发《关于印发2008年节能减排工作安排的通知》，要求6月底前完成对各省级人民政府2007年节能减排目标完成情况和措施落实情况的综合评价考核工作，并以此作为考察经济发展成效的重要标准。对没有完成减排目标的政府和企业，责令其做出情况说明并提出整改措施。严格的考核问责倒逼各地政府纷纷采取措施，以加快减排进度。而随着"十一五"规划期限的临近，国务院在《关于进一步加大工作力度确保实现"十一五"节能减排目标的通知》中指出，"各地区要组织开展本地区节能减排目标责任评价考核工作，对未完成目标的地区进行责任追究。"高层领导的明确表态使得部分落后地区和创先争优的省市更是展开专项行动和运动治理，以确保减排进度不落后。

突击式的执行方式带来的成效往往可持续性较低。只要来自上层的督促有所减小，就容易出现反弹，政策执行容易在失控与纠偏之间反复。事实上，虽然自 2008 年开始，各年度都实现了减排目标，但年度里的减排进度推进也并非一帆风顺，而是充满着曲折。比如，受国际金融危机的影响，经济稳定增长的需求增加，加大了污染物减排的难度。2009 年第三季度以来，高排放企业快速发展，二氧化硫排放总量下降趋势减缓甚至由降转升，化学需氧量排放总量削减速度明显放缓。① 此外，在压力推动的政策执行往往以完成任务为目标，缺乏执行的主动性，一旦指标达成，被问责的压力减小后，污染物减排进度也会放缓。比如在 2009 年二氧化硫提前实现"十一五"减排目标后，2010 年二氧化硫相较上年的降幅明显减缓，由 4.6% 降低为 1.32%。而化学需氧量在 2010 年完成减排指标后，2011 年减排同比降幅也由 3.09% 减少为 2.04%。从各地执行情况来看，部分地区污染物减排执行成效也不稳定。比如新疆维吾尔自治区在关于环境保护"十一五"规划中期评估报告中，提到"2008 年，总量控制目标虽然完成年度预定目标，但二氧化硫排放量仍在增长，节能减排任务艰巨。"

5.3.3 "十一五"减排目标责任制的激励特征

一、激励目标清晰，激励依据可测量

由于污染物减排指标长期得不到完成，中央政府开始强调"要真正把节能减排作为硬任务"，采取下达指标、分解任务的形式量化政策目标，并将二氧化硫和化学需氧量两种主要污染物排放量削减 10% 确定为约束性指标，同时与地方政府和重点企业签订减排目标责任书，建立起职责明晰的减排目标责任体系。

到了 2007 年，国家在环保总局的牵头下制定了主要污染物总量减排统计、监测和考核办法，明确了具体核算二氧化硫和化学需氧量减排量的方

---

① 朱玉知，《环境政策执行模式研究》，第 50 页最后一段。

法、监测污染物排放量的方式，以及考核省级政府完成"十一五"减排目标情况的具体办法。2008年3月28日，国务院发布《单位GDP能耗统计指标体系实施方案》《单位GDP能耗监测体系实施方案》《单位GDP能耗考核体系实施方案》《主要污染物总量减排统计办法》《主要污染物总量减排监测办法》《主要污染物总量减排考核办法》等政策文件，作为考核各地区的主要污染物减排情况的依据，以确保"十一五"减排目标的实现。[①]至此，减排政策有了十分清晰的激励依据。此外，为了获取各省准确的减排情况，中央还派出核查组到各地展开核实调查，国家环保局和统计局也对最后的相关数据进行复核检查。[②] 总体来说，"十一五"污染物减排目标考核制不仅量化明确了衡量污染物减排执行情况的指标，还精确化了污染物减排的统计、监测和考核办法，采取了一系列具体明确的问责行动方案，减排政策的激励目标明确，激励依据清晰。

二、减排政策执行者直面多任务冲突

"十一五"主要污染物减排政策的执行是在我国经济快速发展的时期进行的。政策执行者面临着经济发展和环境保护之间的巨大张力。尤其在2008年金融危机爆发后，冲突更是加剧。政策执行者需要完成上级政府委托的GDP增长任务、减排任务、治安维稳任务等多个任务，而且都是签了目标责任状的。这些任务从本质上是有一定冲突的。特别是经济增长和减排工作的高冲突性，可以说是导致整个减排政策执行过程充满不确定的根源。这种冲突性首先体现在与经济、社会政策的冲突上。停产整顿或关闭生产工艺落后的企业，不仅会损害企业利益，也可能引发职工失业率上升，导致依赖这些企业生存的地方政府和民众的利益受损，不利于社会安定稳定的维护。其次也体现在执行难度上。国家环保总局和发改委在分配指标时多仅体现"区别对待东、中、西部地区"的指导方针，对地方政府执行能力难以做到充分考虑，在此基础上制定的指标可能超过各省实际的

---

① 国务院. 国务院批转节能减排统计监测及考核实施方案和办法的通知 国发〔2007〕36号 http：//www. gov. cn/zhengce/content/2008-03/28/content_ 4949. htm

② 张敏思. 对天津市碳排放权交易试点的分析和建议［J］. 中国能源，2015，37（04）：45-47+13.

执行能力,增加了政策执行中遭遇各种软阻力和硬阻力的机会。[①] 此外,主要污染物减排政策的执行主体可能涉及区域流域内多个部门,同时也需要相关企业的配合,这就需要各执行参与主体平衡利益、统一目标、共同执行。部门的分散性及调控手段的间接性无疑也是主要污染物减排政策实施难度大、执行冲突性高的重要原因。[26]

三、央地关系影响减排政策的激励效果

在政策执行过程中,减排涉及中央的政策制定权和地方的自主权。即中央与地方之间权利关系。中央对地方有干部人事权和财权。地方政府的自主权则主要体现在对地方经济社会资源强大的控制和动员能力。

在"十一五"主要污染物减排政策的执行过程中,中央与地方参与者诉求不完全一致,使得整个执行过程充满不确定性和不稳定性。在政策初期,由于污染物减排目标长期未得到执行并没有被追究,使得具有一定自主权的地方政府在执行政策时尽可能维护自身利益,在政策选择上往往采取观望、搁置的拖延策略,即先观望上级及其他地方政府的行动,再做出自己的政策决定;或者试图通过与中央不断协商或变通降低政策压力,比如申请指标的下调,结果导致了减排进度的滞后和减排量的不降反增。为打破各地观望被动的局面,中央政府通过密集的政策文件出台和会议召开,多次强调污染减排的政治任务性质,实行一票否决制和责任追究制,加大考核问责压力,制定更加精确的统计、监测、考核办法,来推动地方执行污染物减排。由于政策执行的模糊空间进一步压缩,且执行被上级赋予一票否决关键指标政策,执行结果不仅与奖金绩效挂钩,且与人事升职挂钩。这时面对需要长期人财物力投入、短期内难显成效而又不得不执行的污染物减排任务,地方政府在利益权衡下,便会选择在考核关键时间点发挥其强大的经济社会资源动员能力,这时花费成本较少的运动性行为便会大量出现。而一旦关键考核期过去,来自中央的问责压力稍微减轻,有些高污染高排放企业的生产又死灰复燃。

---

① 宋雅琴,古德丹."十一五规划"开局节能、减排指标"失灵"的制度分析 [J]. 中国软科学,2007(09):25-32+87.

5.4 "十二五"减排目标责任考核的实证研究

综合以上章节所述，在多层委托代理链条上，减排目标责任制的委托人特征、激励依据和激励措施等方面都可能产生激励偏差。"十一五"减排目标责任考核案例向我们呈现了一种典型的先应付后突击的减排政策执行现象。

在政策实践中，中央（上级）政府通常以过程考核和结果考核两种方式检查地方（下级）政府的减排目标任务完成情况。过程考核通常是在五年规划的第三年进行，考核减排目标执行的进度，主要依据是"中期数据"；结果考核通常是在五年规划的第五年进行，考核减排目标的完成情况，主要依据是"终期数据"。由于人们普遍认为，终期数据的信息量大于中期数据，所以无论是在学术研究还是管理实践中，对终期数据的使用率和重视程度都远远超过中期数据。然而，"十一五"期间先应付后突击的减排执行现象给我们一个启发，可能中期考核数据是一个更好地观测地方政府减排工作执行进展情况以及他们的真正努力水平的数据。

根据经济学激励研究的有效信息原则，委托人在设计合同时，会尽量选择包含有效信息的指标，这些指标产生误差的可能性越小越好。这些有效信息指标能够真正测量代理人的努力程度。在地方（下级）政府执行减排目标任务的这项工作上，作为委托人的中央（上级）政府如何选择有效信息指标，去识别地方（下级）政府在环保减排工作上的努力程度至关重要。当前，上级政府对下级政府在五年期间减排工作的考核，主要依据终期数据是否完成期初设置的规划目标。在各种高压态势和高强度激励下，全国各地频繁出现中期目标未完成，终期目标却全部完成甚至超额完成的奇怪现象。事实情况确实如此吗？我们不禁有了许多疑问。政策执行的中期数据所包含的有效信息很可能超过终期数据。中期数据可以更好地代表减排目标任务完成情况的全部信息，是更优的充分统计量。[1] 因此，本节将中期数据作为代理变量，探讨地方政府、企业、公众等多方影响减排政策执行的因素。

5.4.1 "十二五"减排政策执行概况[2]

"十二五"规划中，关于主要污染物的减排目标，我国政府将减排任务设定为污染物排放量下降10%左右（表5.4所示）。到2016年初，主要污染物减排目标均超额完成。就各省级单位任务完成情况而言，全国共30个省级单位完成减排目标（除新疆维吾尔自治区以外），其中超过10个省超额达成目标。绝大多数省级以下的市、县、区单位也都超额完成了任务指标。这些减排数据漂亮地证明了我国在贯彻减排基本国策的进程中已取得了一定成效。

表 5.4 "十二五"环境保护四项约束性指标减排目标表

序号	指标 （万吨）	2010 年排放基数 （万吨/年）	2015 年控制目标 （万吨/年）	2015 年比 2010 年 削减率目标	期末实际 完成量
1	化学需氧量 排放总量	2551.7	2347.6	8%	12.9%
2	氨氮排放总量	264.4	238.0	10%	13%
3	二氧化硫 排放总量	2267.8	2086.4	8%	18%
4	氮氧化物 排放总量	2273.6	2046.2	10%	18.6%

---

[1] 统计学上有一个重要概念叫充分统计量，它是指不损失信息的统计量（费希尔，1922）。

[2] "十二五"规划期间有关4项污染物约束性指标的主要减排政策，如《国家环境保护"十二五"规划》《关于加强环境保护重点工作的意见》《"十二五"节能减排综合性工作方案》《"十二五"主要污染物总量减排目标责任书》《"十二五"主要污染物总量减排统计办法》《"十二五"主要污染物总量减排监测办法》等。其中，4项污染物是指《中华人民共和国国民经济和社会发展第十二个五年规划纲要》确定实施总量控制的污染物，即化学需氧量、氨氮、二氧化硫和氮氧化物。

令人担忧的是，在"十二五"进程中，雾霾天气在全国范围内蔓延，2012 年末，我国许多城市空气呈重度污染；2013 年末，我国近 1/3 的城市深陷雾霾泥淖，重度空气污染天数达到了半个世纪的巅峰。[①] 自 2015 年末以来，我国北部地区空气质量屡屡拉响警报。由于空气污染具有流动性，在重污染的省市周边地区空气质量仍然无法保障。[②] 此外，多地新闻媒体接二连三地报道多起严重水污染事件，连续 5 年统计数据显示，位居前几位的省份是山东、福建、浙江、广东、江苏、河南、湖北和山西。[③] 这几个污染事件频出的省份中，多半为主要污染物减排超额达成目标的省份。因此，我们发现了一个奇怪的现象：各地政府在考核期末所报告的主要污染物减排任务完成情况良好，但是公众感知到的环境质量却在下降，媒体新闻报道的污染事件也接连发生。所以，我们不禁思考，是否除了期末数据外，还有其他数据能够更好地反映出环境的真实质量？

根据本章上文的分析，"十二五"期间，各地政府在执行减排任务时，存在先拖延后赶工的现象，尤其是在期末考核前会采取突击形式以达成减排目标。因此，期中的减排任务完成情况可能比期末更加真实地反映环境质量。因为在中期考核时，并没有出台严格的奖惩措施，即便是在中期考核中，地方政府尚未完成减排目标任务也不会有严重的后果，这使得一些地方出现中期考核进度未达标，期末考核进度却可以超额完成的奇怪现象。也就是说，地方政府的主要污染物减排工作并不是循序渐进、着眼于长远地按步骤推进，而是存在突击和赶工的做法。因此，相比较于期末考核数据对地方政府减排工作情况的反映，中期考核数据更贴近地方政府减排任务执行的实际进展。下面，我们将"十二五"期间主要污染物减排量

---

① 2013，拿什么拯救你——"爆表"的霾！[EB/OL]. http：//www. xinhuanet. com//photo/2013-12/11/c_ 125840212. htm，2013-12-11/2017-10-21.

② 刘华军，孙亚男，陈明华. 雾霾污染的城市间动态关联及其成因研究 [J]. 中国人口·资源与环境，2017，27（03）：74-81.

③ 吉立，刘晶，李志威，等. 2011-2015 年我国水污染事件及原因分析 [J]. 生态与农村环境学报，2017，33（09）：775-782.

的中期完成进度（期末减排总量的 60%）作为被解释变量①，进一步讨论相关解释变量的影响。

5.4.2　研究假设

5.4.2.1　公众参与层面的影响因素分析

公众作为生态环境最直接的感受者，他们对生态环境质量的变化具有敏锐的感知力，可以对地方政府减排政策的执行情况，以及企业的污染排放情况有直观的观察，能够有效监督减排工作的执行情况。然而，我国公众缺乏环境意识，对生态环境情况缺少关注；同时，受限于信息获取渠道的闭塞，公众所能获得的环境信息有着很大的局限，信息既不全面又有着较大的偏向性，这在很大程度上影响了社会公众对环境改善情况的监督。就减排政策执行情况而言，相应的政策执行信息存在着信息获取滞后，数据模糊、不连贯的特点，这给公众参与监督带来了较大的阻碍。值得一提的是，我国地域辽阔，企业数量极多，且高度分散，因此，地方政府的环境执法工作存在较大困难，执法成本相当高昂，公众参与恰恰可以改善地方政府执法难、执法"贵"的痛点。公众参与环保的意识越强，所起到的监督作用也就越强，能够较好地促进地方政府加大减排政策执行力度。

一、公众环境监督行为的影响

受限于信息获取渠道的闭塞，公众所能获得的环境信息有着很大的局限，这也阻碍了公众行使监督权。原因如下：政府需要监管的企业过多，且分布较为分散，使得其无法全方位地对企业进行监督。社会公众的监督可以极大程度地降低政府的监管成本，接触政府难以触及的领域，真正从实际层面监督减排政策执行情况。此外，社会公众有着充足的动力去监督企业的污染情况，因为生态环境质量与他们的生活息息相关，一旦生活范

---

① "十二五"减排目标的中期考核是：减排量是否完成五年计划减排总量的 60%。若中期考核能完成五年减排任务的 60%，则表示减排政策执行的进展程度符合《"十二五"规划纲要》的目标要求。"十二五"期间的减排目标中期考核是一项重要的自上而下的政策任务，对规划的实施和进度完成情况进行考核，以确定规划及改进措施是否合理，具有明确的可测量目标和时间性。

围内的污染情况变严重，公众总能迅速反应。公众参与环境监督，能在一定程度上促进减排政策的执行。

公众对周围生态环境质量有着较高要求。为了维持或改善居住环境，公众会对环境质量的变化较为敏感，同时做出相应的行为以维护自身权益。公众多通过制造舆论、道德谴责形式或信访行为来维护自身权益，利用舆论的压力督促地方政府进行减排工作或是企业改善排污行为，这也是公众参与监督减排政策执行的表现形式。公众参与监督，促进减排政策执行的具体流程为：减排政策执行情况不理想，社会公众对生活环境的污染情况变化反应迅速，通过舆论或道德谴责维护自身权益，给地方政府政策执行带来压力，促使地方政府加强对环境的规制，加大奖惩力度，更有效地激励企业改善污染排放情况。此外，由于近年来接二连三地出现关于污染物排放乱象的新闻报道，以及多次爆发的群体事件，社会公众的意见越发受到重视，所起到的监督作用也越明显。综上所述，我们提出了假设 H1a：

H1a：公众监督行为会促进地方减排政策执行进度，越多的公众监督行为，越能反馈出环境污染问题，也就越能推动地方政府减排政策执行进度，两者正相关。

二、环境污染的公众感知度的影响

政府是政策的实际执行方，社会公众作为监督方，二者存在较大的信息不对称问题，对于减排政策的执行进程，社会公众存在信息获取难、获取渠道少、所获信息不全面且不准确的问题。近年来，随着网络媒介的迅速发展，公众对环保的认识程度和认识水平的提高，社会公众参与政府环境治理也越来越积极，参与方式越来越多元。尽管相较于从前，公众获得了更多的环境信息，但是他们的参与机制还不完善，公众对环境状况的了解主要来自地方政府定期发布的环境质量相关报道。从以上的分析可以看出，由于公众不能完全了解环境政策执行信息，所以不能完全了解政府的减排政策和政策的实施情况，而只知道减排政策的实施效果，比如所在城市实时的环境状况，这是众所周知的，而不会受到信息不对称的影响。因此，公众对环境政策实施效果的评价，主要取决于其所感受到的环境质量的优劣。当民众感到环境污染程度较高时，民众对其治理的满意度将会下降，通过投诉、信访等方式来促进环境质量的提高。在公众的压力下，如果政府能顾及社会的影响，就能更好地实施环保政策，进而达到减排政策的目标。因此，我们提出假设 H1b：

H1b：环境污染的公众感知程度越高，可能会通过舆论、社区民意等途径，越能促进地方政府的主要污染物减排工作执行进度。

5.4.2.2 政府监管行为的影响分析

作为减排政策的执行者，由于受到其内部的组织层次和外部监管的制约，必然会出现信息不对称、信息不对称等问题。原因如下：一是在政府层面上，中央政府对减排政策有决策权，而地方政府则实施减排政策的权力，这就意味着中央政府无法对地方政府进行有效管制与监管，而地方政府在决策和决策上的自主程度要高于中央政府。二是在政府之外，政府是实施减排政策的主体，而企业则是真正的政策执行者，在传达减排政策和实施的过程中，存在一些非主观的错误，如理解偏差、遗漏等，从而使政府无法及时地掌握具体的减排措施。此外，由于自身的利益，在实施减排政策时，公司不可避免地有选择性地传达信息，并对其进行轻描淡写、掩盖。① 这表明，无论是在政府内部还是在外部，信息的获取、传达都存在一定阻碍。

"十二五"减排政策的主要内容仍然是以指令为主导的。而政府是将公众与小企业联系起来的一个重要媒介，其实施与否将直接关系到宏观环境政策的，因此，政府必须加大对环境治理的监管力度，以弥补信息不对称性。政府环境规制具有强制性，有较强的威慑作用。减排政策是环境管制的一种方式，各国政府一方面加大环境监管力量，加大收费排污的力度，另一方面又要鼓励企业进行环境信息披露，通过对违法企业的警示、行政处罚等措施来解决我国在执行减排政策中存在的信息不对称。

---

① Ullock, Gordon. The politics of bureaucracy [M]. T Washington D. C. : Public Affairs Press, 1965: 149-156.

一、政府环境监督力量的影响分析

影响减排政策执行信息传递的因素有很多，主要与代理人、委托人相关，包括代理人出于维护自身利益选择性的传递信息或瞒报、虚报等一系列利己因素，以及委托人本身的环境监督力量的强弱。另外，由于我国的环境信息披露制度不具有强制性，因此，为了获得更加真实的排污资料，在保证企业定期公布自身排污情况的前提下，通过建立监测机构，利用技术手段来间接获得有关环境的信息，使政府对企业排污状况的了解更加真实、全面。

现有的研究资料中，很少有关于衡量信息不对称性的指标选择，黄民礼指出，采用间接量化的方法可以取得相同的结果，即使用政府环境监督力量来间接体现信息不对称。政府环境监督力量可用环保系统内部的环境监测机构来量化表示。① 环境监测技术是影响环境质量检测质量的重要因素，要提高其准确性和真实性，就需要改进监测技术。在某种程度上，环境监控技术的发展与政府自身的环境监测单位数目有关。监察机关的分布越广泛，越密集，其对环境监测的能力越强。随着环保政策的实施，环保监管力度的增强，各国政府对于环保数据的真实性、准确性的掌握，加大对污染企业的监管力度，加大企业在政府的督促下，使减排政策得以更加全面地实施，降低由于信息不对称所带来的"道德风险"，也会在一定程度上抑制了"打折扣"和"前松后紧"的效果，从而确保减排政策的及时实施。于是提出以下假设：

H2a：地方政府的环境监督力量越强大，越能够获得各个排污主体的污染物排放情况，越能促进地方政府减排工作的执行。

二、政府有偿排污实施力度的影响分析

根据信息不对称性发生的时间，将信息不对称划分为前后两个阶段，在事前发生的非对称性信息是"逆向选择"，因为受托人不能完全掌握代

---

① 黄民礼. 信息不对称、主体行为与环境规制的有效性——以中国工业废水治理为例 [D]. 暨南大学，2008.

理人的所有信息，从而使其利用其信息的优势来损害客户的权益。政府是实施减排政策的主体，由于缺少有效的市场信息，很难对其进行精确的成本、需求结构等方面的研究，在制定减排政策和具体措施时，由于信息的匮乏，在决策过程中会产生偏差，进而影响减排政策的实施。

在具体的减排过程中，中央通过调整有偿排污实施力度的形式，来干预政策的实施进度。在制定环保政策之前，政府很难对企业的成本与需求构成进行精确的认识，而企业则是一个理性的个体，若政府加大有偿排污实施力度，则会产生两种行为，即服从、抵制。由于公司本身的自利性，往往会利用自己的资讯优势，在应对政府的减排措施的同时，还在为提升自己的生产速度而努力，所以事实上，其减排量的变化并不大。如加大对排污收费的执行力度的一种形式：当企业的数目不变时，政府增加了排污费的征收标准，增加了排污费。企业作为理性个体，尽管多生产多排放就会多交排污税，但是多生产就会带来更多的经济效益。在政府不能完全掌握企业收入和排污费的正确比率之前，与其缴纳少量的排污费，公司宁可到污水市场上购买排污权，也不愿意按照国家的规定来完成。基于此，提出以下假设：

H2b：地方政府有偿排污实施力度越大，增收的单位排污费金额越高，当地政府主要污染物减排工作执行进度越慢。

三、政府处罚环境违规的力度的影响分析

在非对称信息环境下，委托人无法随时监控代理人的行为，如果要保证代理人按期、高质量地完成工作，就需要建立奖励和惩罚机制。在实施减排政策时，由于政府与企业之间的环境信息不对称性，使得政府难以对某一地区的各个行业进行精确的监测和控制，为了使其能够及时地实现其减排目标，政府采取了一系列奖惩措施来抑制企业的不良行为。

在实际生产中，企业往往会采取各种措施来保护自己的权益，而政府则会采取各种强制措施去促使企业合法排污和如期完成任务，以保证最终获得企业的真实情况。它的"硬规制"行为包括制定标准、建立有效的问责机制等。政府出台的环保法律具有很强的震慑力和警示效果，对违反一般环境违法的企业进行行政处罚，包括罚款、责令停产等。尤其是在政府采购、工程招投标、国有土地出让、授予荣誉称号等领域，会给被处罚的企业带来不同程度的经济利益和信用损失。因此，政府应转变对污染企业的环境管制措施，采取"硬规制"措施，以保证环保政策的顺利实施。同样，"十二五"期间，由于政府的环保指标越来越"硬"，为了加速实施，会给公司施加压力，加大对环境违法企业的惩罚，出于经济利益和企业信誉的考量，企业必然会规范自己的减排行为，促使减排政策进度按时达标。基于以上论述，提出假设；

H2c：地方政府处罚环境违规的力度越强，越能够威慑到企业，规范他们的排污行为，进而促使地方政府的主要污染物减排执行进度越快。

5.4.2.3 企业行为的影响分析

企业是实施减排政策的最后一环，是最终实施减排政策的执行者。企业对减排政策的响应和执行情况将直接影响减排政策的实施工作是否按时完成。因此，在实施减排政策过程中，企业的行为是一个非常关键的因素。政府作为减排任务发布者，不能完全了解企业的排污情况，而企业又是一个追逐利益的经济主体，为了获得最大的利益，会根据国家的政策调整自己的战略。另外，通过引导企业参与第三方环保监督，鼓励其主动公布污染信息，加强其环境信息的披露。当企业对政府的政策导向和力度不明确时，一些企业会产生顺从性，并主动披露实际减排总量、具体污染物减排状况等。

一、企业环境机会主义行为的影响分析

在减排政策执行过程中，相较于政府，企业拥有较大的信息优势，会因政府的行动而主动改变其战略。在政府委托企业进行减排工作时，由于政府不能准确地评估企业的减排力度，所以很容易通过不对称的市场信息获取利益，从而导致了企业道德风险的问题。

由于政府不能对企业的污染行为进行全面监测，因此，存在着巨大的环境机会主义空间，这就导致了企业在违法排污与遵守法规之间做出了抉择。特别是在现阶段，由于我国的减排惩罚成本较低，监管机制不完善，

违法后被发现的可能性也较小，企业很可能会因为利益最大化而违法排污，导致出现了一些企业偷偷排污、治污处理设备不运转这样的道德风险问题。其次，由于政府对企业的排污行为存在着一定的信息盲区，在无法有效地把握公司的利益和违法惩罚的规制比例之前，对于企业来说，惩罚成本就会低于减排成本，因此，企业的自利性就会导致企业采取环境机会主义。

在实施减排政策时，企业存在着机会主义的动机，而这一动机的出现取决于政府能否在实施减排政策时对其进行有效的监管，或者在违反规定后被发现的可能性。因此，在国家对企业的限制作用减弱的情况下，减少排放政策的震慑性信号就会减弱，企业的环保机会主义活动也会增多，企业的减排政策实施"打折扣""前松后紧"的情况也就会出现。因此，提出以下假设：

H3a：企业有越多的环境机会主义行为，就可能存在越多的污水或废气排放超标事件，那么自然会妨碍当地主要污染物减排的执行进度。两者负相关。

二、企业污染物排放数据公布的影响分析

近几年来，我国政府对环境管制的力度逐步加大，虽然企业作为代理人，拥有相对于政府的信息优势，但是，企业与政府之间关于环境管制的信息也是不对称的，这会导致企业的市场竞争环境不稳定，同时也会受行业内竞争对手行为的影响。在信息不对称的支配地位下，企业不但会有非法排污的投机行为，而且还会在不断出台的政府环保法规的作用下，采取竞争战略来增强自己的产业竞争力。

为了更好地激励企业进行排污，政府会对企业进行行业认证，划分企业等级，并对其提出环境信息披露的要求。企业在生产和运营过程中，信誉和声誉均得到了社会的认可，从而使公司的声誉得到了提升，无形资产也得到了增长，而信誉度越高，就越能在市场上站稳脚跟，取得竞争优势。所以，在实施减排的过程中，企业要想提升自己的信用，就必然要为了得到政府的认证而努力达成减排目标。另外，在市场经济条件下，诚信与声誉是一种重要的特性，消费者往往会信任那些具有良好信誉的公司，认为他们的产品"货真价实"，并且愿意付出更高的代价，从而更好地激发企业的积极性。通过这种"软规制"途径，政府可以让企业认识到信用的重要性，并逐步将其作为竞争优势，从而提高了企业对环境污染的认识。换句话说，在实施减排政策时，企业会严格遵守相关的政策，以提升自己的信用，同时也会积极配合政府公布自己的污染情况，这既能加速减排的实施，又能打通政府与企业之间的不对称信息。所以，提出假设：

H3b：公布自身污染物排放数据的企业越多，说明当地环境信息披露执行得越好，越有利于推动地方政府的主要污染物减排工作进度。

5.4.3 变量选择和数据收集

一、被解释变量的选择和数据收集

根据上文所述减排中期执行进度的概念界定，本研究以是否完成期末减排总量的60%，[①] 作为回归分析模型的被解释变量。根据数据可获得性，本研究以"十二五"期间我国137个城市的4个主要污染物减排目标的完成进度为样本，收集各个地级市2010年和2013年的减排情况测算得出中期进度的执行情况，[②] 总体情况如图5.2所示。从图5.2中可以清晰地看到，在SO_2和氨氮的减排目标进度上，137个地级市中有76座城市尚未完成中期减排目标，即44%的地级市考核不达标。在化学需氧量的减排工作中，有36%的地级市中期执行进度不达标。在氮氧化物的减排工作进度中，高达71%的地级市尚未完成中期考核任务，执行进度滞后。这些城市中期减排进度的数据显示，减排政策的执行并不像期末数据那么乐观。在

---

① "十二五"目标要求的年均减排进度为20%（梅赐琪、刘志林，2012），国家发改委主任徐绍史在2014年5月26日全国节能减排和应对气候变化工作电视电话会议上指出，中期考核时间为第三年期末，理论上应该完成60%的减排进度。

② 数据来源于中国污水处理工程网以及各城市的环保局网站上的环境保护"十二五"规划，以及在各市2013年环境质量状况公报中搜索到2013年4项约束性指标实际减排量。

后半期，减排政策的执行面临着巨大压力。这种"先松后紧"的政策执行进度状况并不是减排政策制定的初衷。

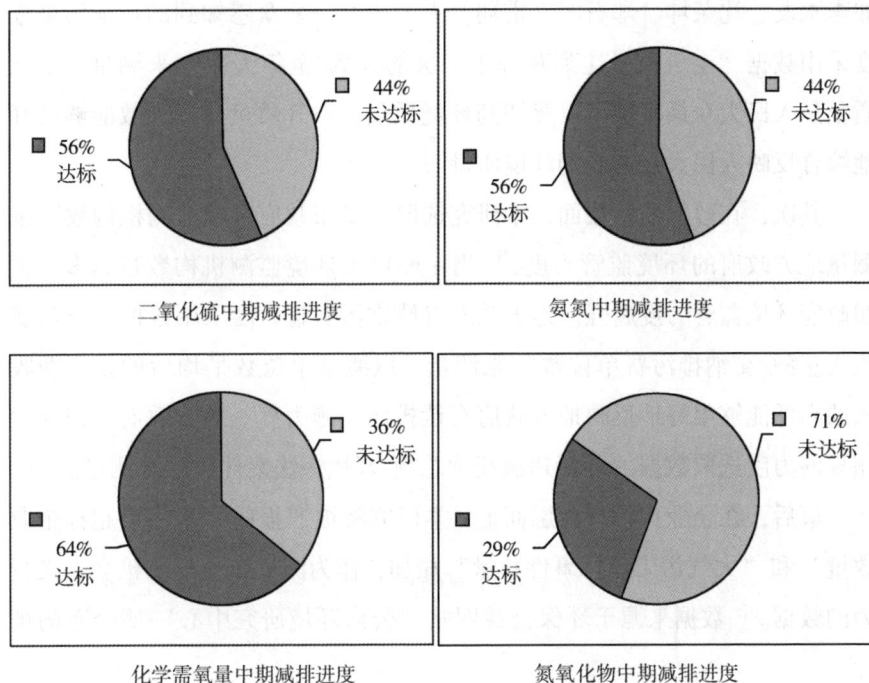

图 5.2　137 个地级市主要污染物减排中期执行情况饼状图

　　注：图 5.2 中的达标是指该地级市的该项主要污染物中期减排进度大于或等于五年计划减排总量的 60%，未达标是指该地级市的该项主要污染物中期减排进度没有达到五年计划减排总量的 60%。主要污染物中期减排进度的计算公式为"（2013 年实际减排量—2010 年实际减排量）／（2015 年计划减排量—2010 年实际减排量）"。

二、解释变量的选取和数据收集

　　根据上一节的分析，减排政策的执行进度受公众参与、政府监管、企业排污行为 3 个层面不同主体行为的影响。本研究根据这 3 个层面的研究假设分别选取了 7 个解释变量，进行数据收集。首先，在公众参与层面，本研究的公众环境监督行为采用数据"受污染影响的群众信访次数"来测量，群众的来信和来访次数可以体现他们对环境污染问题的参与和监督程度，①② 这与多个减排政策执行文献中测量公众参与度所选取的数据相似，如李永友、沈荣坤、郑石明、雷翔等人的研究。公众感知到的环境污染程度采用数据"空气质量达到及好于二级的天数/全年天数"来测量，空气质量是人民大众最直接可以感知到环境质量，空气质量达标天数能够较好地综合反映人民大众感受到环境质量。③

其次，在政府监管层面，本研究选取"城市政府环境监测机构数"来测量地方政府的环境监管力度，④ 当一座城市环境监测机构数量越多，说明政府环境监管力度越强。地方政府有偿排污实施力度采用数据"排污费收入总额/交纳排污费单位数"来测量，以缴纳单位数平均后的排污费收入的高低能够很好地反映地方政府有偿排污实施力度。地方政府处罚环境违规的力度选取数据"环境违法罚款总额/环境违法案件数"来测量。⑤

最后，在企业排污行为层面上，本研究将被通报的"水污染超标企业数量"和"大气污染超标事件数量"相加，作为测量企业环境机会主义行为的数据。⑥ 数据来源于环保公益网站"公众环境研究中心"所公布的被

---

① 李永友，沈荣坤. 我国污染控制政策的减排效果——基于省际工业污染数据的实证分析 [J]. 管理世界，2008（07）：7-17. 该文中选取数据"各类污染所发生的来访批次"测量居民的污染抱怨。

② 郑石明，雷翔，易洪涛. 排污费征收政策执行力影响因素的实证分析——基于政策执行综合模型视角 [J]. 公共行政评论，2015（1）：39. 该文中选取数据"各地区环境来信（封数）来访（批次）总数"来测量公众参与水平。

③ 马素林，韩军，杨肃昌. 城市规模、聚居与空气质量 [J]. 中国人口·资源与环境，2016（26）：14.

④ 黄民礼. 信息不对称、主体行为与环境规制的有效性——以中国工业废水治理为例 [D]. 暨南大学，2008：133.

⑤ 包群、邵敏、杨大利. 环境管制抑制了污染排放吗？ [J]. 经济研究，2013（12）：51-52. 该文选取"环境行政罚金总额"作为环境执法的度量指标，并以该地的工业企业数进行标准化处理，即以环境行政罚金总额/企业数来度量政府的环境执法力度。

⑥ 梁平汉、高楠. 人事变更、法制环境和地方环境污染 [J]. 管理世界，2014（6）：71. 该文对企业非法排污行为的指标用微观企业水污染超标被通报的数量来量化。

政府通报的水污染违规企业数和大气污染超标事件。①

以上所述的 7 个解释变量均选取滞后一期的数据，即 2012 年的公众参与、政府监督和企业排污行为的基本情况数据。因为来自这些层面的行为需要经过一段时间的影响，才能最终反映在被解释变量的变化上。解释变量的数据来源汇总见表 5.5。

表 5.5　解释变量名和数据来源表

变量	符号	测量方式	数据来源
公众环境监督行为	PES	污染群众信访次数	各市年鉴
公众感知到的环境污染程度	PDEP	各市空气质量达到及好于二级的天数/全年天数	各省统计年鉴、各市年鉴
政府环境监督力量	GSS	环保系统内部的环境监测机构数	各市年鉴、360 地图中搜索本市环境监测站
政府有偿排污实施力度	GEEP	排污费征收总额（亿元）/排污费缴纳单位（个）	各市统计年鉴、各市环保局官网
政府处罚环境违规的力度	GPEV	环境违法罚款总额（万元）/环境违法案件数（个）	各市年鉴、各市环保局官网
企业环境机会主义行为数量	CEOB	2011 年至 2013 年各市微观企业水污染超标被通报的数量和大气污染事件超标被通报的数量之和②	"公众环境研究中心"公布的企业监管记录
企业污染物排放数据公布	CPDR	2011 年至 2013 年各市微观企业污染物排放数据公布的企业数量③	"公众环境研究中心"公布的企业排放数据

---

① "公众环境研究中心"网页的链接为 http：//www. ipe. org. cn/index. aspx. 值得一提的是，该机构创始人马军因开发出中国第一个水污染公益数据库，发布"中国水污染地图"而被评选为 2006 年绿色中国度人物，该机构也因收集整理中国污染源地图而获得了 2013 年网易年度环境英雄奖。

② 由于单一年份的数据搜集难度较大，本文对 2011—2015 年各市水污染事件数量与大气污染事件数量总和乘以 0. 6，以此表示 2011—2013 年各市微观企业水污染超标被通报的数量和大气污染事件超标被通报的数量之和。

③ 由于单一年份的数据搜集难度较大，本文对 2011—2013 年各市企业污染物排放数据公布数量乘以 0. 6，以此表示 2011—2013 年各市微观企业污染物排放数据公布数量。

5.4.4 数据整理和分析

一、变量的描述性统计分析

如表 5.6 所示，由 2013 年 137 个地级市的 4 个主要污染物的减排进度均值可以看出，SO_2 和氨氮的减排执行进度比 NO 化物和化学需氧量的减排执行进度良好。许多地级市的 NO 化物和化学需氧量减排工作并没有按照中期考核要求的进度推进，甚至多地出现污染物没有减少排放，而是在增加排放。4 项主要污染物减排进度的极大值和极小值差距很大，标准差也较大，说明不同地级市的减排执行进度有很大差异。一些城市重视五年规划的中期考核，有序推进、超额完成；一些城市没有重视中期考核，污染物排放不减反升。

表 5.6 2013 年 4 项约束性指标减排政策执行进度的描述性统计表

因变量	N	均值	标准差	极小值	极大值
二氧化硫减排进度	137	154.02	737.65	−1300	6254
氮氧化物减排进度	137	−104.16	942.91	−9826	1439
化学需氧量减排进度	137	−143.03	2252.66	−24179	4059
氨氮减排进度	137	74.33	765.24	−4713	6149

解释变量的描述性统计如表 5.7 所示。从数据分布上来看，137 座地级市的公众参与、政府监督和企业排污行为等层面的基本情况差距较大。在公众参与层面，以公众环境监督行为为例，城市受污染影响的群众信访数量最少的仅为 213 件，信访数量最多的则高达 1521 件，而且标准差高达 286 件之多。在政府监管层面，以政府有偿排污的实施力度为例，排污收费金额除以缴交单位的数量后，数额最多的城市高达 792 亿元，数额最少的城市仅 0.06 亿元，标准差更是高达 102 亿元。说明不同城市间地方政府

的有偿排污政策实施力度有很大差异。在企业排污行为层面，有的城市可以做到没有任何一起通报的空气污染超标事件，没有任何一个企业超标排放污水，有的城市则被通报的微观企业水污染超标事件和大气污染超标事件多达28件，标准差约为6件。说明不同城市的企业排污行为同为存在较大差别。

表 5.7　解释变量的描述性统计表

自变量	N	原始单位	均值	标准差	极小值	极大值
公众环境监督行为	137	次	595.65	286.47	213.00	1521.00
公众感知到的环境污染程度	137	%	0.79	0.20	0.10	1.00
政府环境监督力量	137	个	5.99	5.45	1.00	43.00
政府有偿排污实施力度	137	%	56.18	101.78	0.06	792.99
政府处罚环境违规的力度	137	元	8.21	17.68	0.44	182.30
企业环境机会主义行为数量	137	个	4.62	5.74	0.00	27.60
企业排放数据公布	137	个	17.25	15.80	0.00	56.30

二、数据分析模型的构建

（一）二项 Logistic 回归模型分析

Logistic 回归分析有二项逻辑回归、多分类无序逻辑回归和多分类有序逻辑回归等类型。本研究的被解释变量取值为"0"和"1"，目的是考察137 个样本城市的 4 个主要污染物减排执行进度是"未达标"，还是"达标"。$Y=0$，表示该城市该污染物减排中期进度未达标；$Y=1$，表示该城市该污染物减排中期进度达标。从公众参与、政府监督和企业排污行为等层面来看各个因素如何影响减排执行进度，因此选择两项逻辑回归分析模型。[①] 数据分析软件使用 Spss17.0 和 SAS9.1。数据模型的统计分析方法采用向后逐步回归法（Backward：LR），多个文献认为逐步向后回归的方法比逐步向前更好地筛选解释变量和拟合模型。[②][③] 解释变量之间的多重共线性诊断使用容差和 VIF 统计量判断（以群众环境信访数量为例，与其余 6 个解释变量的多重共线性诊断的估计结果见表 5.8），综合全部 7 个解释变量的检验结果，全部通过多重共线性诊断。[④][⑤] 模型拟合优度的检验采用 Hosmer-Lemeshow（HL）、Cox&snellR^2 和 Nagelkerke R^2 拟合优度指标。[⑥] 模型的稳健性检验采用矩法估计（MM 估计法）进行检验分析。[⑦]

---

① 在本文中，4 项约束性指标减排政策执行进度的二元 Logistic 回归模型为：

$$\ln = \frac{p}{1-p} = \beta_0 + \beta_1 PES + \beta_2 PDEP + \beta_3 GSS + \beta_4 GEEP + \beta_5 GPEV + \beta_6 CEOB + \beta_7 CPDR$$

其中，β_0 为常数项，β_1、β_2、β_3、β_4、β_5、β_6、β_7 分别为 7 个自变量的回归系数。如果回归系数为正，表明解释变量对 4 项约束性指标减排政策执行进度有积极影响作用；如果为负，则有消极影响作用。

② 赵伟. 铜石镇农户参与农村社区建设关键问题研究——基于农业循环经济视角 [D]. 天津大学，2013. 该博士论文认为选用向后逐步回归法（Backward：LR 进入方法）进行分析更为严谨。

③ 王玉婷. 地方政府融资平台贷款信用风险研究 [D]. 武汉大学，2016. 该博士论文认为选择逐步向后回归而不是逐步向前回归，可以照顾变量的整体性，以免出现变量之间多重共线性的偏差。

④ 何可，张俊飚，张露，吴雪莲. 人际信任、制度信任与农民环境治理参与意愿——以农业废弃物资源化为例 [J]. 管理世界，2015（05）：75-88. 该文中采用多个的变量互相进行多重共线性诊断的处理方法。

⑤ 当 VIF>3 表示两个变量之间存在一定程度的多重共线关系；当 VIF>10 表示两个变量之间存在高度共线关系。综合全部多重共线性诊断结果看，7 个自变量之间的共线相关程度均在合理范围之内，VIF 值最高为 1.270<3，可见，变量间的共线性程度在合理范围之内，能够满足二元 Logistic 回归要求.

⑥ 拟合优度指标 HL、Cox&snell R2 和 Nagelkerke R2 的检验使用最为广泛。其中，HL 拟合优度指标显著（P 值<0.05）时代表模型拟合不好，HL 拟合优度指标不显著（P 值>0.05）则表示模型拟合良好。拟合优度指标 Cox&snell R2 和 Nagelkerke R2 检验时，R2（R2<1）越大则模型拟合效果越好。本研究在检验模型拟合度时，分别进行了 HL 指标、Cox&snell R2 和 Nagelkerke R2 指标拟合优度检验。

⑦ 孙萌，台航. 基础教育的财政投入与人力资本结构的优化——基于 CHIP 数据和县级数据的考察 [J]. 中国经济问题，2018（05）：68-85. 该文在二元 Logistic 回归的基础上，采用 MM 估计法进行模型稳健性分析。

表 5.8 多重共线性诊断表

模型		共线性统计量	
		容差	VIF
公众环境监督行为	公众感知到的环境污染程度	0.926	1.080
	政府环境监督力量	0.852	1.174
	政府处罚环境违规的力度	0.985	1.016
	政府有偿排污实施力度	0.991	1.009
	企业环境机会主义行为数量	0.991	1.009
	企业排放数据公布	0.870	1.149

（二）SO_2 减排执行进度中期考核结果的回归分析

被解释变量为 SO_2 减排执行进度的中期考核结果，解释变量为来自公众参与、政府监督和企业排污行为等层面的 7 个代表性数据。建立二项逻辑回归方程分析结果见表 5.9。

表 5.9 SO_2 减排中期进度的是否达标的二元 Logistic 回归分析表[1]

	因素	B	S. E.	Wald	Sig	Exp（B）
步骤 4[a]	PES	0.002	0.001	5.041	0.025 **	1.002
	GSS	0.087	0.041	4.495	0.034 **	0.917
	CEOB	−0.110	0.039	8.063	0.005 ***	0.896
	CPDR	0.037	0.015	5.863	0.015 **	1.038
	常量	−0.355	0.495	0.515	0.473	0.701

---

[1] 表 5.9 中 SO2 减排中期进度是否达标的二元 Logistic 回归分析表的完整步骤数据请参考附录 D。解释变量的筛选采用基于似然向后消除法（Backward：LR 进入方法）。表格的注释如下：

1. *、**和***表示在 0.1、0.05 和 0.01 的水平上统计显著。

2. 发生比 OR 估计值为 Exp（B），反映自变量变化一个单位导致事件发生比的变化倍数。3. 步骤 4[a] 为该模型的最后一个步骤，是结果输出的环节。

如表 5.9 所示，城市受污染影响的群众来信来访数量（PES）对 SO_2 减排中期执行进度有显著性影响，就统计学意义而言，在 95% 的置信水平上具有显著性差异（P = 0.025 < 0.05）。在其他解释变量固定不变的情况下，群众来信来访数量每增加一个单位，SO_2 减排中期执行进度达标的概率增加 0.002（B = 0.002）。也就是说，群众信访次数越多的地级市，SO_2 减排中期执行进度越容易达标，与本研究的原假设相符。

城市政府环境监测机构数量（GSS）对 SO_2 减排中期执行进度有显著性影响，就统计学意义而言，在 95% 的置信水平上具有显著性差异（P = 0.034 < 0.05）。在其他解释变量固定不变的情况下，政府环境监测机构数量每增加一个单位，SO_2 减排中期执行进度达标的概率反而降低 0.087（B = -0.087）。也就是说，政府环境监测机构数量越多的地级市，SO_2 减排中期执行进度越容易不达标，与本研究的原假设不相符。可能原因是城市的环保系统内设置越多的监测机构，越信任环境问题得到很好的监测，从而放松了对主要污染物排放的警惕，反而不利于 SO_2 减排中期执行进度的完成。

城市被通报的污水排放超标和大气污染超标的企业数量（CEOB）对 SO_2 减排中期执行进度有显著性影响，就统计学意义而言，在 99% 的置信水平上具有显著性差异（P = 0.005 < 0.01）。在其他解释变量固定不变的情况下，污水排放超标和大气污染超标的企业数量每增加一个单位，SO_2 减排中期执行进度达标的概率降低 0.11（B = -0.11）。也就是说，污水排放超标和大气污染超标的企业数量越多的地级市，SO2 减排中期执行进度越不容易达标，与本研究的原假设相符。

城市公布自身污染物排放情况的企业数量（CPDR）对 SO_2 减排中期执行进度有显著性影响，就统计学意义而言，在 95% 的置信水平上具有显著性差异（P = 0.015 < 0.05）。在其他解释变量固定不变的情况下，公布自身污染物排放情况的企业数量每增加一个单位，SO_2 减排中期执行进度达标的概率增加 0.037（B = 0.037）。也就是说，公布自身污染物排放情况的企业数量越多的地级市，SO_2 减排中期执行进度越容易达标，与本研究的原假设相符。

SO₂减排中期执行进度达标的二项逻辑回归模型的拟合优度检验结果如表 5.10 所示，模型整体拟合优度很好。SO₂减排中期执行进度达标的二项逻辑回归模型的稳健性检验结果如表 5.11 所示。各变量的系数以及显著性和表 5.9 相似，具有一定稳定性，模型稳健性通过检验。

表 5.10　SO₂减排中期进度回归模型整体拟合情况表

	Cox& SnellR^2	Nagelkerke R^2	HL 指标	P 值
最终步骤 4[a]	0.185	0.248	8.432	0.392

表 5.11　SO₂减排中期进度的稳健性回归分析表

	Estimate	S. E.	95% CI	Chi−Square	P	
Intercept	0.5436	0.2477	0.0582	1.029	4.82	0.0282
PES	0.0004	0.0002	0	0.0008	4.78	0.0288**
GSS	0.0252	0.0105	−0.0457	−0.0046	5.75	0.0165**
CEOB	−0.0243	0.0083	−0.0406	−0.0081	8.61	0.0033***
CPDR	0.0066	0.0034	0	0.0132	3.9	0.0483**
Scale	0.5391					

注：1. *、**和***表示在 0.1、0.05 和 0.01 的水平上统计显著。

（三）NO 化物减排执行进度中期考核结果的回归分析

被解释变量为 NO 化物减排执行进度的中期考核结果，解释变量为来自公众参与、政府监督和企业排污行为等层面的 7 个代表性数据。建立二项逻辑回归方程分析结果见表 5.12。

表 5.12　NO 化物减排中期进度的回归分析表①

	因素	B	S. E.	Wald	Sig	Exp（B）
步骤 4ª	PES	0.004	0.001	13.279	0.000***	1.004
	GEEP	−0.010	0.004	5.316	0.021**	0.990
	CEOB	−0.119	0.055	4.747	0.029**	0.888
	CPDR	0.040	0.016	6.355	0.012**	1.041
	常量	−2.914	0.681	18.327	0.000	0.054

如表 5.12 所示，城市受污染影响的群众来信来访数量（PES）对 NO 减排中期执行进度有显著性影响，就统计学意义而言，在 99% 的置信水平上具有显著性差异（P = 0.000 < 0.01）。在其他解释变量固定不变的情况下，群众来信来访数量每增加一个单位，NO 减排中期执行进度达标的概率增加 0.004（B = 0.004）。也就是说，群众信访次数越多的地级市，NO 减排中期执行进度越容易达标，与本研究的原假设相符。

城市政府排污费征收总额/排污费缴纳单位（GEEP）对 NO 减排中期执行进度有显著性影响，就统计学意义而言，在 95% 的置信水平上具有显著性差异（P = 0.021 < 0.05）。在其他解释变量固定不变的情况下，政府排污实施力度每增加一个单位，NO 减排中期执行进度达标的概率反而降低 0.010（B = −0.010）。也就是说，政府排污实施力度越大的地级市，NO 减排中期执行进度越容易不达标，与本研究的原假设相符。因为排污费征收总额越大，该城市越可能倾向于放松污染物减排进度的执行。

城市被通报的污水排放超标和大气污染超标的企业数量（CEOB）对 NO 减排中期执行进度有显著性影响，就统计学意义而言，在 95% 的置信

① 表 5.12 中氮氧化物减排中期进度是否达标的二元 Logistic 回归分析的完整步骤数据请参考附录 D。表格的注释如下：

1. *、**和***表示在 0.1、0.05 和 0.01 的水平上统计显著。

2. 发生比 OR 估计值为 Exp（B），反映自变量变化一个单位导致事件发生比的变化倍数。

3. 步骤 4ª 为该模型的最后一个步骤，是结果输出的环节。

水平上具有显著性差异（P=0.025<0.05）。在其他解释变量固定不变的情况下，污水排放超标和大气污染超标的企业数量每增加一个单位，NO 减排中期执行进度达标的概率降低 0.119（B=-0.119）。也就是说，污水排放超标和大气污染超标的企业数量越多的地级市，NO 减排中期执行进度越不容易达标，与本研究的原假设相符。

城市公布自身污染物排放情况的企业数量（CPDR）对 NO 减排中期执行进度有显著性影响，就统计学意义而言，在 95%的置信水平上具有显著性差异（P=0.012<0.05）。在其他解释变量固定不变的情况下，公布自身污染物排放情况的企业数量每增加一个单位，NO 减排中期执行进度达标的概率增加 0.04（B=0.04）。也就是说，公布自身污染物排放情况的企业数量越多的地级市，NO 减排中期执行进度越容易达标，与本研究的原假设相符。

NO 减排中期执行进度达标的二项逻辑回归模型的拟合优度检验结果如表 5.13 所示，模型整体拟合优度很好。NO 减排中期执行进度达标的二项逻辑回归模型的稳健性检验结果如表 5.14 所示。各变量的系数及显著性和表 5.11 相似，具有一定稳定性，模型稳健性通过检验。

表 5.13　NO 化物减排中期进度模型的整体拟合情况表

	Cox & Snell R^2	Nagelkerke R^2	HL 指标	P 值
最终步骤 4[a]	0.293	0.418	4.617	0.798

表 5.14　NO 化物减排中期进度的稳健性回归分析表

	Estimate	S. E.	95% CI		Chi-Square	P
Intercept	-0.3495	0.1717	-0.686	-0.0129	4.14	0.0419
PES	0.0006	0.0001	0.0003	0.0008	18.02	<0.0001 ***
GEEP	-0.0007	0.0003	-0.0013	-0.0001	4.71	0.0299 **
CEOB	-0.0116	0.0057	-0.0227	-0.0005	4.23	0.0398 **
CPDR	0.008	0.0024	0.0033	0.0127	11.15	0.0008 ***
Scale	0.4035					

注：1. *、**和***表示在 0.1、0.05 和 0.01 的水平上统计显著。

（四）COD 减排执行进度中期考核的 Logistic 回归分析

被解释变量为"十二五"期间 COD 减排执行进度的中期考核结果，解释变量为来自公众参与、政府监督和企业排污行为等层面的 7 个代表性数据。建立二项逻辑回归方程分析结果见表 5.15。

表 5.15　COD 减排中期进度的回归分析表①

	因素	B	S. E.	Wald	Sig	Exp（B）
步骤 7ᵃ	CPDR	0.048	0.015	10.250	0.001***	1.049
	常量	-0.145	0.272	0.284	0.594	0.865

城市公布自身污染物排放情况的企业数量（CPDR）对 COD 减排中期执行进度有显著性影响，就统计学意义而言，在 99% 的置信水平上具有显著性差异（P=0.001<0.01）。在其他解释变量固定不变的情况下，公布自身污染物排放情况的企业数量每增加一个单位，COD 减排中期执行进度达标的概率增加 0.048（B=0.048）。也就是说，公布自身污染物排放情况的企业数量越多的地级市，COD 减排中期执行进度越容易达标，与本研究的原假设相符。

COD 减排中期执行进度达标的二项逻辑回归模型的拟合优度检验结果见表 5.16，模型整体拟合优度很好。COD 减排中期执行进度达标的二项逻辑回归模型的稳健性检验结果见表 5.17。各变量的系数以及显著性和表5.15 相似，具有一定稳定性，模型稳健性通过检验。

---

① 表 5.15 中化学需氧量减排中期进度是否达标的二元 Logistic 回归分析的完整步骤数据请参考附录 D。

表格注释如下：1. *、**和***表示在 0.1、0.05 和 0.01 的水平上统计显著。

2. 发生比 OR 估计值为 Exp（B），反映自变量变化一个单位导致事件发生比的变化倍数。

3. 步骤 7ᵃ 为该模型的最后一个步骤，是结果输出的环节。

表 5.16　COD 减排中期进度回归模型的整体拟合情况表

	Cox & Snell R^2	Nagelkerke R^2	HL 指标	P 值
最终步骤 7[a]	0.091	0.125	3.823	0.873

表 5.17　COD 减排中期进度的稳健性回归分析表

	Estimate	S. E.	95% CI		Chi-Square	P
Intercept	0.3893	0.2563	−0.113	0.8917	2.31	0.1287
CPDR	0.0077	0.0034	0.001	0.0145	5.05	0.0247**
Scale	0.5555					

注：1. *、**和***表示在 0.1、0.05 和 0.01 的水平上统计显著。

（五）氨氮减排执行进度中期考核的回归分析

被解释变量为"十二五"期间 NH3-N（氨氮）减排执行进度的中期考核结果，解释变量为来自公众参与、政府监督和企业排污行为等层面的 7 个代表性数据。建立二项逻辑回归方程分析结果见表 5.18。

表 5.18　NH3-N 减排执行进度中期考核的回归分析表①

	因素	B	S. E.	Wald	Sig	Exp（B）
步骤 7[a]	CPDR	0.064	0.016	16.634	0.000***	1.066
	常量	−0.734	0.281	6.848	0.009	0.480

城市公布自身污染物排放情况的企业数量（CPDR）对 NH3-N 减排中期执行进度有显著性影响，就统计学意义而言，在 99% 的置信水平上具有显著性差异（P=0.000<0.01）。在其他解释变量固定不变的情况下，公布

① 表 5.18 中氨氮减排中期进度是否达标的二元 Logistic 回归分析的完整步骤数据请参考附录 D。

表格注释如下：1. *、**和***表示在 0.1、0.05 和 0.01 的水平上统计显著。

2. 发生比 OR 估计值为 Exp（B），反映自变量变化一个单位导致事件发生比的变化倍数。

3. 步骤 7a 为该模型的最后一个步骤，是结果输出的环节。

自身污染物排放情况的企业数量每增加一个单位，NH3-N 减排中期执行进度达标的概率增加 0.064（B=0.064）。也就是说，公布自身污染物排放情况的企业数量越多的地级市，NH3-N 减排中期执行进度越容易达标，与本研究的原假设相符。

NH3-N 减排中期执行进度达标的二项逻辑回归模型的拟合优度检验结果见表 5.19，模型整体拟合优度很好。NH3-N 减排中期执行进度达标的二项逻辑回归模型的稳健性检验结果见表 5.20。各变量的系数以及显著性和表 5.18 相似（P<0.0001），具有一定稳定性，模型稳健性通过检验。

表 5.19　NH3-N 减排中期进度回归模型的整体拟合情况表

	Cox & Snell R^2	Nagelkerke R^2	HL 指标	P 值
最终步骤 7[a]	0.155	0.208	8.975	0.344

表 5.20　NH3-N 减排中期进度模型的稳健性回归分析表

	Estimate	S. E.	95% CI		Chi-Square	P
Intercept	0.3765	0.2579	−0.129	0.8819	2.13	0.1444
CPDR	0.0139	0.0035	0.0071	0.0206	16.11	<0.0001
Scale	0.5674					

注：1. *、**和***表示在 0.1、0.05 和 0.01 的水平上统计显著。

5.4.5　数据分析结果的讨论

"十二五"期间，国家总体规划的主要污染物排放总量控制指标由原来以空气污染物为主，拓展到涵盖空气污染和水污染的 4 项指标，并且明确排放总量必须减少 8% 或 10%。在这样清晰的减排目标任务下，不同城市的减排政策执行进度受公众、政府和企业等不同层面执行主体行为的影响。137 个地级市的数据样本分析结果显然具有以下特征：一是不同的主要污染物减排进度受不同层面影响因素的作用是不同的。二是不同层面的影响因素对同一种污染物减排进度的影响作用也是不同的。三是同一个影响因素对不同主要污染物减排进度的影响也是有差异的。回归结果汇总见

表 5.21，各项影响因素的显著性不同，统计学意义也不同。

表 5.21 二项逻辑回归结果汇总表

影响因素 \ 主要污染物	二氧化硫	氮氧化物	化学需氧量	氨氮
公众环境监督行为	显著（正相关）	显著（正相关）	不显著	不显著
公众感知到的环境污染程度	不显著	不显著	不显著	不显著
政府环境监督力量	显著（正相关）	不显著	不显著	不显著
政府环境政策实施效率	不显著	显著（负相关）	不显著	不显著
政府处罚环境违规的力度	不显著	不显著	不显著	不显著
企业环境机会主义行为数量	显著（负相关）	显著（负相关）	不显著	不显著
企业污染物排放数据公布	显著（正相关）	显著（正相关）	显著（正相关）	显著（正相关）

5.4.5.1 主要污染物减排执行的中期进度与公众参与的关系

一、主要污染物减排中期进度与群众信访次数的关系

由表 5.21 中二项逻辑回归结果可知，群众信访次数对 SO_2 和 NO 化物减排中期进度有正向的显著影响。即城市受污染影响的群众来信来访数量越多，越有利于 SO_2 和 NO 化物减排工作的执行，这两项污染物减排中期进度的考核越倾向于达标。公众对环境的监督行为集中体现在群众对水、空气、土壤、噪音等环境污染问题的投诉上，正式地投诉次数集中体现在来信来访的数量上。分布广泛的群众作为环境质量的直接体验者和最佳发言人，有效地弥补了政府在环境监督执法方面的不足。随着信息技术越来越发达，自媒体时代传播越来越便捷，群众的环境信访越来越有效地促进主要污染物减排工作的执行进度。

由于主要污染物 COD 的污染大部分来自农业源的废物、污水排放，群众对畜牧业、养殖业、家禽业的污染物排放接受程度高，一方面群众通常不认为源于传统的家畜家禽养殖业会对环境有什么大影响，另一方面农业污染源通常和群众日常餐桌饮食密切相关，因此群众在环保意识上可能会忽略对家畜家禽等畜牧业污染物排放的监督。[1]"十二五"期间的减排工作覆盖面扩大到了农村，显然群众来信来访内容涉及农业源污染的还是比较有限。NH3-N 的污染主要是微生物分解后形成的存在于水体中的耗氧污染物，污染来源绝大部分来自废水、污水的排放，其中生活废水和农业源废水占大多数。[2] 一来群众对空气污染的敏感度超过水污染，二来生活废水的形成本身与群众自身密切相关，三来群众对农业源废水产生的包容度大于工业源废水，因此群众较少为生活废水和农业废水的污染问题来信来访投诉，也就使得公众环境监督行为中的群众环境信访次数对 NH3-N 的污染物减排执行进度的影响不敏感。

二、主要污染物减排中期进度与环境污染的公众感知度之间的关系

由表 5.21 的二项逻辑回归结果可知，环境污染的公众感知度对主要污染物减排中期进度影响不显著。这很可能是因为本研究采用了各地级市"空气质量达到及好于二级的天数/全年天数"来测量环境污染的公众感知度。可能空气质量好的城市，公众认为环境质量如此是理所应当；空气质量不好的城市，公众将感知到的环境污染问题更直接地表达为来信、来访、投诉。因此，当回归模型中的群众环境信访次数同时作为解释变量时，就已经解释了这部分的影响。或者说，本研究需要改进对环境污染的

---

① 第一次全国污染源普查资料显示，在我国主要污染物排放量中，农业源化学需氧量的排放量是 1324.09 万吨，约占化学需氧量总排放量的 44%。在农业污染源中，畜禽养殖业化学需氧量排放量为 1268.26 万吨，约占农业源化学需氧量排放量的 96%，是农业污染的最大行业。4 项减排指标 [EB/OL]. http://www. 360doc. com/content/11/0728/08/5440912_ 136265758. shtml, 2011-07-28/2018-05-24.

② "十二五"小城镇氨氮减排思路 [EB/OL]. http: //www. doc88. com/p-9032738597232. html, 2012-02-28/2018-05-24. 根据 2010 年氨氮总量排放情况来看，生活排放量占比 57.2%，农业排放量占比 31.4%，即近 90% 的排放量都来自于生活和农业污染源。

公众感知度的测量。

5.4.5.2 主要污染物减排中期进度与政府监管行为的关系

一、主要污染物减排中期进度与政府环境检测机构数的关系

由表 5.21 的二项逻辑回归结果可知，政府在环保系统内设置的环境监测机构数量的增加对 SO_2 的减排中期进度并没有积极正向的推动作用。可能是由于烟尘、气体脱硫技术的不稳定性和设备运行性能的不稳定性，再加之费用成本高和故障率高，环境监测机构很难对设备设施脱硫进行全面监管。停转停开的现象时有发生，并不是环境监测机构能够解决的。[1]

政府在环保系统内设置的环境监测机构数量的增加对 NO 化物的减排中期进度也没有显著影响。可能因为 NO 化物的污染源主要是机动车尾气，甚至超过工业源排放的污染，具有高度的广泛分散性。[2] 各个城市的环境监测机构数量本身是非常有限的，在薄弱的基础上即便增设一部分，政府部门的环境监测机构数量的变化对 NO 化物减排工作进度的影响非常有限。

与上述原因相似，COD 和 NH3-N 的污染源主要来自农业的畜禽养殖等行业排放的废水、污水。环境监测机构对广大农村地区以及畜牧、家禽养殖等行业的监管同样存在一个执法力量不足的困难，[3] 因此对 COD 和 NH3-N 减排进度的推进作用也非常有限。

二、主要污染物减排中期进度与政府有偿排污实施力度的关系

由表 5.21 的二项逻辑回归结果可知，地级市政府的排污费征收总额

---

[1] 于海江（见习记者）. 烟气脱硫提效势在必行——部分地区火电厂脱硫效率要达 97% [N]. 中国电力报. 2013-7-8（5）. 中电联统计中反映出到 2012 年年末，我国对烟气脱硫装置的燃煤机组容量已达到 6.8 亿千瓦，占煤电机组容量的 90%。

[2] 四项减排指标 [EB/OL]. http：//www. 360doc. com/content/11/0728/08/5440912_ 136265758. shtml，2011-07-28/2018-05-25. 氮氧化物占机动车尾气总排放量的 50% 左右。

[3] 2 在化学需氧量排放源的分析中，农业源化学需氧量的排放量为 1324.09 万吨，约占化学需氧量总排放量的 44%。农业源减排作为我国"十二五"环境规划中新的探索，存在污染基数和污染主体不明晰等问题。同时，《"十二五"主要污染物总量控制规划编制指南》中指出，畜禽养殖业是我国农业污染源减排的主攻方，而在畜禽养殖业中，44% 左右的农业源污染排放是氨氮排放。

（亿元）除以排污费缴纳单位（个）所代表的有偿排污实施力度对 NO 化物的减排进度有显著的负向影响，与本研究假设一致。地级市政府在征收排污费的时候很难准确计算排污企业的真实排污情况以及所需要承担的排污费，因此企业可能隐瞒真实排污情况，或者在排污费缴纳后更加放心地排污。此外，排污费是地方财政的重要收入来源，当地方财政有压力的情况下，可能地方政府环境政策执行的重点变成是征收排污费，而不是推进污染物减排进度。地级市政府的单位排污费征收总额越高，NO 化物减排的中期进度越倾向于不达标。"十二五"主要污染物减排进度中期考核中，有许多城市的氮氧化物没有达标。氮氧化物可能造成二次污染问题，应当引起足够的重视。① 地级市政府的单位排污费征收总额所代表的有偿排污实施力度对 SO_2、COD、NH3-N 的排放进度影响不显著。排污费政策实施的减排效果非常有限，国家高瞻远瞩早在几年前就开始推行费改税。

三、主要污染物减排中期进度与政府处罚环境违规力度之间的关系

由表 5.21 的二项逻辑回归结果可知，地级市政府环境违规的处罚力度用环境违法罚款总额（万元）/环境违法案件数（个）来代表，对主要污染物减排的中期进度没有显著地影响。一方面，可能是因为地方政府环境违法的成本低，企业基于投入产出的收益比较，宁愿被罚也要排污。另一方面，地方政府环境执法监管力量有限，难以做到"违规必罚"，"十二五"期间主要污染物减排的覆盖面扩大到农村、居民生活等多个领域，执法监督范围扩大，执法力量更加难以保障，大部分企业容易产生投机和侥幸心理，隐瞒排污实际情况。因此，城市环境违法罚款力度难以有效地推动主要污染物减排工作进度。

5.4.5.3 主要污染物减排中期进度与企业行为的关系

一、主要污染物减排中期进度与企业环境机会主义行为数量的关系

由表 5.21 的二项逻辑回归结果可知，地级市被通报的水污染超标和空气污染超标的企业数量越多，SO_2、NO 化物的减排中期执行进度越倾向于

---

① 4 项减排指标［EB/OL］. http：//www. 360doc. com/content/11/0728/08/5440912_136265758. shtml，2011-07-28/2018-05-25.

不达标。企业环境机会主义行为显著影响着 SO_2、NO 化物的减排进度。"十二五"期间，许多城市的企业存在侥幸心理、隐藏排污实情、关停环保设备等现象，被通报的水污染和其他污染超标的企业越多，说明该城市的主要污染物减排监测工作和监管工作存在不足，SO_2、NO 化物的减排进度执行情况越不理想。

然而，地级市被通报的水污染超标和空气污染超标的企业数量与 COD、NH3-N 污染排放并没有显著关系。可能因为这两项主要污染物主要来源于农业和居民生活，[①] 与城市中企业的水污染和空气污染情况关联不大。因此，两两关系在统计学意义上不显著。

二、主要污染物减排中期进度与企业污染物排放数据公布的关系

由表 5.21 的二项逻辑回归结果可知，各地级市公布污染物排放数据的企业数显著地推进"十二五"期间主要污染物减排中期进度。也就是说，城市公布自身污染物排放数据的企业越多，该座城市 SO_2、COD、NH3-N、NO 化物等主要污染物减排中期进度的执行越倾向于达标。企业的环境信息公开制度应该得到很好地保护和推广，政府对企业环境信息披露的激励和环保标准的认证，都将促进企业公开排污信息，有利于推动主要污染物减排执行进度。

综上所述，减排政策执行过程中，减排目标责任制中的激励主体特征、激励依据特征、激励措施特征都可能产生激励偏差。首先，不同委托人之间激励目标的差异，使得激励内容相互冲突，造成激励结果的偏差；多个委托人对同一个代理人是有不同的激励权限的，这也容易导致代理人在执行减排任务时进行排序和取舍，可能造成最终激励结果的偏差。其次，激励强度在委托代理层级间逐级递减，考核要求层层加码、逐级愈严

---

① 徐琦. 氨氮减排从哪里着手？[N]. 中国环境报. 2011-5-23（1）. 由于"十二五"期间污染物总量减排指标将以污染源普查结果为依据，增加了对农业源污染和除县政府所在地的镇以外的所有乡镇生活源的调查，这些均已纳入总量控制范围。农业源减排作为我国"十二五"环境规划中新的探索，存在污染基数和污染主体不明晰等问题。基层政府考核减排量的主要困难也来自于农业和城镇生活污染源减排。

的现象容易导致激励不足，代理人面对不可能完成的任务，可能在执行政策时放弃努力。使用相对绩效评价，与绝对绩效相结合进行目标考核，可以大大增强激励强度，但也可能激励过度，导致代理人铤而走险、突击应付，导致激励偏差。再者，减排激励措施中负向激励的使用，可能导致代理人的努力行为越被动。当代理人的绩效在减排目标底线以下时，激励有效；当达到减排目标底线后，激励失效。

"十一五"减排目标考核的激励依据清晰可测，激励措施以问责、停职等负向激励手段为主。地方政府面临经济发展、环境保护、社会稳定等多个任务冲突，在问责压力下采取先应付后突击的减排执行方式。中期考核数据更能够体现减排政策执行的真实情况。

"十二五"减排目标考核中期数据的实证结果显示，来自公众监督和企业行为方面对减排进度有一定的显著影响，激励偏差程度较小；来自滞后一期的地方政府的政策实施效率、环境违规处罚力度等因素对减排进度没有正向的显著影响，激励偏差程度较大。甚至排污费的征收效率对氮氧化物减排有反向影响作用，激励偏差程度极大。国家高瞻远瞩，于2018年正式实施排污费改环保费税。

总而言之，减排目标责任制执行过程中，激励不足和激励过度现象并存，拖延与突击交替，地方政府的减排工作出现了一些偏离中央政府预期目标的现象，存在激励偏差。

第6章　晋升激励与减排绩效

晋升是政府部门的重要激励手段。随着国家对减排工作重视程度的提高，减排绩效成为官员晋升的重要考察因素。地方官员如果想要获得晋升机会，就必须完成减排目标责任考核的要求，由此地方官员承受着来自纵向和横向的减排绩效压力。本章从减排政策中的减排政策与官员晋升，减排绩效与官员晋升激励，减排绩效压力、官员特征和激励偏差等方面来探讨。

6.1　减排政策与官员晋升

减排政策执行离不开地方官员的努力。我国地方官员的努力程度在一定程度上受"压力型"晋升机制影响。"压力型"的作用机制是通过责任实现机制来达到一定的政策目标，通过自上而下的建立相应的目标责任制度来给地方政府一定的政绩压力去影响地方政府的行为①，通过下达一些环保考核的任务和目标去督促地方政府在绩效压力的作用下去完成上级下达的环保任务，从而加大环保投入，制定相应的环保政策去改善城市的空气质量。因此"压力型"机制是研究中国自上而下的政府行为的制度逻

---

① 关于干部考核制度带来的政绩压力，政策文件中的规定可见一斑。例如天津市 2017 年出台《天津市受问责干部管理办法（试行）》，规定领导干部受到立案调查、组织处理、党政纪处分等相关 29 种情形的，根据实际情况，受到调离岗位、改任非领导职务的，一年内不得提拔晋升，不得担任与原来职务相关的职务，不得在党内提升职务。

辑,也是研究官员晋升激励必须要考虑的制度环境。

"压力型"的晋升是以"晋升锦标赛"形式展开。锦标赛理论最早被提出来研究企业行为。拉扎尔和罗森是最早的支持者。他们在研究企业员工薪酬时发现,在由职位决定的薪酬竞争机制下,员工会提高工作效率,以获得晋升后的高薪,从而促进员工在组织中的健康竞争,激发最大潜能。Rosen 指出,当员工通过企业内部的持续竞争获得向上晋升的机会时,就像一场"持续淘汰竞争"。企业可以依靠这一制度来诱导员工继续保持竞争力,激发员工的最大生产力。[1] Baker 首先提出了晋升竞赛的概念。他认为,在锦标赛理论模型中,晋升是最重要的激励机制,即在组织中建立以晋升为基础的薪酬体系。在这一体系中,只有将高绩效员工提升到更高的岗位上,才能更有效地匹配员工和岗位,才能充分发挥薪酬机制的激励效应,促进员工实现更高的绩效水平。[2] Li and Zhou 和周黎安利用中国改革以来的省级数据,系统地验证了地方官员晋升与地方经济绩效之间的显著相关性,并为地方官员晋升激励的存在提供了一些实证证据,而追求官员晋升最主要看的就是地方的经济发展情况。[3] 周黎安基于之前的官员晋升特征研究提出了晋升激励的代表性理论:晋升锦标赛。他把晋升比赛看作是一种管理方式,上级政府为下级政府部门的行政主管设计的一种晋升比赛,比赛的优胜者将得到晋升,比赛的标准将取决于更高一级的政府,它可以是 GDP 增长率,也可以是其他可度量的指标。从我国官员晋升的路径来看,地方官员一般是从较低的行政职务一步步晋升,晋升需要经过一轮一轮的淘汰。[4] 也就是说,如果想获得晋升机会,进入下一轮晋升竞赛,地方官员必须在这一轮中获胜,才有资格晋升。这种机制给地方官员施加

① ROSEN S. Prizes and Incentives in Elimination Tournaments [J]. The American Economic Review, 1986, 76 (4): 701-715.
② BAKE G P, JENSEN M C, MURPHY K J. Compensation andIncentives: Practice vs Theory [J]. The Journal of Finance, 1988, 43 (3): 593-616.
③ Li H, Zhou L A. Political turnover and economic performance: the incentive role of personnel control in China [J]. Journal of public economics, 2005, 89 (9): 1743-1762.
④ Rosen (1986) 对这种锦标赛的特征进行了深入研究。

巨大压力。① 此后，学者运用"晋升锦标赛"理论对官员晋升行为进行了大量研究。乔坤元等人在动态锦标赛的背景下研究了地方城市 GDP 增长绩效中期排名对当年 GDP 的影响②；刘政文在"晋升锦标赛"和弱排名激励理论的基础上提出官员排名理论，约束性指标体系的建立为地方政府的环境绩效排名提供了平台，促进了地方政府环境政策的实施。③ 李勇刚分析了"晋升锦标赛"背景下晋升激励和土地财政对公共教育均等化的影响④；郭志仪⑤、韩国高⑥等人从财政分权和政治促进激励的角度分析了中国当前的环境问题及其对城市污染的影响；李敬涛在晋升激励理论的基础上研究了财政透明度和官员晋升激励对公共服务满意度的影响⑦；孔繁成也在"GDP 晋升锦标赛"理论下研究晋升激励以及任期预期对于城市空气质量的影响，发现晋升激励对于城市空气质量有恶化的作用，这个作用会受到官员任期预期的调节。⑧

　　晋升锦标赛理论为研究中国地方官员行为提供了一个很好的解释，许多学者都认为晋升锦标赛理论是分析政府官员晋升行为动机的标准范本。但也有学者质疑"晋级锦标赛"的解释力。Landry⑨ 曾经对中国 104 个城

---

① 这是中国政府官员与西方民主国家官员选拔的一个重要区别，西方国家的政治家参加竞选并不需要任何事先的政府部门的级别或经历作为前提。

② 乔坤元，周黎安，刘冲. 中期排名、晋升激励与当期绩效：关于官员动态锦标赛的一项实证研究 [J]. 经济学报，2014，1（03）：84-106.

③ 刘政文，唐啸. 官员排名赛与环境政策执行——基于环境约束性指标绩效的实证研究 [J]. 技术经济，2017，36（08）：118-127.

④ 李勇刚，高波，王璟. 晋升激励、土地财政与公共教育均等化 [J]. 山西财经大学学报，2012，34（12）：1-9.

⑤ 郭志仪，郑周胜. 财政分权、晋升激励与环境污染：基于 1997~2010 年省级面板数据分析 [J]. 西南民族大学学报（人文社会科学版），2013，34（03）：103-107.

⑥ 韩国高，张超. 财政分权和晋升激励对城市环境污染的影响——兼论绿色考核对我国环境治理的重要性 [J]. 城市问题，2018（02）：25-35.

⑦ 李敬涛，陈志斌. 财政透明、晋升激励与公共服务满意度——基于中国市级面板数据的经验证据 [J]. 现代财经（天津财经大学学报），2015，35（07）：91-104.

⑧ 孔繁成. 晋升激励、任职预期与环境质量 [J]. 南方经济，2017（10）：90-110.

⑨ Landry P F，Lü X，Duan H. Does performance matter? Evaluating political selection along the Chinese administrative ladder [J]. Comparative Political Studies，2018，51（8）：1074-1105.

市的市长进行了调查，从经济发展、人力资本、生活质量、环境保护等发展绩效的角度进行了分析，并对市长任期、年龄、性别、民族、学历等因素对官员晋升进行了分析。该调查结果显示，经济绩效并未对政治升迁产生很大的影响。郭刚持类似观点，他研究了县官晋升机制后，他发现官员升迁受到非正式规则的影响，由于地方低层官员担任职务的不确定性，甚至被频繁调动，导致官员只注重短期行为，忽视长远利益，因此在县级领域，锦标赛理论很难解释官员的晋升行为。陶和苏利用省级官员晋升数据进行实证重估，认为没有充分证据证明 GDP 增长的锦标赛影响官员晋升提拔；陈钊等运用基于经济增长的晋升锦标赛来探讨在目前外部环境变化下，传统的"为经济而竞争"模式如何过渡成"为和谐而竞争"，GDP 锦标赛已经不能完全适应目前中央政府追求社会福利最大化的外部环境，而是应该追求社会和谐。[①]

在晋升锦标赛背景下，地方官员采取何种政策和行为会对城市环境保护结果产生很大的影响，而环保绩效能够看出官员是否有所作为。随着国家干部考核标准的改革[②]，干部考核将越来越重视环境绩效。为了贯彻可持续发展的国家战略，考虑到各地实际情况，干部考核将加大资源消耗、污染排放、环境保护、产能过剩方面的权重，也就是说干部的用人和晋升会更多地向环保方面倾斜。因此，除了追求经济发展，新时期的地方领导干部想要获得更多的升迁机会，还必须做好环保工作，改善城市的空气质量，这也是现阶段官员晋升绩效压力的来源。为了改善城市空气质量，政府需要出台一系列相关的政策，例如，主要污染物总量控制政策和大气污染防治政策[③]，还需要制定多种污染物的排放标准，监管重工业的污染物

---

① 陈钊，徐彤. 走向"为和谐而竞争"：晋升锦标赛下的中央和地方治理模式变迁 [J]. 世界经济，2011，34（09）：3-18.

② 2019. 中组部. 党政领导干部考核工作条例.

③ 大气污染防治政策是通过制定一系列相关的环保行为标准去规范社会中各个主体的环保行为，达到改善城市空气质量的目的。郝吉明，程真，王书肖. 我国大气环境污染现状及防治措施研究 [J]. 环境保护，2012（09）：17-20.

排放达到国家排放标准，优化城市空气质量。[①] 作为政策制定者和执行者的地方政府官员，在政策目标所产生的纵向环保压力和横向环保压力[②]的作用下，考虑到自身晋升和仕途，就会努力制定与地方性的污染物减排政策和污染防治政策以达到改善空气质量，获得良好绩效评价的目的。

6.2 官员特征、减排绩效压力与激励偏差

6.2.1 官员特征和激励偏差

作为减排政策执行者的地方官员，他们自身特征会影响行为选择，进而影响政策激励的结果。从官员年龄来看，很多学者通过实证研究验证了地方官员年龄与环境污染治理之间的相关性。根据纪志宏的研究发现，官员年龄与晋升激励呈倒 U 型关系[③]；对于那些年级较大却还未到"退休"年龄的政府官员来说，出色的政绩是他们获得升职的最后一次机会；而对于年纪过大的政府官员，无论表现如何，升迁的希望都很渺茫，因而努力程度将会降低。一些学者得出了年龄与地方官员环境污染治理负相关的结论。付彩芳基于 2003—2010 年中国的 169 个地级城市面板数据分析，实证通过对政府官员特性对城市环境治理绩效的影响，得出了政府官员年龄对城市环境治理绩效存在显著负相关的结论。[④] 其原因可能在于，在中国多层级官僚体制下，官员晋升路径非常漫长，年龄偏大的官员可能因晋升无

---

① 张国兴，高秀林，汪应洛，郭菊娥，汪寿阳. 中国节能减排政策的测量、协同与演变——基于 1978-2013 年政策数据的研究 [J]. 中国人口·资源与环境，2014，24 (12)：62-73.

② 纵向环保压力是指自身完成情况与上级下达的环境指标目标的差距所形成的压力；而横向环保压力是指自身完成情况与同级别其他政府完成情况进行对比所产生的压力。

③ 纪志宏，周黎安，王鹏，等. 地方官员晋升激励与银行信贷——来自中国城市商业银行的经验证据 [J]. 金融研究，2014 (1)：1-15.

④ 付彩芳. 地方政府环境治理绩效的经济分析——来自中国 196 个地级市的经验证据 [J]. 技术经济，2020，39 (07)：193-199.

望而对工作懈怠，而官员越年轻，则意味着晋升空间越大，其晋升预期和晋升激励越大。① 与此相反，另一些学者则认为官员年龄与环境污染治理效果正向相关，其中可能的原因是年龄越大的地方官员，其工作经验更丰富，目光更长远，因此会更加重视环境治理，加大在环境保护方面的支出来促进污染治理。② 因此官员作为减排政策的激励对象，年龄的大小对地方官员减排工作的努力程度有一定影响，在晋升机制的作用下，最终影响到地方的环保政策和城市空气质量的改善。从官员的性别来看，性别也可能影响官员晋升激励的结果。Landry 对中国城市相关研究，发现中国的地方主要官员仍然是以男性为主，在官员任职的过程中，男性仍然有比较大的优势，在官员晋升的过程中，男性获得的晋升的机会可能要远远大于女性。③

从官员任期来看，一方面官员的任期越长，越熟悉当地的制度环境和政策环境，就越有利于执行减排政策，实现减排目标。而任期较短的官员可能没有熟悉地方环境就调走了；另一方面随着官员任期的增长，官员的晋升压力可能越来越大，只要还有晋升机会，他们就会非常努力，有动力去完成减排绩效。从官员的晋升路径来看，由于存在晋升起点差异、叠加效应和晋升关系禀赋效应，这就导致了晋升路径的起点和平台越高的官员，晋升预期越大，官员努力水平越高。④ 自实施环境绩效考核制以来，减排绩效考核结果被纳入官员晋升体系，地方官员的晋升路径会影响官员在减排工作上的努力程度，从而影响减排政策的激励效果。官员从本地晋升和从外地晋升也会影响晋升激励所产生的效果。结合臧传琴⑤对中国地

---

① 王贤彬，徐现祥. 地方官员来源、去向、任期与经济增长——来自中国省长省委书记的证据 [J]. 管理世界，2008（03）：16-26.

② 黄君洁，韩笑. 地方政府官员个人特征对环境保护支出的影响研究——基于县级地方政府领导数据 [J]. 发展研究，2020（02）：70-81.

③ Landry P F, Lü X, Duan H. Does performance matter? Evaluating political selection along the Chinese administrative ladder [J]. Comparative Political Studies, 2018, 51 (8)：1074-1105.

④ 赵金旭，孟天广. 官员晋升激励会影响政府回应性么？——基于北京市"接诉即办"改革的大数据分析 [J]. 公共行政评论，2021，14（02）：111-134+231.

⑤ 臧传琴，初帅. 地方官员特征、官员交流与环境治理——基于2003—2013年中国25个省级单位的经验证据 [J]. 财经论丛，2016（11）：105-112.

方官员特征与环境治理关系的相关研究，发现相对于从外地调任本地担任领导职务的官员来说，本地提拔的官员更熟悉本地情况，也有着更为复杂的本地社会人际关系，在处理环境问题的过程中更容易受到人际关系的影响，从而降低环境政策的执行效果，不利于环境保护目标的实现；而相对而言，外地调任的官员更容易根据自己的管理经验，在上任初始阶段将自己的治理措施付诸实践。

综上所述，在年龄、任期等官员特征的影响下，地方官员对晋升越期待，就越有动力去完成可测量的环境绩效，减排绩效给地方官员带来越大的压力。影响地方官员最终是否晋升的因素有很多，在过去模糊不清的环保任务目标下，环保工作成效与地方官员晋升结果的联系并不紧密，存在很大的激励偏差。在现在清晰可测的绩效考核指标下，环境绩效与地方官员晋升的关系变紧密，降低了激励偏差程度。

6.2.2　减排绩效压力和激励偏差

我国上级政府对下级官员的考核通常有硬指标和软指标两个方面。硬指标是指可量化的绩效考核标准，包括经济发展速度、环保工作[①]、地方

[①] 部分省份都根据具体的政策结合本省实际制定一些相关的晋升与环保考核相关的政策。例如，浙江省 2014 年响应中央大气污染防治行动计划，紧密部署指定相关政策，政策中对于没有完成政策目标或者完成性达不到文件要求的地方政府的官员进行通报批评，必要时约谈地方政府的主要责任人，情况严重的，取消年度考评资格，不予给予晋升考虑，出现违法行为的，由公安机关依法进行刑事处罚；江苏省于 2018 年发布了《生态文明建设目标评价考核实施办法》。《办法》明确，生态文明建设工作成绩优秀的县区市（设立市辖区的市），将予以表彰；对不达标的县区市，通报批评，约谈其党政主要负责人，限期改正；对生态环境损害严重、责任事件频发的县区市（包括已经调离、提拔、退休）的党政领导和有关负责人，严格问责。制定有关环境保护指标考核指标，考核结果由省委、省政府审定后公布，并将其纳入各级党政领导班子和领导干部综合考核评价、干部奖惩任免工作的重要依据。云南省委组织部在《云南省县（市、区）委书记综合考评办法》中明确规定，将县域生态环境质量考核结果作为各地领导干部年度工作实绩量化考核指标之一，该指标占县委书记考核总分的 8%。

债务、上访人数①等。软指标则包括地方官员在任职期间的民主评议、舆论民意、测评谈话结果等。因此，官员在任期内一方面要努力实现各项考核硬指标，另一方面也要注意自身声誉、网络舆情、公众满意度等软指标。在环保工作方面，官员为了获得更多的晋升机会，就会采取有效的措施去减少污染物排放。因为这样的努力不仅可以完成减排目标，顺利通过上级的考核，而且还会获得公众的良好评价。然而，在经济发展的现实约束下，地方官员要实现这样的减排绩效是有一定压力的。官员的减排绩效压力源于横向和纵向两个方面，一方面上级政府的考核结果会影响到官员的升迁动机；另一方面，来自其他官员的绩效也会对官员行为产生一定的压力。关斌的相关研究认为，绩效压力对于地方政府的环境治理具有明显的双刃剑效应，能够影响地方官员的环境治理行为选择，而官员环境治理行为的选择在当前的环保考核压力下又与自身的晋升存在关联。② 比如广东省在官员选拔和考核中就要求环保绩效差的城市官员不能参与下一阶段的升职考核。环保绩效与污染物排放存在着密切关系，多省份都将主要污染物的排放作为环保考核的重要指标，纳入地方官员的晋升考核中。因此，官员晋升机制中，减排绩效所形成的压力会影响官员的环保行为，进而影响减排政策的激励结果。

对于任期越久的官员，晋升压力越大。在减排绩效清晰可测的情况下，这样的"硬指标"带来很大的环境绩效压力。当地方官员的努力程度与环境绩效结果联系紧密时，晋升激励很好地促进了地方官员的减排工作，激励偏差较小；当地方官员的努力程度与环境绩效结果联系不紧密时，晋升激励不仅不能促进地方官员努力执行减排任务，反而可能导致官员努力方向背道而驰，引起更大的激励偏差。比如，某市处于另一个重工业城市的下风向，就算当地官员非常努力执行减排任务，也不能降低空气中的主要污染物浓度，在天气、风向的不确定因素影响下，官员努力程度

① 参考消息，《中共干部考核新标准摆脱经济增长至上》. http：//www. cankaoxiaoxi. com/waimeishuo/gbkhbz/

② 关斌. 地方政府环境治理中绩效压力是把双刃剑吗？——基于公共价值冲突视角的实证分析 ［J］. 公共管理学报，2020，17（02）：53-69+168.

与环境绩效结果之间受随机因素的强大干扰。所以，官员可能通过其他途径去争取晋升机会，而不是按照晋升激励机制所依据的绩效考核目标去努力。这就是典型的激励偏差现象。

6.3 官员特征、减排绩效压力与减排政策执行效果的实证分析

6.3.1 研究的基本假设

一、官员特征对城市减排政策执行效果的影响

根据上文分析，在晋升锦标赛中，不同的官员特征会影响官员在减排政策执行中的努力程度。减排绩效考核在官员晋升考核指标中占据越来越重要的地位。对于地方政府主要官员来说，市长和市委书记对减排效果都有显著影响。刘松瑞、王赫以"国家卫生城市"的评选为例提出行政竞标制模式，分析了该模式对于非主体目标的治理绩效和官员激励的影响，分析得出对于市长和市委书记而言，行政竞标模式对于两者的激励作用是不同的。[①] 郭峰、石庆玲通过研究官员晋升更替对政企合谋的影响作用，进而探究对地方环境质量的影响机制，研究发现，在更换市委书记前后，受政企关联影响相对较大的二氧化硫等空气污染物的浓度有明显下降；而受政企关联影响较小的空气质量指数和其他空气污染物浓度变化不明显。[②] 刘茗通过对地方政府市长和市委书记大量样本的定量研究发现，市长的任期更替对环境治理具有明显的抑制作用，而市委书记作用不明显，这对于将市长和市委书记的不同作用区分开来研究具有一定的借鉴意义。[③] 官员晋升会受到许多因素的影响，其中官员任期是一个重要影响因素。因此，

---

① 刘松瑞，王赫，席天扬. 行政竞标制、治理绩效和官员激励——基于国家卫生城市评比的研究 [J/OL]. 公共管理学报：2020 (08)：1-12.
② 郭峰，石庆玲. 官员更替、合谋震慑与空气质量的临时性改善 [J]. 经济研究，2017，52 (07)：155-168.
③ 刘茗. 官员任期与环境治理的关系 [D]. 中国地质大学（北京），2020.

本文提出以下假设：

H1：地方官员的任期会影响减排政策执行效果。

H1a：地方政府市长是减排政策执行的主要负责人，市长的任期越长，越熟悉当地环境，能更好地促进减排工作的落实。

H1b：市委书记作为地方党委主要负责人，他的任期越长，越能促进减排政策的执行。

二、环境绩效压力对减排政策执行效果的影响

绩效压力（Performance Pressure）具有双刃剑（Double-Edged Sword）的作用。关斌基于公共价值和认知失调理论，利用中国的216个地级市2012—2017年的面板数据，实证分析了地方政府的绩效压力、公共价值冲突、公众参与和环境治理效率之间的关系。① 适度的绩效压力可以显著提高环境治理效率，但过度的绩效压力会对环境治理效率产生负面影响，容易引起地方政府官员在执行政策的过程中产生"目标替代"行为，进而不利于提升城市空气质量。此外，学者们还发现经济增速和预期目标之间的差距也会形成一定的绩效考核压力，进而影响地方的环境污染治理效果。按照环境质量对城市进行排名，对靠后的城市所形成的压力，也会影响地方政府在改善环境方面做出更大的努力。环境绩效压力可以分为纵向环境绩效压力和横向环境绩效压力。纵向环境绩效压力是指自身完成情况与上级下达的环境指标的差距所产生的压力；而横向环境绩效压力是指自身完成情况与同级其他政府完成情况进行对比所产生的压力。基于以上分析提出假设：

H2：环境绩效压力会影响地方官员行为，环境绩效压力越大，地方政府减排政策执行效果越好。

H2a：纵向环境考核压力会影响地方官员行为，纵向环境绩效压力越大，地方政府减排政策执行效果越好。

---

① 关斌. 地方政府环境治理中绩效压力是把双刃剑吗？——基于公共价值冲突视角的实证分析 [J]. 公共管理学报, 2020, 17（02）: 53-69+168.

H2b：横向环境考核压力会影响地方官员行为，横向环境绩效压力越大，地方政府减排政策执行效果越好。

三、其他因素对减排政策执行效果的影响

《大气污染防治行动计划》又称"大气十条"。它的实施目的是减少空气污染物排放，改善空气质量。在 2013 年实施之初，该政策并没有规定严格的考核结果奖惩措施。2014 年，国务院出台相关考核意见，考核不合格将会被扣除专项资金，将考核结果纳入地方领导班子和领导干部升迁的评价体系中，未通过考核的地方政府负责人将被约谈。这些负向激励措施对地方官员形成考核压力，进而影响地方政府的政策执行。各地政府落实"大气十条"政策的时间是有所区别。地方政府越积极地回应"大气十条"政策，主要污染物的排放得到越严格地监管，减排政策执行效果越好。

此外，本研究通过文献梳理还发现，城市污染物减排效果还受到多种社会经济因素和自然因素的影响。社会经济因素有城市化发展、机动车限行措施、能源利用率、增加交通基础设施、机动车保有量、经济增长和人口聚集的整体效率、机动车尾气排放等。自然因素包括降水、地形、风向和风速、气压气温和降水量以及台风天气等。基于以上分析，本研究选取"大气十条"政策、人均 GDP、工业企业数、第二产业所占比重、降水量、温度、湿度、人口密度等因素作为控制变量。

6.3.2 变量选取与数据分析

一、变量选取与数据收集

本研究选取了 2013—2019 年中国的 179 个地级城市的相关数据①，数据来源于《中国统计年鉴》《中国城市统计年鉴》《中国环境统计年鉴》，以及国家统计局数据中心和各省市环保相关单位网站，运用数据处理软件 Stata16.0 进行数据处理。本研究在数据收集的基础上进行整理，相关的变量及解释说明如下：

---

① 不含西藏自治区、港、澳、台，以及删除查询不到和未公布相关数据的城市。

（1）被解释变量 Kqzl 空气质量。本研究以空气质量指数 AQI 的数值和构成 AQI 的相关 6 种污染物 SO_2、NO_2、PM10、PM2.5、CO、O_3 的浓度作为被解释变量。数据来源于国家空气质量在线监测平台和各省市相关环保部门网站。

（2）解释变量 IHC 环境绩效压力。以各省（自治区）在"十二五""十三五"中下达到各地市的 SO_2 减排任务与实际排放量的大小来测量绩效压力的大小，分为纵向压力和横向压力，纵向压力是将各地级市实际排放量与本市的减排控制量进行对比，横向压力是将各地级市实际排放量与本省减排控制量的平均值进行对比。数据来源于《中国城市统计年鉴》及省环保部门相关网站和各省市《"十二五"节能减排工作方案》《"十三五"节能减排工作方案》。官员特征变量：数据收集整理自人民网、新华网及各地市政府官网。MTL 官员任期：以各地方城市市长和市委书记的任期作为官员晋升激励的测量指标。数据来源于人民网、新华网、《中国统计年鉴》和各省市政府网站以及百度百科官员简历。NL 官员年龄：以各地级市市长和市委书记在任当年的实际年龄作为测量指标。GN 参加工作年数：以各地级市市长和市委书记自参加工作到在任当年的实际参加工作年数作为测量指标。XB 官员性别：以各地级市市长和市委书记的性别作为测量指标。JG 官员籍贯：以各地级市市长和市委书记的籍贯作为测量指标。XL 官员学历：以各地级市市长和市委书记的最高学历作为测量指标。

（3）控制变量。PT "大气十条"政策：《大气污染防止行动计划》颁布后各地级市转载并制定相关政策的时间为测量标准。数据来源于《中国环境统计年鉴》和各地市政府官方网站。社会经济因素，GDPPG 城市发展水平：以城市的国民生产总值和人均 GDP 来衡量城市发展水平。数据来源于《中国城市统计年鉴》。CYB 产业所占比重：用各地级市第一、第二、第三产业在所有产业中所占比例来表示。数据来源于《中国城市统计年鉴》。GDR 垃圾处理率：以各地级市当年的垃圾处理率作为测量指标。数据来源中《中国城市统计年鉴》。UGA 城市绿地面积：以各地级市年末城市绿地面积计量。数据来自《中国城市统计年鉴》。BC 市公交车数量：以各地级市年末拥有公交车（电动车）的营运车辆数量来衡量。数据来自

《中国城市统计年鉴》。NOIE 工业企业数量：以每个地级市主营业务收入2000 万元以上的工业企业数量来衡量。数据来自《中国城市统计年鉴》。自然因素：数据均收集整理于《中国气象数据共享网》《天气网》。WD 温度：以城市年平均气温作为测量指标。SD 湿度：以城市年平均相对湿度（百分率）作为测量指标。AOP 降水量：以城市的年平均降水量作为测量指标。人口因素，NOTEP 城市人口数：以年末城镇人口为统计指标。数据来自《中国城市统计年鉴》。见表 6.1。

表 6.1　相关变量的数据来源表

变量名称	数据解释	数据来源
GS 城市空气质量改善	空气质量指数 AQI 的数值和构成 AQI 的相关 6 种污染物 SO_2、NO_2、PM10、PM2.5、CO、O_3 的浓度	《中国城市统计年鉴》《中国环境统计年鉴》空气质量监测平台
IHC 环境绩效压力	下达到各地市的 SO_2 减排控制量与实际排放量的大小，分为纵向压力和横向压力	《中国城市统计年鉴》《中国环境统计年鉴》"十二五""十三五"节能减排工作方案
MTL 官员任期	地方城市官员的任期和来源以及调任方式	人民网、新华网；各地级市政府网站；百度百科官员简历
NL 官员年龄	各地级市市长和市委书记在任当年的实际年龄	人民网、新华网；各地级市政府网站；百度百科官员简历
GN 参加工作年数	各地级市市长和市委书记自参加工作到任职当年的实际参加工作年数	人民网、新华网；各地级市政府网站；百度百科官员简历
JG 官员籍贯	各地级市市长和市委书记的籍贯	人民网、新华网；各地级市政府网站；百度百科官员简历
XB 官员性别	各地级市市长和市委书记的性别	人民网、新华网；各地级市政府网站；百度百科官员简历
XL 官员学历	各地级市市长和市委书记的最高学历	人民网、新华网；各地级市政府网站；百度百科官员简历
PT "大气十条"政策	《大气污染防止行动计划》颁布后各省市转载并制定相关政策的时间	《中国统计年鉴》城市政府网站

续表

变量名称	数据解释	数据来源
GDPPG 城市发展水平	城市的 GDP 和人均 GDP	《中国城市统计年鉴》
CYB 产业所占比重	各省市第二产业 在所有产业中所占比例	
GDR 垃圾处理率	各地级市当年的垃圾处理率	
UGA 城市绿地面积	各地级市年末城市绿地面积	
BC 城市公共汽车数	各地级市年末实有公共汽（电）车营运车辆数	《中国城市统计年鉴》
NOIE 工业企业数	各地级市主营业务收入 2000 万元以上的工业企业数量	
WD 温度	城市年平均气温	《中国气象数据共享网》 《天气网》 中国空气质量监测平台
SD 湿度	城市年平均相对湿度（百分率）	
AOP 降水量	城市的年平均降水量	
NOTEP 城市人口数	年末城市人口数	《中国城市统计年鉴》

表格来源：作者自制

二、数据分析结果

（一）变量描述性统计

整理 2013—2019 年中国的 179 个地级城市的数据，剔除无效样本后，最终得到 953 个有效样本，属于非平衡面板数据。如表 6.2 所示，作为因变量的空气质量指数最小值和最大值差距大，说明研究样本之间的环境空气污染程度差别较大。此外，从 6 种污染物浓度来看，细颗粒物 PM2.5 和 PM10 和 SO_2 最大值和最小值差别较大，因为所研究的城市包含污染较重的北方工业城市，也包含城市空气质量较好的沿海城市和西南边陲城市，且标准差相对较大，说明城市空气质量浓度之间的差异较大的。

表 6.2　相关变量的描述性统计表（N=953）

	最小值	最大值	均值	标准偏差
AQI	32.56	168.92	86.23	20.03
PM2.5	11.75	123.58	50.89	17.62
PM10	30.83	224.33	86.33	30.04
SO_2	3.75	118.08	21.83	15.23
CO	0.20	2.80	1.05	0.36
NO_2	11.08	66.08	34.53	9.57
O_3_8h	30.26	135.45	92.29	14.11
IHC	0.00	1.00	0.32	0.47
IHCA	0.00	1.00	0.27	0.44
PT	0.00	1.00	0.77	0.42
MLT	1.00	11.00	2.35	1.36
TOPS	1.00	9.00	2.47	1.53
NL	38.00	64.00	28.76	17.66
GZNS	6.00	49.00	12.68	20.57
XB	0.00	1.00	0.66	1.68
JG	0.00	1.00	2.79	0.34
XL	1.00	3.00	1.47	0.35
lnNOIE	4.04	9.29	7.05	0.95
lnBC	4.32	10.56	7.09	1.08
lnUGA	6.43	11.90	8.69	0.97
lnGDPPG	8.33	15.68	11.13	0.53
GDR	0.00	1.58	0.90	0.23
lnAOP	3.43	7.99	6.79	0.62
lnNOTEP	3.40	8.13	6.06	0.66

（二）模型建立

本研究采用固定效应模型来分析面板数据，这符合各个城市存在个体效应的现实预期。计算公式如下：

$$y_{it} = \gamma_i + x'_{it}\beta + U_{it}, \ i = 1, \ldots, \ N; \ t = 1, \ldots, \ T$$

其中 Yit 为模型的计算结果；i 指的是个体；γi 称为个体效应；Uit 称为特征误差项或特征扰动项；β 是系数。如何看待 γi 成为区分随机效应和固定效应的关键。固定效应把 γi 看作一个可观测的解释变量，而 x′ 则是一个相关的不可观测的随机变量。这个变量叫作固定效应，γ1，γ2，…，γN 可以逐个估计。

（三）样本数据的回归分析结果

本研究以空气质量指数 AQI 以及 6 种污染物浓度等为因变量，分别建立相关模型进行分析。回归分析结果如下表。

1. 官员特征对减排政策执行效果的影响

据表 6.3 可知，官员任期、工作年限，以及受教育程度对减排政策执行效果的影响均显著，与原假设一致。其中，市长任期比市委书记任期对减排政策执行效果的影响更加显著。

表 6.3 官员特征对减排政策执行效果的回归分析表

	（1） AQI	（2） PM2.5	（3） PM10	（4） SO$_2$	（5） CO	（6） NO$_2$	（7） O$_3$_8h
NL	1.456*	4.540*	9.544**	2.754	0.045**	−0.151	−2.331
	(1.68)	(5.23)	(6.32)	(3.21)	(4.6)	(−0.36)	(−4.9)
GZNS	−4.567**	−4.356**	−7.105*	−6.566*	0.090*	1.620**	−3.506*
	(−2.38)	(−4.25)	(−4.47)	(−7.21)	(4.08)	(3.27)	(−3.25)
XB	6.065	−2.565*	−15.334	−9.332	−0.232	−1.492	4.579
	(6.57)	(−9.23)	(−11.43)	(−12.81)	(−7.75)	(−3.84)	(5.09)
JG	2.245*	1.004	−1.545	−0.189	0.006	0.339***	0.316
	(0.35)	(0.01)	(−0.49)	(−0.85)	(1.09)	(2.86)	(1.14)
XL	−0.643***	−1.454***	−0.620*	−0.086	−0.002	0.288***	−0.477*
	(−2.49)	(−1.95)	(−1.75)	(−0.42)	(−0.33)	(2.62)	(−1.88)

续表

	（1）AQI	（2）PM2.5	（3）PM10	（4）SO$_2$	（5）CO	（6）NO$_2$	（7）O$_3$_8h
MTL	-4.478 **	-7.245 ***	-4.528 *	-8.340 **	-0.114 *	-4.167 **	4.132
	(-4.08)	(-8.79)	(-6.01)	(-1.29)	(-6.37)	(-2.88)	(4.43)
TOPS	-0.081 *	0.102 *	-0.239	-0.354	0.006	0.167 ***	0.435
	(-0.22)	(0.01)	(-0.55)	(-1.14)	(1.07)	(2.72)	(1.44)
_cons	109.894 *	67.612 **	147.378 **	103.742 *	2.424	3.043	75.240 *
	(5.20)	(5.25)	(7.35)	(7.67)	(6.67)	(0.36)	(5.48)
N	953	953	953	953	953	953	953

注：t statistics in parentheses

* $p<0.1$, ** $p<0.05$, *** $p<0.01$

2. 环境绩效压力对减排政策执行效果的影响

据表 6.4 可知，纵向绩效压力对 AQI 和主要空气污染物浓度有显著的影响，说明纵向的减排绩效压力能够显著影响主要污染物减排。纵向减排绩效压力越大，主要污染物减排效果越好。而横向减排绩效压力也在 95% 的置信水平上与空气污染物排放和空气质量显著负相关，说明横向减排绩效压力对于 AQI 和主要空气污染物减排也有明显的改善作用。

表 6.4　环境绩效压力对于减排政策执行效果的回归分析结果表

	（1）AQI	（2）PM2.5	（3）PM10	（4）SO$_2$	（5）CO	（6）NO$_2$	（7）O$_3$_8h
IHC	-6.144 ***	-8.873 ***	-15.511 **	-8.484 ***	-0.151 **	0.324	4.795 ***
	(-6.73)	(-10.24)	(-11.68)	(-10.44)	(-8.22)	(0.86)	(5.56)
IHCA	-2.941 ***	-5.834 ***	-9.268 **	-8.719 **	0.118	1.541	-5.293
	(-2.70)	(-5.67)	(-5.85)	(-9.11)	(5.43)	(3.40)	(-5.25)
_cons	83.441 ***	46.444 ***	78.802 ***	16.737 ***	0.966 ***	34.011 ***	95.279 ***
	(58.74)	(41.78)	(40.34)	(19.55)	(44.70)	(52.89)	(117.32)
N	1074	1074	1074	1074	1074	1074	1073

注：* $p<0.1$, ** $p<0.05$, *** $p<0.01$

3. 官员特征、环境绩效压力对减排效果的影响

根据表6.5，在加入环境绩效压力变量后，官员特征对减排政策执行效果影响的显著性下降，说明存在激励偏差。因为对地方官员而言，晋升激励是通过环境绩效起作用的。没有加入环境绩效压力时，官员任期对空气质量影响显著；加入环境绩效压力后，影响系数大幅下降。说明晋升对官员减排效果的影响主要是通过环境绩效起作用，在环境绩效指标以外，地方官员没有兴趣进行环境保护方面的努力。显然这不是上级政府制定减排政策的初衷，说明存在激励偏差。

表 6.5　官员特征、环境绩效压力对减排政策执行效果的回归分析表

	（1） AQI	（2） PM2.5	（3） PM10	（4） SO$_2$	（5） CO	（6） NO$_2$	（7） O$_3$_ 8h
IHC	−2.864 ***	−4.560 ***	−4.189 ***	−2.447 ***	−0.024 **	0.241	−5.042 ***
	（−3.23）	（−5.23）	（−4.73）	（−2.21）	（−4.7）	（−0.26）	（−4.29）
IHCA	−1.42 **	−2.743 **	−3.105 **	−6.546 ***	0.090	1.620 **	−3.506 **
	（−2.86）	（−4.25）	（−4.47）	（−7.21）	（−4.08）	（−3.27）	（−9.25）
NL	3.674 **	8.340 *	9.233 **	2.843	0.029 **	−0.421	−2.242
	（1.23）	（5.64）	（6.32）	（5.21）	（4.6）	（−0.36）	（−3.29）
GZNS	2.475 **	3.232 **	2.135 *	1.526 *	0.320 *	1.230 **	−3.67
	（2.48）	（4.25）	（4.47）	（7.21）	（4.08）	（3.27）	（−3.25）
XB	2.052	−4.567 *	−13.334	−5.313	−0.234	−1.435	4.632
	（6.76）	（−9.23）	（−11.43）	（−12.81）	（−7.75）	（−3.84）	（5.09）
JG	−3.254 **	1.876	−1.234	−0.345	0.543	0.789 ***	0.466
	（−0.35）	（0.01）	（−0.49）	（−0.85）	（1.09）	（2.86）	（−1.14）
XL	−0.863 **	−1.864 ***	−0.620 *	−0.056	−0.078	0.276 ***	−0.234 *
	（−2.49）	（−1.95）	（−1.75）	（−0.42）	（−0.33）	（2.62）	（−3.56）
MLT	−0.066 ***	0.143 **	−0.239 **	−0.354	0.026	0.167 ***	0.435
	（−0.12）	（0.01）	（−0.55）	（−1.14）	（1.07）	（2.72）	（1.44）
TOPS	0.560 ***	0.454 *	0.720 *	0.086	−0.002	0.288 ***	−0.477 *
	（2.42）	（1.75）	（1.75）	（0.42）	（−0.33）	（2.62）	（−1.88）

续表

	（1）	（2）	（3）	（4）	（5）	（6）	（7）
	AQI	PM2.5	PM10	SO_2	CO	NO_2	$O_3\_$ 8h
_cons	116.894*	54.74**	173.378**	97.742*	2.526	3.043	66.240*
	（8.20）	（5.35）	（5.32）	（7.21）	（6.68）	（0.36）	（5.48）
N	954	954	954	954	954	954	954

注：t statistics in parentheses

* $p<0.1$, ** $p<0.05$, *** $p<0.01$

4. 减排政策执行效果的总体回归分析结果

如表 6.6 所示，加入所有控制变量后，回归结果与以上分析一致。晋升只有在减排绩效指标清晰可测量、官员努力程度与绩效考核结果联系紧密时，才对减排政策执行效果有显著影响。晋升对减排政策执行结果的影响是通过环境绩效考核压力发挥作用的。

在控制了年龄、工作年限后，地方官员任期越长，晋升压力越大。对于市长而言，晋升通过环境绩效压力对减排政策执行效果起作用。而对于市委书记而言，他的晋升考核涉及更多方面，环境绩效的权重相对较小，官员就环境问题感受到的压力没有市长那么大，因此对市委书记的影响不大。

表 6.6　减排政策执行效果的总回归分析表

	（1）	（2）	（3）	（4）	（5）	（6）	（7）
	AQI	PM2.5	PM10	SO_2	CO	NO_2	$O_3\_$ 8h
IHC	−2.124**	−5.320***	−4.134***	−2.847***	−0.024**	0.241	−4.042***
	（−2.23）	（−5.23）	（−4.73）	（−2.21）	（−4.7）	（−0.26）	（−4.29）
IHCA	−1.42**	−2.327**	−5.105**	−6.546***	0.090	1.620**	−3.506**
	（−2.48）	（−4.25）	（−4.47）	（−7.21）	（−4.08）	（−3.27）	（−3.25）
NL	2.674*	4.340*	9.233**	2.843	0.029**	−0.421	−2.242
	（1.23）	（5.57）	（6.32）	（5.21）	（4.6）	（−0.36）	（−3.29）
GZNS	2.491**	3.232**	2.135*	1.526*	0.320*	1.230**	−3.67
	（2.48）	（4.25）	（4.47）	（7.21）	（4.08）	（3.27）	（−3.25）

	(1) AQI	(2) PM2.5	(3) PM10	(4) SO_2	(5) CO	(6) NO_2	(7) O_3_8h
XB	4.052	−4.567*	−13.334	−2.313	−0.234	−1.435	4.355
	(6.23)	(−9.23)	(−11.43)	(−12.81)	(−7.75)	(−3.84)	(5.09)
JG	−2.254**	1.876	−1.234	−0.345	0.543	0.789***	0.466
	(−0.35)	(0.01)	(−0.49)	(−0.85)	(1.09)	(2.86)	(−1.14)
XL	−0.423**	−1.564***	−0.620*	−0.056	−0.078	0.276***	−0.234*
	(−2.49)	(−1.95)	(−1.75)	(−0.42)	(−0.33)	(2.62)	(−3.56)
PT	−3.131**	−7.245***	−4.528*	−8.340**	−0.114*	−4.167**	4.132
	(−4.08)	(−8.79)	(−6.01)	(−1.29)	(−6.37)	(−2.88)	(4.43)
MLT	−0.031*	0.102**	−0.239	−0.354	0.006	0.167***	0.435
	(−0.12)	(0.01)	(−0.55)	(−1.14)	(1.07)	(2.72)	(1.44)
TOPS	0.120**	0.454*	0.720*	0.086	−0.002	0.288***	−0.477*
	(2.42)	(1.95)	(1.75)	(0.42)	(−0.33)	(2.62)	(−1.88)
lnGDPPG	−1.037**	−2.654**	−6.064***	−2.820***	−0.048*	0.267	1.138
	(−1.51)	(−2.42)	(−3.28)	(−2.70)	(−1.87)	(0.46)	(0.93)
GDR	−1.539*	0.973**	0.067*	1.632*	0.005	−0.14	−2.283
	(−0.91)	(0.56)	(0.02)	(0.68)	(0.15)	(−0.17)	(−1.22)
lnUGA	−4.367**	−4.442***	−6.662***	−2.805***	−0.080***	−0.164	−1.239*
	(−3.41)	(−3.93)	(−3.71)	(−2.76)	(−3.06)	(−0.27)	(−1.06)
lnBC	−1.533**	−1.235*	−0.357	−0.493	−0.028	1.077**	−1.750*
	(−1.07)	(−1.22)	(−0.25)	(−0.56)	(−1.15)	(2.12)	(−1.83)
lnNOIE	2.380***	6.257***	7.245***	3.695***	0.064*	3.013***	6.238***
	(4.23)	(4.87)	(3.47)	(3.44)	(1.90)	(4.38)	(5.78)
lnAOP	−6.537***	−5.247***	−8.382***	−5.245***	−0.066***	−0.634	−2.560***
	(−5.46)	(−5.62)	(−7.28)	(−4.50)	(−2.48)	(−1.20)	(−3.02)
AT	3.768	8.567*	7.567*	3.789	1.456	1.786	1.234
	(2.62)	(1.23)	(1.75)	(0.42)	(−0.33)	(2.62)	(−1.88)
lnNOTEP	8.121***	6.304***	9.184***	−0.966	0.02	0.849	−1.085
	(3.95)	(3.65)	(3.25)	(−0.67)	(0.52)	(0.88)	(−0.77)

续表

	(1) AQI	(2) PM2.5	(3) PM10	(4) SO$_2$	(5) CO	(6) NO$_2$	(7) O$_3$_8h
BZ	−4.567**	−1.567***	−1.421*	−4.321	−1.556	−1.567	−1.578**
	(−4.08)	(−8.79)	(−6.01)	(−1.29)	(−6.37)	(−2.88)	(4.43)
_cons	113.894*	46.74**	116.378**	113.742*	2.526	3.043	68.240*
	(8.20)	(5.35)	(5.32)	(7.21)	(6.68)	(0.36)	(5.48)
N	954	954	954	954	954	954	954

注：t statistics in parentheses
* $p<0.1$, ** $p<0.05$, *** $p<0.01$

（四）回归分析的稳健性检验

根据已有的研究文献的稳健性检验方法，本研究用 Stata16.0 检验回归分析结果的稳健性，因为本文解释的变量是 2014 年开始的，所以因变量的检验有一个周期的延迟，在做稳健性检验的时候将因变量进行滞后一期进行检验。检验结果见表 6.7。

表 6.7　城市空气质量改善的相关影响因素的稳健性分析表

	(1) AQI	(2) PM2.5	(3) PM10	(4) SO$_2$	(5) CO	(6) NO$_2$	(7) O$_3$_8h
IHC	−2.310**	−4.561***	−8.412***	−4.309***	−0.074***	−0.344	−4.065***
	(−2.14)	(−4.72)	(−5.69)	(−5.35)	(−3.76)	(−0.77)	(−4.07)
IHCA	−3.037**	−4.459***	−6.907***	−6.165**	−0.085*	1.532*	−3.500**
	(−2.37)	(−3.91)	(−3.94)	(−6.48)	(−3.64)	(2.86)	(−3.06)
PT	−6.011***	−7.871***	−13.528***	−8.340***	−0.114	−1.167**	4.132**
	(−6.08)	(−8.89)	(−10.01)	(−11.29)	(−6.37)	(−2.88)	(4.43)
MTL	−0.071	0.002	−0.239	−0.271	0.006	0.352***	0.435
	(−0.22)	(0.01)	(−0.55)	(−1.14)	(1.07)	(2.72)	(1.44)
TOPS	0.593**	0.396	0.573	−0.001	−0.002	0.306**	−0.620**
	(2.02)	(1.50)	(1.43)	(−0.00)	(−0.42)	(2.54)	(−2.24)
lnGDPPG	−2.235	−2.269*	−4.951**	−1.571	−0.017	0.718	0.54
	(−1.56)	(−1.79)	(−2.54)	(−1.48)	(−0.66)	(1.20)	(0.43)

	（1）	（2）	（3）	（4）	（5）	（6）	（7）
	AQI	PM2.5	PM10	SO$_2$	CO	NO$_2$	O$_3$_ 8h
GDR	-3.691	-0.282	-2.022	-0.281	-0.015	-1.232	-3.303
	（-1.57）	（-0.13）	（-0.63）	（-0.16）	（-0.35）	（-1.27）	（-1.51）
lnUGA	-4.309***	-4.336***	-6.014***	-2.634**	-0.078***	-0.06	-0.891
	（-3.00）	（-3.48）	（-3.06）	（-2.52）	（-2.88）	（-0.09）	（-0.79）
lnBC	-1.141	-1.085	-0.06	-0.328	-0.015	1.381***	-2.033**
	（-0.93）	（-1.01）	（-0.04）	（-0.37）	（-0.68）	（2.59）	（-2.03）
lnNOIE	7.108***	6.127***	7.021***	3.177***	0.03	2.615***	6.876***
	（4.57）	（4.60）	（3.29）	（2.84）	（1.02）	（3.60）	（6.04）
lnAOP	-10.490***	-7.782***	-17.556***	-8.686***	-0.098***	-1.151*	-4.128***
	（-7.17）	（-6.10）	（-8.76）	（-8.15）	（-3.58）	（-1.78）	（-3.56）
lnNOTEP	7.365***	6.564***	9.302***	-0.365	0.04	1.354	-1.795
	（3.54）	（3.71）	（3.26）	（-0.25）	（1.01）	（1.35）	（-1.22）
_ cons	138.394***	94.779***	215.428***	108.740**	2.301***	-1.107	101.085***
	（6.69）	（5.26）	（7.61）	（7.22）	（5.95）	（-0.12）	（6.04）
N	836	836	836	836	836	836	835

注：1. t statistics in parentheses

2. * p<0.1, ** p<0.05, *** p<0.01

据表 6.7 可知，将数据滞后一期进行稳健性检验，自变量 IHC、IHCA、PT 与无滞后结果存在一致性。控制变量滞后一期面板回归结果与无滞后结果有较高的一致性。绩效压力、官员特征与减排结果的相关性都和回归分析中的结果保持一致，说明回归结果通过了稳健性检验。

6.4 地方官员晋升中的激励偏差分析

一、减排绩效与激励偏差

减排绩效考核给地方官员带来的纵向和横向绩效压力，对主要污染物浓度和空气质量均有显著地影响，减排绩效压力越大，空气中的主要污染物减排效果越好。无论是纵向还是横向减排绩效压力，对来源于气体排放的主要污染物减排的影响，比来源于污水排放的主要污染物减排的影响更显著。若减排绩效指标的选取没有考虑主要污染物来源的特征，采取一视同仁的考核办法，就可能造成激励偏差。与水质量相比，公众更容易感知到空气质量的变化。也就是说，空气质量是一个比水质量更强的政绩信号，可以在官员晋升考核中更好地证明地方官员在减排政策执行中的努力程度。所以，地方官员会在日常工作的注意力分配中，更愿意花精力去减少空气中的污染物排放。

由于减排绩效是以减排目标为阈值来实施考核，地方政府的减排量未达到阈值时，地方官员会努力减排；达到阈值后，减排努力水平下降。若官员努力程度与绩效考核结果的联系紧密，那么激励偏差程度较小；若官员努力程度与绩效考核结果的联系不紧密，那么激励偏差程度较大。

二、官员特征、减排绩效与激励偏差

根据以上数据回归结果，官员任期、工作年限以及受教育程度对减排政策执行效果的影响均显著，与原假设一致。官员任期越长，晋升压力越大，越有动力执行减排政策。其中市长任期比市委书记任期对减排政策执行效果的影响更加显著。若设计晋升激励机制时忽略官员任期特征和地方政府党政负责人的区别，就可能造成激励偏差。

在我国地方官员的晋升考核中，影响晋升结果的因素很多。多年以前，地方官员在环保工作上是否努力，与晋升结果的关系很弱。后来，随着减排绩效目标越来越清晰可测，官员的努力水平和绩效考核结果的关系越来越紧密，激励效果增强了。在"十一五""十二五""十三五"期间，减排绩效越来越受重视，甚至多地启动"一票否决"。当明确的减排绩效被写入晋升考核时，晋升激励对减排效果的影响是显著的。

官员特征对减排政策执行效果有显著影响，但当减排绩效变量进入模型后，官员特征对减排政策执行效果影响的显著性下降，这说明绩效考核并没有强化晋升激励效果，反而弱化了官员原有的晋升动力。减排绩效考核中的激励偏差现象得到验证。这是因为晋升激励只有在减排绩效指标清晰可测量、官员努力程度与绩效考核结果联系紧密时，才对减排政策执行效果有显著影响。当前的官员晋升机制中，虽然减排绩效指标清晰可测，但是官员努力程度与绩效考核结果的联系还不够紧密，因此导致激励偏差。

第 7 章　生态补偿机制与政策激励

7.1　减排政策与生态补偿机制

7.1.1　生态补偿机制执行现状

广义上，减排政策体系包括促进主要污染物排放和碳排放的所有相关政策。而生态补偿机制的核心目的是促进环境改善，在环境改善的过程中会涉及污染物排放等问题，这和减排政策是密切相关的，生态补偿机制中对污染物排放抑制的工作与减排工作是部分重合的。如生态补偿机制中最突出的政策生态功能区转移支付政策考核依据里就有污染物排放的相关指标，这一政策的评价指标包括 SO_2 排放强度、COD 强度、固废强度、工业污染物的排放。[①] 减排政策注重对污染源排放的监测和对空气质量的考核，而生态转移支付政策考核措施中同样也加强了对空气质量、污染源排放的监测，并严格按照现行标准和规范进行，并加强检测过程中的质量控制。因此，可以说减排政策推行的进展与生态补偿相关政策的实施情况是高度相关的。

生态补偿的存在是为了补偿地方政府因为对生态环境改善的投入而产生的经济损失。在诸多形式的生态补偿中，转移支付作为主要手段推动了生态补偿的实现，国家重点生态功能区转移支付（以下简称"生态功能区转移支付"或"生态转移支付"）是所有生态补偿相关政策中覆盖范围最

---

① 《2011 国家重点生态功能区转移支付办法》

广、资金规模最大的政策。

自 2008 年起，政府开始增加对生态环境脆弱、生态环境保护和经济发展矛盾较大地区的补助，政策最初以试点形式进行，给予部分地区补助。试点地区的数量最开始为 230 个县区，2009 年，"水土保持"与"防风固沙"两大区域纳入生态转移支付范围，2009 年《国家重点生态功能区转移支付（试点）办法》正式发布，明确了国家重点生态功能区转移支付的政策覆盖范围、资金具体分配办法、监督考核措施、激励办法等，至此国家重点生态功能区转移支付机制正式建立。① 在具体的国家重点生态功能区的确定上，2010 年，国务院正式颁布《全国主体功能区规划》，根据区域功能开始划分，其中便有国家重点生态功能区。国家重点生态功能区是指国家限制发展的重要生态功能区，是指生态环境十分重要、关系全国或较大范围区域的生态安全、目前生态系统有所退化、需要在国土空间开发中限制进行大规模高强度工业化城镇化开发、以保持并提高生态产品供给能力的区域。② 生态功能区转移支付的存在是因为部分地区因为生态功能区的设定与划分，当地的及产业发展受到限制，使得政府生态环境保护成本大大提升，造成当地财政收入减少，财政资金紧张，以至于缺乏基本公共服务保障资金，政策设置的目的是引导地方政府重视生态环境保护，加大环境保护投入的同时，缓解功能区政府因区域划分、产业发展受限，以及环境治理支出增大带来的财政资金紧张。

到 2020 年，重点生态功能区已覆盖 818 个县（市、区、旗）。作为迄今为止国家对重点生态功能区唯一的具有直接性、持续性和集中性的生态保护补偿政策③，生态功能区转移支付受到了极大的重视，政策自实行以来，转移资金规模基本呈现稳步增长形势。据统计，2008—2023 年中央财政累计下达各省的重点生态功能区转移支付资金达 8000 多亿元，增长趋势如图 7.1 所示。重点生态功能区转移支付政策的年度前提下下达资金由

---

① 《国家重点生态功能区转移支付（试点）办法》
② 《关于印发全国主体功能区规划的通知》
③ 李国平，李潇. 国家重点生态功能区的生态补偿标准、支付额度与调整目标 [J]. 西安交通大学学报（社会科学版），2017, 37（2）：1-9.

2008 年的 61 亿元左右增至 2023 年的 883.84 亿元，年均增长约 30%。作为一项国家层面的生态补偿项目，随着资金投入量的增加，重点生态功能区转移支付已成为世界上最大的生态补偿项目之一。[①]

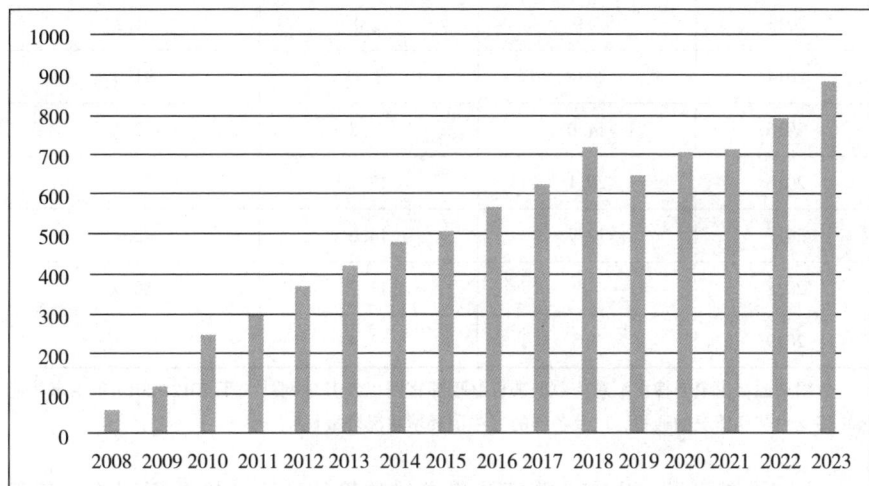

图 7.1　2008—2023 年重点生态功能区转移支付（提前下达）资金规模图（单位：元）[②]

　　作为一项持续多年的政策，生态功能区转移支付政策承担着调节地区财政收支不平衡、促进生态服务均等化，以及矫正地方政府生态保护活动外部效应的功能。生态转移支付为地方政府公共服务保障给予了一定的财政支持，弥补地方为保护环境而损失的经济收入，并推动各地加强环保投入，以最终达到改善生态环境的政策目标。那么，从实际情况来说，耗费了如此大量的时间精力，以及连年增长巨额的投入资金，那么生态转移支付的环境效应到底是怎样的呢？

　　通过收集近几年来生态环境部对生态功能区的考核通报情况，将 2012—2019 年生态功能区环境质量的总体变化情况记录下来，按照"变好""变坏"和"基本稳定"功能区占总生态功能区比例划分（见表 7.1）。

---

① 马本，孙艺丹，刘海江，等.国家重点生态功能区转移支付的政策演进、激励约束与效果分析［J］.环境与可持续发展，2020，45（4）：42-50.

② 数据来自财政部官网，作者自行收集。

表 7.1 2012—2019 年生态功能区环境考核情况表

年份	"变好"占比（%）	"变坏"占比（%）	"基本稳定"占比（%）
2012	12.9	3.1	84.3
2013	6.9	2.0	91.2
2014	5.6	3.4	91.0
2015	14.0	13.8	72.2
2016	20.1	12.7	67.2
2017	12.7	14.6	72.1
2018	7.9	11.2	80.9
2019	9.5	11.4	79.1

数据来源：由笔者搜集汇总，数据来自财政部官网以及其他网站关于 2012-2019 年生态功能区转移支付奖惩情况的通报，以及各年的《中国环境状况公报》。

由表 7.1 可见，生态功能区转移支付政策的环境效应并不理想。基于考核通报结果，2017—2019 年，"变好"的县域生态环境质量始终比"变差"的要少。从整体重点生态功能区的环境变化情况来看，生态功能区转移支付政策对生态环境改善的影响并不突出，小部分县域生态环境有一定波动，但多数县域生态环境无明显变化，大量的县区将生态环境保持在基本稳定。可以看到，2017—2019 年，连续 3 年生态环境"变坏"的功能区占比大于生态环境"变好"的功能区。此外为了加强生态转移支付政策的激励约束作用，配套约束性政策也在更新。2012 年，生态转移支付开始注重资金绩效考核，关注生态功能区所在县区的生态环境改善情况，并根据环境绩效进行奖惩，资金严格按照生态环境绩效分配。从 2016 年开始，在国家重点生态功能区转移支付资金分配的引导性补助中，重点强调如何进一步激励省以下地方政府建立和完善生态环境保护机制。但通过表 7.1 的考核通报结果可见，多数县区环境保持在稳定区间，生态功能区转移支付政策对地方政府的激励效应并不明显。

生态转移支付政策持续时间久、投入资金规模大，但由通报数据初步可知，考核结果并不够出彩，对生态保护与经济发展之间的矛盾的缓解作用较为有限，对环境改善的影响力不如预期大。那么，生态功能区转移支付政策对环境改善是否具有促进作用呢？是否达到了政策预期的效果呢？生态转移支付的政策激励效应又是怎么样的呢？如何加大生态转移支付政策对地方政府改善环境的激励效应呢？

7.1.2 生态补偿机制中的激励措施

经过对各省生态转移支付办法文件的初步筛选、收集、归纳和总结，本小节对省级财政转移支付的激励机制进行了初步的探讨。总体而言，省级生态转移支付方案作为一个统筹总领性文件对激励方法大部分描述都较为简略，且极大地参考了中央的转移支付办法，更为详细、清楚的激励办法应参考市对县生态转移支付办法，但很可惜的是，在进行信息收集时，发现市对县生态转移支付办法几乎没有，多直接沿用各地所在省份的生态转移支付办法。不过，在仔细阅读了各省的生态转移支付办法后，仍发现了许多不同。

本文选取了激励办法有所创新的省份，如表 7.2 所示，云南、湖南、广东、浙江、福建等省的激励办法有着一定的创新，并且力度相较其他省份更大。云南省的生态环境考核结果不仅与生态转移支付资金相挂钩，更在一定程度上影响着干部的绩效考核。生态环境恶化的县（市、区）根据恶化的程度，按一定比例扣除相应的补助，而县（市、区）的生态环境质量评价是县级领导干部年度考核指标之一，并成为除县域经济指标以外最重要的得分指标（占 8%）。湖南省则直接将生态环境考核评估结果与财政转移支付和生态工程项目资金分配挂钩，生态环境考核结果影响着县（市、区）政府的财政收入与建设项目资金。广东省是第一个激励性补偿资金超过基础性补偿的省份，激励性补偿资金占重点生态功能区生态转移支付总资金的 60%，而基础性补偿仅仅占了 40%。同时，对生态环境未改善的县（市、区）进行罚款。浙江省建立了比较完善的生态环境保护奖惩机制，包括县（市、区）的主要污染排放收费制度、单位生产总值能耗财政奖惩制度、出境水水质财政奖惩制度、森林质量财政奖惩制度和空气质量财政奖惩制度。福建省的激励资金总规模较大，根据生态环境考核的提分情况进行排名，提升分数前十名的每年给予 2000 万~3000 万的奖励，其他县（市、区）则基于 1000 万~1500 万元奖励。

表 7.2　部分省份激励办法表

省份名	激励办法
云南	生态转移支付考核结果与生态转移支付资金和干部绩效考核相关，资金扣罚力度大。 县级生态环境质量评价是各级党政领导干部年度工作绩效评价的重要内容，在县委书记考核评价中占有 8% 的比值
湖南	考核评估结果直接与各地财政转移支付和生态工程项目资金分配挂钩
广东	激励性资金占生态转移支付总资金的比重更大，罚款金额较大。 对重点生态功能区县的生态补偿资金，分为基础性补偿和激励性补偿两部分，两者占比分别为 40% 和 60%。此外，对生态环境变差、甚至恶化的县，予以扣减激励性补偿额的惩罚。在纵向考核中，某县生态综合增长率小于 0 的，每负 1 个百分点扣减 200 万元
浙江	对重点生态功能区的空气质量、水质以及森林覆盖率设定了极为详细的惩罚性扣款细则
福建	激励性资金规模较大，激励力度大。 县年度生态环境改善指标排名前十位，按年度补助 2000 万~3000 万元，其余各实施县按年度发放 1000 万~1500 万元，并视项目规模的扩大而提高

注：政策文件来自各省市政府官网、生态环境厅网站以及搜索引擎。

在激励依据方面，除了山西省、河北省、北京市、天津市和上海市因文件缺失而情况不明以外，部分省、市、自治区都以省生态环境厅、财政厅每年的县域生态环境质量监测考核结果为依据进行奖惩，如表 7.3 所示，另外一部分地区则有着不同的绩效奖惩依据，在参考省生态环境厅每年的考核评价的基础上，结合了各地区的实际情况来进行奖惩。

表 7.3　部分地区的激励依据表

省份名	奖惩依据
甘肃	绩效考评结果作为奖惩依据。其中，绩效考评的依据由市县根据当地实际，自主制订计划和绩效指标，上报省级，并将其作为年度考核的重要依据

续表

省份名	奖惩依据
青海	根据各县生态补偿政策落实情况及生态环境质量考核结果来确定
四川	参照财政部考核评价情况，并结合实际情况实施奖惩
西藏	对生态环境保护工作成绩显著的县（市、区）给予奖励，对生态环境保护工作不力，出现生态破坏、环境污染事故的，视情扣减生态功能区转移支付资金
广东	根据生态环境保护指标考核得分来进行奖惩。生态环境保护指标考核得分：由横向考核得分和纵向考核得分按权重加总计算，按百分制计算
浙江	生态环保财力转移支付资金与"绿色指数"（包含林、水、气等反映区域生态环境质量的因素）相挂钩进行分配。根据污染物排放，水质、森林覆盖率指标的具体情况分别进行奖惩。对生态功能区实行更为严格的主要污染物排放财政收费制度、出境水质财政奖惩制度和森林覆盖率、林木蓄积量财政奖惩制度
福建	根据生态保护考核评分分值来进行奖惩。如未完成，则按一定比例相应扣减专项资金。分数若有提升，则从统筹的专项资金中给予不同档次提升性补偿。分数前十名的实施县每年给予 2000 万~3000 万元奖励，其他实施县给予 1000 万~1500 万元奖励

中央对各省、直辖市的转移分配范围，在各年间也有一定区别的。如表 7.4 所示，2009 年生态功能区转移支付政策处于试点阶段，对转移支付范围的界定不清晰，范围较广。2011—2017 年，生态功能区转移支付政策处于扩张并不断调整状态，转移支付范围也不断调整，2012 年加大了对试点市、县的转移支付，2016 年对生态环境保护较好的省区的转移支付相关字段改成了对其他生态功能重要区域和在生态环境保护建设方面开展相关工作的地区的转移支付补助。2017 年所增加的对选聘建档立卡人员为生态护林员的地区的转移支付补助沿用至今。2017 年以后生态功能区转移支付政策的覆盖区域开始逐渐稳定下来，并有了明确的规定。

表 7.4　2009—2019 年中央生态转移支付区域范围表

年份	转移支付范围
2009	（一）由中央主管部门制定保护规划确定的生态功能区。 （二）生态外溢性较强、生态环境保护较好的省区。 （三）国务院批准纳入转移支付范围的其他生态功能区域
2011	（一）青海三江源自然保护区、南水北调中线水源地保护区、海南国际旅游岛中部山区生态保护核心区等国家重点生态功能区。 （二）《全国主体功能区规划》中限制开发区域（重点生态功能区）和禁止开发区域。 （三）生态环境保护较好的省区
2012	（一）限制开发区域和禁止开发区域。 （二）部分生态保护核心区等生态功能重要区域所属县（区、市）。 对环境保护部制定的《全国生态功能区划》中不在上述范围的其他重要生态功能区域所属县给予引导性补助，对开展生态文明示范工程试点的市、县注给予工作经费补助，对生态环境保护较好的地区给予奖励性补助
2016	（一）限制开发的国家重点生态功能区和部分生态功能重要区域所属县（包括县级市、市辖区、旗等，以下统称为重点生态县域）。 （二）《全国主体功能区规划》中的禁止开发区域。 （三）其他生态功能重要区域和在生态环境保护建设方面开展相关工作的地区。 中央财政根据有关规划制定和财力情况，加大转移支付支持力度，并根据绩效考核情况建立转移支付范围动态调整机制
2017	（一）限制开发的国家重点生态功能区所属县（区、市）和国家级禁止开发区域，以及部分生态功能重要区域所属重点生态县域。 （二）国家生态文明试验区、国家公园体制试点地区等试点示范和重大生态工程建设地区。 （三）选聘建档立卡人员为生态护林员的地区。 中央财政根据绩效考核情况对转移支付范围进行动态调整
2018	（一）限制开发的国家重点生态功能区所属县（县级市、市辖区、旗）和国家级禁止开发区域。 （二）部分生态功能重要区域所属重点生态县域，长江经济带沿线省市，"三区三州"等深度贫困地区。 （三）国家生态文明试验区、国家公园体制试点地区等试点示范和重大生态工程建设地区。 （四）选聘建档立卡人员为生态护林员的地区

年份	转移支付范围
2019	（一）重点生态县域。限制开发的国家重点生态功能区所属县（县级市、市辖区、旗、林业局等）。 （二）其他生态功能重要区域。包括"三区三州"等深度贫困地区、京津冀（对雄安新区及白洋淀周边区县单列）、海南，以及长江经济带等相关地区。 （三）国家级禁止开发区域。 （四）国家生态文明试验区、国家公园体制试点地区等试点示范和重大生态工程建设地区。 （五）选聘建档立卡人员为生态护林员的地区

在省对市生态转移支付分配区域内，各省也有一定区别。除了云南等个别省份全省都为重点生态功能区外，一部分省份的转移支付范围仅为财政部所划分的重点生态功能区等其他区域，另外一部分省份又将国家重点生态功能区和该省功能区划所设定的省级功能区一同纳入生态功能区转移支付范围内。这两类省份的区别也反映了各省对中央生态功能区转移支付政策的不同回应程度。除去甘肃省、山西省、河北省、湖南省、北京市、天津市、上海市、江苏省和重庆市等省市因为相关文件缺失，对转移支付范围不清楚以外，其他省、自治区的生态功能区转移支付范围见表7.5。

表7.5 部分省、自治区生态转移支付区域范围表

省份名	转移支付范围
云南	全省129个县市
贵州	财政部划定的重点补助范围+省级引导补助范围（财政部划定范围的外的所有省市）
四川	国家重点生态功能区+省级重点生态功能区
宁夏	国家重点生态功能区
安徽	国家重点生态功能区+省级重点生态功能区
广西	国家重点生态功能区+省级生态功能区
新疆	国家重点生态功能区
辽宁	国家重点生态功能区

省份名	转移支付范围
青海	（一）三江源草原草甸湿地生态功能区所在县； （二）祁连山冰川与水源涵养生态功能区所在县； （三）青海湖草原湿地生态功能区所在县。 （比较特别，扶贫大于生态保护）
西藏	国家重点生态功能区（给予重点补助）+其他区（其他区只给予引导性补助）
海南	海南全省市县
黑龙江	国家重点生态功能区
陕西	国家重点生态功能区
江西	国家重点生态功能区+省级对生态功能区
河南	国家重点生态功能区
吉林	国家重点生态功能区
广东	国家重点生态功能区+省级生态功能区
内蒙古	国家重点生态功能区
浙江	国家重点生态功能区+省级生态功能区
福建	国家重点生态功能区+省级生态功能区
山东	国家重点生态功能区+省级生态功能区
湖北	国家重点生态功能区+省级生态功能区

作为一项长期政策，生态转移支付政策资金规模大，备受重视，但政策的生态环境效应却备受争议。多数学者认为，生态功能区转移支付政策对生态环境的改善只发挥了微弱的促进作用，与庞大的资金规模并不对等。在政策推行实践中，实际上存在着政策对地方激励效应不明显，更多发挥资金补偿作用的问题，这些都抑制着生态功能区转移支付政策的正向环境效应。所以要充分发挥生态功能区转移支付的政策效应，就要加强政策的激励约束机制，强化对地方政府资金使用绩效的考核，加大奖惩规模。本章将在梳理生态补偿机制概况和研究文献的基础上，以政策执行中的激励偏差分析框架来探讨。生态功能区转移支付政策的改进提出几点建议，以加强对地方政府的政策激励，提高资金使用效率；进一步优化生态功能区转移支付政策。

7.2　生态转移支付政策激励研究综述

7.2.1　生态转移支付政策的环境效应研究

国外关于生态转移支付的研究总体上来说较为丰富全面。从生态补偿的角度来进行研究论述，多围绕某一地区的生态补偿试点。将生态转移支付视作一项生态补偿政策，从生态补偿相关理论研究再到生态补偿政策实际进行情况，从生态补偿试点地区着手落实。关于生态转移支付政策效果的研究，国外研究多从已经长时间、大范围开展生态转移支付试点区域着手（巴西、德国、葡萄牙等地区），评估生态转移支付政策的环境效益、资金使用效率，以及政策的可持续性。如 Levrel（勒弗雷尔）等学者以美国佛罗里达州进行的生态补偿政策为研究对象，阐述了采用的生态补偿政策手段的实施情况及成效，发现生态补偿手段对环境的影响是长期的，短期作用较不明显。所以，衡量生态补偿措施成效的指标也需适应生态补偿手段特点，应该更倾向于长期指标而非短期指标。[①] Borie（博里）研究了法国南部地区进行的生态转移支付后发现，生态转移支付资金的分配参考转移支付区域的人口数相较于根据区域面积划拨资金，对环境改善的激励作用更强烈，但可能会导致较为低下的财政效率。[②] Busch（布斯）和 Mukherjee（穆克吉）分析了印度推行的生态转移支付，从政策起源和政策影响方面分析发现，印度当前所实行的生态转移支付并未达成政策目标，生态环境改善效果不明显，加大转移支付对森林保护的投入是政策推行的

---

① Levrel H, Pioch S, Spieler R. Compensatory mitigation in marine ecosystems: Which indicators for assessing the "no net loss" goal of ecosystem services and ecological functions? [J]. Marine Policy, 2012, 36 (6): 1202–1210.

② Borie M, Mathevet R, Letoumeau A, etal. Exploring the contribution of fiscal transfer-stoprotected area policy. Ecoloy and Society, 2014, 19 (1): 1)

重点。① Martin（马丁）从生态服务购买角度研究德国生态保护区的环境合同制度年限，发现从提高资金效率角度来说，生态保护区制定短期合同的效率优于长期合同。② Tacconi（塔科尼）多角度研究、比对了大湄公河区域的生态补偿案例，发现生态补偿手段对该区域无论是从民生角度还是从环境改善角度，都未起到积极影响。③ 基于印度尼西亚自上而下的财政转移支付系统，Mumbunan（蒙巴南）等学者根据生态保护区的特点，设立了有利于符合生态保护区可持续发展的资金分配指标，并通过实证显示，在这个新的分配指标下，印度尼西亚会有一大部分区域获得符合生态环境保护需求的资金。④ Droste（德罗斯特）等人从葡萄牙的生态补偿制度出发，采用多种实证手段评估葡萄牙现阶段采用的生态补偿制度，发现该制度的推行与生态保护区的数量高度相关，生态补偿制度推行的范围越广、程度越深，继而生态保护区的数量就越多。⑤ 总体来说，国外相关研究类型丰富，区域涉及广泛。

我国对生态补偿的研究可以追溯到 20 世纪 90 年代的"退耕还林""退牧"等工程，但明确的在政府文件中正式提出并将转移支付政策工具运用到环境保护领域的则是在 2009 年以后，这中间有 20 多年的政策空白期。所以，国内与生态转移支付相关的文献研究相比国外出现得较迟，且有着研究问题单一、研究进展缓慢的问题。

---

① Busch J, Mukherjee A. Encouraging state governments to protect and restore forests using ecological fiscal transfers：India's tax revenue distribution reform［J］. Conservation Letters, 2018, 11（2）：e12416.

② Calvet-Mir L, Corbera E, Martin A, et al. Payments for ecosystem services in the tropics：a closer to look at effectiveness and equity. Currrent Opinion in Environmental Sustainability, 2015, 14：150-162）

③ Toccni L, Regional Synthesis of Payments for Environmental Services（PES）in the Greater MekongRegion. CIFOR, 2015.

④ Mumbunan S, Ring I, Lenk T. Ecological fiscal transfers at the provincial level in Indonesia［J］. Ufz Discussion Papers, 2012.

⑤ Droste N, Becker C, Ring I, et al. Decentralization effects in ecological fiscal transfers：A Bayesian structural time series analysis for Portugal［J］. Environmental and Resource Economics, 2018a, 71（4）：1027-1051.

关于生态转移支付的文献中，多为定量研究、小篇幅政策评述，以及短篇报道。关于生态转移支付的政策形式，郑雪梅认为横向的生态转移支付政策更符合社会发展情况，从生态补偿角度出发，在经济发展程度有所差别但生态环境联系紧密的地区区域内建立生态服务交易链，形成区域生态环境利益共同体，保护生态环境的同时，也能获得相应的利益。① 根据已有的国内外横向生态转移支付案例，郑雪梅又将横向生态转移支付政策的概念具体化、操作化，提出在生态环境密切相关的地区，应当设立一个共同的生态基金，在发展过程中应以改基金为工作重心。多种生态补偿模式并行的横向生态转移支付制度。② 关于生态转移支付制度的制度形式，徐丽萍有不一样的看法，她认为生态转移支付制度不仅应发展横向的支付制度，纵向的也必须顾及。纵横交错的生态转移支付制度更有利于鼓励地方生态环境改善，同时，与制度相匹配的资金分配模式也应尽早形成。③ 关于生态功能区转移支付政策的演进，马本等人从政策沿革和政策实施效果进行了较为全面的梳理。④

在相关的定量研究中，多数是对生态功能区转移支付政策的环境效应进行实证验证，多数学者认为政策对环境有正向影响。不过，有人认为生态转移支付对环境有明显的促进作用，还有人认为生态转移支付对环境的促进作用较弱。徐鸿翔等人从县级政府财政收入的高低情况来探析，不同的财政收入是否会影响生态转移支付对环境的促进效应，实证分析以陕西的 33 个重点生态功能区为样本，最后发现高财政收入地区生态转移支付政策对环境改善的激励效应更明显。⑤ 张文彬等人使用委托代理理论构建模

① 郑雪梅，生态转移支付——基于生态补偿的横向转移支付制度 [J]. 环境经济，2006，(7)：11-15.
② 郑雪梅，生态补偿横向转移支付制度探讨 [J]. 地方财政研究，2017，(8)：40-47.
③ 徐莉萍，蔡雅欣，李姣好. 生态财政转移支付制度研究 [C]. 2012 中国可持续发展论坛 2012 年专刊（一）. 2013.
④ 马本，孙艺丹，刘海江等，国家重点生态功能区转移支付的政策演进、激励约束与效果分析 [J]. 环境与可持续发展，2020，45（4）：42-50.
⑤ 徐鸿翔，张文彬. 国家重点生态功能区转移支付的生态保护效应研究——基于陕西省数据的实证研究 [J]. 中国人口·资源与环境，2017，27（11）：141-148.

型，分析了不同级别政府所作出的不同政策选择，并求出县级政府的最优努力程度、中央政府的最优激励支付比率和相应的生态效益产出水平，分析发现生态转移支付有效的激励县级政府保护环境，并对环境改善起到了极大的作用。① 缪小林和赵一心实证检验了生态转移支付政策环境改善效应，使用了 2006—2016 年的省级面板数据，研究结论为生态转移支付政策对环境改善效应显著，且地方政府环保投入与生态环境改善程度正相关。② 田嘉莉等人将转移支付分为"预期转移支付"和"非预期转移支付"，研究样本为湖北省县级政府，探析生态转移支付的环境效应，实证检验肯定了生态转移支付对环境的改善作用。③ 但还有部分学者认为政策对环境作用不明显，或依靠其他配套政策工具才能发挥作用。李国平基于固定效应模型，对陕西省的重点生态功能区进行了实证检验，发现转移支付资金的增加有利于改善生态环境，但改善幅度较小。④ 赵一心从地方政府保护生态环境所受激励角度出发验证政策对环境作用，结论为生态功能区转移支付政策能促进局部生态环境质量的提升，但对整体环境改善作用仍需加强。⑤ 刘炯收集汇总了不同省份的激励方式，并将各省激励方式分类，研究样本为东部地区的 46 个地级市，利用空间计量模型识别出生态功能区转移支付对城市环境治理的激励效应，研究表明该政策需要其他相关政策工具共同使用，才能发挥积极作用，例如环境规制和财政投入。⑥

现有文献大多数是在论证生态转移支付对环境的影响，但对生态转移支付政策效果县一级的评估、验证生态转移支付政策动态变化效果、具体

① 张文彬，李国平. 国家重点生态功能区转移支付动态激励效应分析 [J]. 中国人口·资源与环境, 2015, 25 (10): 125-131.

② 缪小林，赵一心. 生态功能区转移支付对生态环境改善的影响: 资金补偿还是制度激励? [J]. 财政研究, 2019, 435 (5): 17-32.

③ 田嘉莉，赵昭. 国家重点生态功能区转移支付政策的环境效应——基于政府行为视角 [J]. 中南民族大学学报 (人文社会科学版), 2020, 40 (2): 121-125.

④ 李国平，李潇. 国家重点生态功能区的生态补偿标准、支付额度与调整目标 [J]. 西安交通大学学报 (社会科学版), 2017, 37 (2): 1-9.

⑤ 赵一心. 我国生态功能区转移支付的生态环境效应 [D]. 云南财经大学, 2019.

⑥ 刘炯. 生态转移支付对地方政府环境治理的激励效应——基于东部六省 46 个地级市的经验证据 [J]. 财经研究, 2015, 41 (2): 54-65.

的研究影响生态转移支付政策实行效果的因素的文献比较少。但受限于生态功能县域数据的难获得以及数据的不连贯性等因素，研究存在较多困难。

7.2.2 生态功能区转移支付政策的激励效应研究

生态功能区转移支付作为一项激励性的生态补偿政策，在激励机制的设置上仍具有较大的完善空间。生态转移支付政策的激励效应研究，国外相关研究较少。Santos 等学者研究了葡萄牙的生态转移支付机制后发现，财政紧张、生态保护区面积大的地区能得到更多的转移支付资金，加强与生态保护区的沟通交流，建立通畅的沟通机制可以加强生态转移支付制度的激励效应。[①] Sauquet 研究了巴西生态保护区实行的生态补偿相关政策，发现生态转移支付的资金使用效率受到地方政府的环保决策影响，而地方政府的环保决策又受很多因素影响，替代性选择的存在减弱了生态转移支付制度的激励效应。[②]

国内关于生态功能区转移支付政策的激励效应研究较少，且受限于数据的难获得性，现有研究也多集中于一个或几个省份的研究。刘炯将不同省份的生态转移支付激励办法分成"奖励型"和"惩罚型"两类，实证检验后发现，"奖励型"的激励办法更有利于引导地方政府加大生态环境保护投入，"惩罚型"激励办法则在环境规制的建立层面有一定促进作用。他还得出了制度设计应与目标相兼容的结论。[③] 孔德帅等提出，"生态转移支付激励机制设计上，引进县级政府努力程度和外部不确定等可观测变量

① Santos R, Ring I, Antunes P, et al. Fiscal transfers for biodiversity conservation: The Portuguese Local Finances Law [J]. Land Use Policy, 2012, 29 (2): 261-273.
② Sauquet A, Marchand S, Féres J G. Protected areas, local governments, and strategic interactions: The case of the ICMS - Ecológico in the Brazilian state of Paraná [J]. Ecological Economics, 2014, 107: 249-258.
③ 刘炯. 生态转移支付对地方政府环境治理的激励效应——基于东部六省 46 个地级市的经验证据 [J]. 财经研究, 2015, 41 (2): 54-65.

的引入、相对绩效激励机制的改进均有助于提高生态转移支付的激励效应"。① 缪小林和赵一心确立了生态转移支付政策的环境影响机制，并验证生态功能区转移支付政策对生态环境改善的影响是发挥了资金补偿还是制度激励的作用，最终得出生态功能区的财政转移支付政策只起到了一定的经济补偿效果，其激励效果并不显著。② 马本等人系统梳理生态功能区转移支付政策，从考核办法、考核指标和政策效果方面概述了政策的激励机制。③

综上所述，国内外研究多集中在政策介绍、政策理论分析、资金分配、政策效果评估等方面。在实践效果研究方面，国外的研究方法比我国更加全面，案例分析也比较成熟。国内相关生态补偿案例研究较少，研究对象单一。由于起步较晚，国内的相关研究较少，且并未形成体系化，研究多集中在政策效果评估层面，缺乏专门地对政策激励效应的研究。已有关于激励效应的相关研究存在统计样本过于粗糙、对生态功能区转移支付具体发挥作用的影响路径描述不清的问题。在生态文明建设重要性大大增加的背景下，如何调整生态功能区转移支付政策以促进其对环境的改善作用，如何更好地发挥政策的激励作用，如何提高生态转移支付的资金使用率，这些问题都需要通过实证来获得答案，也有助于丰富生态转移支付的研究成果。

7.3　生态补偿政策特征与激励偏差

7.3.1　政策目标特征与激励偏差

公共政策制定时，首要考虑的是政策目标。政策目标决定了公共政策

---

① 孔德帅，李铭硕，靳乐山. 国家重点生态功能区转移支付的考核激励机制研究 [J]. 经济问题探索，2017（07）：81-87.
② 缪小林，赵一心. 生态功能区转移支付对生态环境改善的影响：资金补偿还是制度激励？[J]. 财政研究，2019，435（5）：17-32.
③ 马本，孙艺丹，刘海江等，国家重点生态功能区转移支付的政策演进、激励约束与效果分析 [J]. 环境与可持续发展，2020，45（4）：42-50.

的走向，引导着后续公共政策的制定。政策目标的特征一定程度上会影响政策的激励效应的强弱，继而影响政策的实施情况。政策目标特征主要有可测量性、维度、时效和层次等方面。根据生态功能区转移支付政策的特征，本节主要从生态功能区转移支付政策目标的可测量性、维度与层次来进行阐述。

一、生态功能区转移支付政策目标的可测量性

政策目标的可测量性指的是政策目标可以量化衡量的程度，比如，生态功能区转移支付政策的两个目标，即"引导地方政府加强生态环境保护"和"提高重点生态功能区政府的公共服务保障能力"①，二者都属于易于衡量的政策目标。前者可以通过进一步具体化为"地方政府有无加大对生态环境保护的各方面投入"，通过县区政府生态环境保护投入指标进行测量政策目标有无达成；后者是否达成可以通过学龄儿童净入学率、每万人口医院（卫生院）床位数、参加新型农村合作医疗保险人口比例等指标来进行衡量。政策目标清晰明确、易于测量，有利于政策目标达成；反之，若政策目标难以衡量，会直接影响绩效指标的选取，会造成最后的激励偏差。

政策目标的可测量性主要由政策目标的测量技术难度和信息不对称程度来决定的。测量技术难度属于客观因素，信息不对称程度属于主观因素，有些政策目标难以衡量是否达成，是因为受限于当下的技术发展水平，有的则是因为存在信息不对称问题。在政策执行过程中，因为种种因素，委托人对代理人的行为难以进行全过程的监督，那么就存在委托人、代理人之间的信息不对称问题，信息不对称程度越高，政策目标的量化越难以和代理人本身特征相匹配，那么就会使得委托人所设计的激励机制难以发挥作用，无法解决信息不对称带来的道德风险和逆向选择问题。就生态功能区转移支付政策而言，政策目标是改善生态环境和提升公共服务保障能力，政策制定方是财政部，政策实施对象是 800 多个县（区、市），政策实施对象数量众多、分布范围广、情况复杂，又因为政策制定方和政

① 《2012 年中央对地方国家重点生态功能区转移支付办法》，财政部官网文件。

策实施对象之间隔着省级政府与市级政府，存在严重的信息不对称问题，如果要对生态功能区进行基于生态环境保护行为的绩效考核，可能会面临极高的监督管理成本，降低政策效率，中央政府难以观察、监督生态功能区政府的行为，只能通过验收结果来进行考核，所以设置了生态环境 EI 指标，从空气质量、水质、林地覆盖率，污染物排放等多个角度来考量，激励机制的设计也是根据生态功能区改善环境的结果来进行资金奖惩。"主要采取采取定期普查、年度抽查以及专项检查相结合的方式进行绩效评估，每 3 年对生态环境进行一次全面考核"。[①] 功能区政府每年度进行环境自查活动，上交环境自查报告，省级环保部门及财政部门对其自查报告进行审核，并进行监督环境年度抽查工作，环保部委托相关单位对考核县政府上交的资料进行审核，并不定期抽查，核查生态功能区生态环境的考核情况。[②]

综上所述，生态功能区转移支付目标虽易于量化测量，但因为政策制定方与政策对象信息不对称程度高，且政策实施对象数量多、情况复杂，导致政策目标最终只能通过一系列环境结果指标来量化测量，违背了生态功能区转移支付政策"引导"地方政府加强生态环境保护的初衷，会造成一定程度上的激励偏差。注重环境改善结果的政策指标导向会使得功能区政府更注重短期指标，而忽略长期指标，导致环境改善只在短期内颇有成效，却难以维持长期的改善结果，不利于环保工作的可持续发展。

二、生态功能区转移支付政策目标的维度

政策目标维度指的是政策的目标有不同方面的内容，如表 7.6 所示，生态功能区转移支付政策从 2009—2019 年的政策目标一直是生态环境保护方面和公共服务保障方面的相关目标，双重目标的设置使得生态功能区政府在获得转移支付后的支出有了选择的空间。当前重点生态功能区普遍处于财政困境中，这是因为绝大部分重点生态功能区都定位为限制或禁止开发区，限制高污染、高能耗、高物耗产业的发展，产业发展政策受限，本

---

① 《2011 年中央对地方国家重点生态功能区转移支付办法》，财政部官网文件。
② 《2016 年国家重点生态功能区县域生态环境质量监测、评价与考核工作实施方案》

身经济基础又较差，财政收支矛盾明显。迫于现实，重点生态功能区转移支付资金必须绝大部分用于基本公共服务投入来保证民生，这也导致生态环境保护领域所获资金受到了挤占，形成了公共服务投入资金对环境保护投入资金的"挤出效应"。以吉林省重点生态功能区 2018 年财政支出数据为例，社会保障、医疗卫生支出、教育、一般公共服务支出等基本公共服务项目支出占县区总支出的 72%[①]，基本公共服务占据了生态功能区财政支出的大部分，再加上债务还本付息的支出后，生态功能区已无充足财力来进行其他领域的支出，甚至个别县市会形成事实上的"赤字"，种种不可控、不可防的因素对县级财政支出造成了刚性约束，双重目标的设置减弱了政策本身对功能区政府保护环境的激励效应，功能区政府自身的财政困境加剧了这种对环境保护不利的局面。

双重目标的设置是政策目标维度之间的冲突，这种冲突导致激励机制设计的难度加大，一个目标的达成的代价是另一个政策目标的被忽视，容易产生激励偏差。虽然从 2012 年开始，"基本公共服务"相关指标除从指标考核体系被剔除，2016 年后，政策文件中加强了对生态环境保护的强调，"生态文明建设""生态环境保护"等词被反复提及。但截至 2019 年，生态功能区转移支付政策还是双重目标并举，两个目标设定削弱了各区域政府对环境的改进动力，目标之间存在冲突，地方政府财政上存在的困境，资金的有限程度造成了公共服务资金投入对环境保护投入的资金"挤出效应"。公共服务的保障致使环境保护被忽视，生态功能区转移支付政策双重目标的设置已经产生了激励偏差。

表 7.6　2009—2019 年生态功能区转移支付政策目标表

年份	文件名	政策目标
2009	《国家重点生态功能区转移支付（试点）办法》	引导地方政府加强生态环境保护力度，提高国家重点生态功能区所在地政府基本公共服务保障能力

---

① 沈铭涵. 吉林省重点生态功能区县域财政困境问题研究 [D]. 吉林大学，2020.

续表

年份	文件名	政策目标
2011	《国家重点生态功能区转移支付办法》	同 2009 年办法
2012	《2012 年中央对地方国家重点生态功能区转移支付办法》	同 2009 年办法
2016	《2016 年中央对地方重点生态功能区转移付办法》	维护国家生态安全，促进生态文明建设，引导地方政府加强生态环境保护，提高国家重点生态功能区等生态功能重要地区所在地政府的基本公共服务保障能力
2017	《中央对地方重点生态功能区转移支付办法》	贯彻党中央、国务院要求，落实绿色发展理念，推进生态文明建设，引导地方政府加强生态环境保护，提高国家重点生态功能区等生态功能重要地区所在地政府的基本公共服务保障能力
2018	《中央对地方重点生态功能区转移支付办法》	同 2017 年办法
2019	《中央对地方重点生态功能区转移支付办法》	同 2017 年办法

注：表格内容来自财政部官网 2009—2019 年《国家重点生态功能区转移支付办法》政策文本

三、生态功能区转移支付政策目标的层次

政策目标具有不同的层次，通常可以划分为基本目标和具体目标。基本目标是某项政策的宏观方向上要达到的目标，一般来说，模糊且范围广。生态功能区转移支付政策的基本目标便是引导生态功能区政府加强生态环境保护和提高生态功能区政府提供公共服务的保障能力。基本目标具有指向性，但进一步的工作还是需要具体目标来划分指引。具体目标是指政策在实践中需要达成的内容，一般来说是按照层级、阶段来划分的。中央政府将政策的基本目标设定后，各省市应按照自身实际情况将目标层层分解，但就生态转移支付政策而言，基本目标确定后，多数省级政府直接继承了中央的基本目标，并未再设置具体目标，如表 7.7 所示，而是继续将目标模糊化，要求生态功能区所在政府改善环境，保障公共服务提供。这样做有一定的合理性，重点生态功能区情况复杂，各个县（区、市）环

境迥异，财政压力突出，盲目设定改善目标，可能会迫使县区政府将保障基本民生的资金投入生态环境保护中，加剧原有的财政困境，不利于生态功能区环境的长期发展。但模糊的政策目标，使得功能区政府拥有了极大的操作空间，最终形成的政策结果可能与政策初衷背离，造成激励偏差。

表 7.7　部分地区生态功能区转移支付办法政策目标表

序号	省份	文件名	政策目标
1	贵州省	《2019 年省对下重点生态功能区转移支付分配办法》	促进生态文明建设，引导并支持市县政府加强生态环境保护，提高重点生态功能区所在地政府基本公共服务保障能力
2	四川省	《四川省重点生态功能区转移支付办法》	支持地方政府加强生态环境保护，提高基本公共服务保障能力
3	甘肃省	《甘肃省国家重点生态功能区转移支付绩效评估考核管理（试行）办法》	维护国家生态安全，促进社会和谐发展，确保资金发挥效益，
4	安徽省	《安徽省重点生态功能区转移支付办法》	引导地方政府加强生态环境保护，提高国家重点生态功能区等生态功能重要地区所在地政府基本公共服务保障能力
5	广西壮族自治区	《广西壮族自治区重点生态功能区转移支付办法》	推进我区生态文明建设，引导市县政府加强生态环境保护，提高重点生态功能区等生态功能重要地区所在地政府基本公共服务保障能力
6	新疆维吾尔自治区	《新疆维吾尔自治区重点生态功能区转移支付办法》	引导地方政府加强生态环境保护力度，提高国家重点生态功能区所在地政府基本公共服务保障能力
7	辽宁省	《辽宁省中央重点生态功能区资金管理办法》	支持重点生态功能区（县、市）加强生态环境保护，提高基本公共服务保障能力
8	青海省	《青海省重点生态功能区转移支付试行办法》	引导重点生态功能区各级政府切实保障和改善民生，不断提升基本公共服务能力，重视和加强生态环境保护

续表

序号	省份	文件名	政策目标
9	海南省	《海南省重点生态功能区转移支付管理办法》	完善生态保护成效与转移支付资金分配相挂钩的机制，引导市县加强生态环境保护，提高基本公共服务保障能力
10	黑龙江省	《省对市县重点生态功能区转移支付办法》	引导地方政府加强生态环境保护，提高国家重点生态功能区等生态功能重要地区所在地政府的基本公共服务保障能力
11	陕西省	《关于下达2018年省对市县重点生态功能区转移支付的通知》	引导区县政府加强生态环境保护，提高国家重点生态功能区等生态功能重要区县所在地政府的基本公共服务保障能力
12	江西省	《省对市县重点 生态功能区转移支付办法》	引导地方政府加大生态环境保护力度，提高重点生态功能区所在地政府基本公共服务保障能力
13	吉林省	《省对市县重点生态功能区转移支付办法》	推进生态文明建设，引导市县政府加强生态环境保护，提高国家重点生态功能区等生态功能重要地区政府基本公共服务保障能力
14	内蒙古自治区	《2018年自治区对下重点生态功能区转移支付办法》	引导县乡政府加强生态环境保护，提高国家重点生态功能区等生态功能重要地区所在地政府的基本公共服务保障能力
15	广东省	《广东省生态保护区财政补偿转移支付办法》	引导市县政府加强生态环境保护，提高生态地区基本公共服务保障能力

注：表格内容搜集自各省、自治区官网与生态环境厅官网。

7.3.2 政策执行者与激励偏差

政策执行者的特征和行为也会影响政策的激励效应，政策执行者的替代性选择、执行任务的努力成本、执行者的努力程度与绩效考核结果的关系、政策执行者所处的层级等特征都会影响政策的激励效应，造成一定程度的激励偏差。本节主要从生态功能区转移支付政策执行者的这几项特征与行为出发来对政策的激励效应进行分析。

一、政策执行者的替代性选择

根据激励契约，在政策执行者可选择的行为策略集合中，若有些行为有利于政策目标的实现，有些目标则有利于政策执行者自身的利益，当两类行为都与绩效相关，最终在考核上结果是一样时，此时，有利于政策目标的行为和有利于政策执行者自身利益的行为间产生了相互替代性，最终，政策执行者会倾向于采取有利于自身的行为，导致激励结果偏离原有目标，形成激励偏差。功能区收到的生态转移支付资金属于一般转移支付，并未规定资金明确用途，政府可以将资金用在生态环境保护上，也可以用在其他有利于县（区、市）发展的领域，如县区建设投资、保障基本财政运营、公共服务投入等领域。选择生态环境保护有利于政策目标的实现，选择其他领域有利于功能区政府财政收入的增加或官员的晋升，更有利于功能区政府自身利益，尤其是在目前生态环境保护和经济发展有一定冲突的形势下，大部分县区政府倾向于将资金投入在生态环境保护以外的领域，而将环境保持在原样，仅保证获得生态功能区转移支付基础性资金，失去了进一步改善环境的动力。

生态功能区转移支付资金对资金用途并无限制，生态功能区政府的资金用途有了其他替代性选择，且在替代性选择更符合自身利益的情况下，功能区县区政府有极强的动机去挪用资金在其他领域，此时政策的执行已经形成了激励偏差，县区政府改善环境动力不足。

二、执行任务的努力成本与努力程度

政策执行者的努力成本会影响政策的激励效应的大小。执行任务期间，面对多项不同任务，在激励强度相同的情况下，政策执行者会更倾向于优先选择努力成本低的任务，推后执行努力成本高的任务。另外，不管激励强度是否相同，政策执行者会基于努力成本来进行衡量任务的最终收益。同时，政策执行者执行任务的努力程度与绩效考核结果的关系与政策的激励效应也有着密切的联系，若政策执行者越努力，绩效考核结果越好，那么此时的激励机制的设计会使得执行者受到极大的激励，反之，执行者失去动力。但如果政策执行者的努力程度与最终绩效考核结果很大程

173

度上受到随机因素的干扰，即有时政策执行者很努力，绩效结果却依然很差；有时不努力，考核结果却很好。

生态功能区涉及多个省份中的800多个县区，跨越东西，对于生态禀赋较好、自然资源丰富的功能区来说，保持生态环境不变差，难度小，努力成本低，而在原有基础上进一步改善生态环境，难度大，努力成本高，获得收益低，且努力程度与最终结果联系并不密切，很有可能不努力，环境质量也维持不变。在衡量了任务收益与努力成本的情况下，这部分县区倾向于把生态环境维持在不变差的状态。而对于生态禀赋较差，生态环境脆弱的功能区来说，生态环境改善难度大，努力成本高，且这部分功能区多位于北方地区，冬季的来临会加重雾霾，污染物浓度居高不下，使得空气质量严重变差，此时努力程度与绩效考核结果受天气影响较大，受较高的努力成本和天气的随机因素的影响，这部分县区的生态环境质量波动频繁。这也是中央对生态功能区考核中处于北方地区的功能区环境质量频频倒退，被扣罚转移支付资金的原因。

努力成本和努力程度因地区而异，两类生态功能区在受到同样的激励强度下，基于对努力成本和随机因素对努力程度与绩效考核结果的这两类因素的影响下，有了不同的回应。

三、政策执行者所处层级

在公共部门，政策执行方通常和政策制定方通常处于不同行政层级，这也就意味着政策制定方所设计的激励机制的激励效应会随着执行方与制定方的层级差距的加大而发生偏差。信息在不同层级传递时，可能会出现信息量的逐级减少或信息失真。所以，政策制定方与政策执行方层级差距越大，激励机制的设计难度就越大，激励效应就越无法达到预期。

有时公共政策的制定涉及不同层级的政府，面对诸多情况不一、特征各异的政策执行方，顶层政府制定激励契约时显然是无法顾及所有政策执行方的。此时顶层政府一般会选择将具体的激励机制设计的工作发包给下一级政府，根据实际情况来制定激励契约。在经过不同的下一级政府的契约制定后，同一政策在不同地域有了不同的偏向，激励契约也有了不同的激励力度、激励方式和激励手段。政策执行者与政策最高制定者之间的层级差距越大，所接受的激励契约差别越大。而不同的激励契约也造成了政策在不同地域的成效的差别。生态功能区转移支付政策执行方是各生态功能县（区、市）政府，政策制定方是财政部和生态环境部，在制定了政策的基本内容后，具体的转移支付办法交给了各省级政府制定，有的省级政府创新了激励办法，加大了激励力度，有的则完全按照中央政策来，用模糊的词来描述激励办法。不同的激励办法可能会造成不同的政策效果，如表 7.2 所示，各省的激励办法有着很大的区别，多数直接照搬中央的政策文件，少数在激励契约的设计上有了进一步的加强。云南、湖南、广东、浙江、福建等省的激励办法有着一定的创新，并且力度较之于其他省份更大。云南省的生态环境考核结果不仅与生态转移支付资金相挂钩，更在一定程度上影响着干部的绩效考核。湖南省则直接将环境考核结果与生态工程项目资金分配挂钩，环境考核结果影响着县（市、区）政府的财政收入与建设项目资金。广东省是第一个激励性补偿资金超过基础性补偿的省份，浙江省建立了比较完善的生态环境保护奖惩机制，福建省的激励资金数规模较大。

而且，政策目标在经过省一级政府的解释后，部分省份的政策目标开始改变。生态功能区转移支付的侧重点从生态环境保护变成了扶贫，在部分省市，甚至生态功能区转移支付办法的官方文件，是直接从该省市扶贫办发出，如萍乡市、南阳市、宜昌市等。

生态功能区转移支付政策执行方是层级较低的区县级政府，所以最终功能区政府所接受到的政策激励契约是经过了中央和省级政府这两个层级的，不同的省级政府对政策的回应程度不一样，所设计的激励机制在目标的侧重、激励办法的详细程度、激励力度等方面有所区别，不同的激励方式对不同地区生态功能区转移支付的最终效果产生了不同的影响，甚至会造成激励偏差。

7.3.3 政策手段特征与激励偏差

公共政策执行中为了实现政策目标所使用的工具和方法就是我们通常

所说的政策手段。政策手段有不同的形式，政府或直接通过命令控制政策工具进行管制；或采用市场机制调动各方积极性，使用经济激励的形式达成政策目标；或通过社会化手段，尽可能多地利用社会资源，在与社会公众各方互动的基础上达成政策目标。[①] 具体的政策手段一般包括资金奖励、提拔、表彰等正向激励手段，或资金处罚、约谈、通报批评、问责等负向激励手段。政策采用的激励手段会影响政策的激励效应，继而最终影响政策的成效。

一、政策手段实施或执行依据

政策手段的实施有其实施依据，通过一定的标准或若干考核指标来进行。政策实施标准和考核指标是政策激励机制设计中极为重要的环节，执行标准或考核指标需与政策目标方向尽可能一致，否则将会出现一定程度的激励偏差；执行标准和考核指标需尽可能容易测量，这样有利于建立清晰的激励依据，减轻激励契约的传达过程中激励偏差产生的程度。此外，实施标准或激励依据与政策奖罚结果的挂钩机制也与政策的激励效应有极大关联，政策实施标准与最终执行方所获得的奖励结果相关联越大，政策执行方所感受到的激励契约的强度就越大，越有可能朝着预期政策目标方向努力。

生态功能区转移支付政策是一项以资金奖励为主的环境保护类政策，通过对生态功能区进行转移支付的方式引导激励功能区政府加大生态环境保护的力度，可以说转移支付资金的发放标准与考核指标的设置是该项政策激励效应是否强弱、是否会造成激励偏差的关键因素。然而从资金分配公式来看，该政策资金的发放标准中扶贫属性大于生态环境保护属性。重点生态功能区转移支付的资金分配主要根据地方财政缺口进行分配，财政缺口与补助系数的乘积便是功能区所获资金的绝大部分，分配标准中便能看出政策对生态环境保护重视不足，政策本身的扶贫作用大于对生态环境改善的促进作用。如表7.8所示，中央发布的生态功能区转移支付办法政策文件中，2009—2019年资金分配公式显示，生态转移支付资金分配始终

---

① 杨洪刚. 中国环境政策工具的实施效果及其选择研究 [D]. 复旦大学, 2009.

以功能区的财政缺口为核心，其他具有生态环境保护属性的补助所占资金分配比例较小，如禁止开发补助、引导性补助等。如 2017 年的资金分配，重点补助、禁止开发补助、引导性补助、生态护林员补助、考核激励和考核扣减的地方合计额度分别为 436.82 亿元、55 亿元、113.67 亿元、24 亿元、1.92 亿元和-4.41 亿元；2018 年，5 种补助及地方合计额度分别为 519.13 亿元、55 亿元、121.68 亿元、34 亿元、2.03 亿元和-4.14 亿元。[①] 重点补助始终是转移支付中占比最大的支付类型，其次是引导性补助和禁止开发补助，新增的生态护林员补助、考核奖励和考核扣减数额相对较少，尤其是考核奖惩资金数额较少。而根据政策文件，就重点生态功能区本身而言，其补助主要来源于根据财政缺口计算的补助资金和改善环境效果突出所得到的奖励资金，在补助资金远大于奖励资金的情况下，生态功能区政府更倾向于将生态环境维持在稳定的水平以获得比重较大的补助资金，而不是增加对环境保护的投入来获得比重较小的奖励资金。在资金分配标准上，生态功能区转移支付政策体现了对生态环境改善激励不足的特征。

在资金分配依据与奖罚结果的挂钩机制上，生态功能区转移支付政策也是模糊不清的，环境改善后该奖多少、怎么奖励，具体见表 7.9，除 2009 年的政策文件明确指出，环境恶化转移支付资金的 20% 暂缓下达，后续的政策文件中并未指出奖罚的资金比例，"对生态环境明显改善的县，适当增加转移支付。对非因不可控因素而导致生态环境恶化的县，适当扣减转移支付"[②]，只用了适当一词。模糊不清的奖惩标准不利于功能区政府改善环境的激励效应的加强。

生态功能区转移支付政策资金分配标准与政策目标方向并不一致，扶贫的意义大于生态环境改善，激励依据模糊不清，与最终奖罚结果关联度较小，环境改善后得到的奖励的资金规模也远不如政策根据财政缺口计算的基本资金，种种因素导致政策激励效应发生了偏差。

① 马本，孙艺丹，刘海江等，国家重点生态功能区转移支付的政策演进、激励约束与效果分析 [J]. 环境与可持续发展，2020, 45（4）：42-50.
② 《2012 年国家重点生态功能区转移支付办法》，财政部官网文件。

表 7.8　2009—2019 年中央对地方生态功能区转移支付资金分配公式表①

年份	文件名	分配公式
2009	《国家重点生态功能区转移支付（试点）办法》	某省（区、市）国家重点生态功能区转移支付应补助数＝（∑该省（区、市）纳入试点范围的市县政府标准财政支出－∑该省（区、市）纳入试点范围的市县政府标准财政收入）×（1-该省（区、市）均衡性转移支付系数）+纳入试点范围的市县政府生态环境保护特殊支出×补助系数
2011	《国家重点生态功能区转移支付办法》	某省（区、市）国家重点生态功能区转移支付应补助数＝∑该省（区、市）纳入转移支付范围的市县政府标准财政收支缺口×补助系数+纳入转移支付范围的市县政府生态环境保护特殊支出+禁止开发区补助+省级引导性补助
2012	《国家重点生态功能区转移支付办法》	某省国家重点生态功能区转移支付应补助额＝∑该省限制开发等国家重点生态功能区所属县标准财政收支缺口×补助系数+禁止开发区域补助+引导性补助+生态文明示范工程试点工作经费补助。
2016	《2016 年中央对地方重点生态功能区转移支付办法》	某省重点生态功能区转移支付应补助额＝重点补助+禁止开发补助+引导性补助±奖惩资金
2017	《中央对地方重点生态功能区转移支付办法》	某省重点生态功能区转移支付应补助额＝重点补助+禁止开发补助+引导性补助+生态护林员补助±奖惩资金
2018	《中央对地方重点生态功能区转移支付办法》	同 2017 年办法
2019	《中央对地方重点生态功能区转移支付办法》	同 2017 年办法

---

① 部分文件来自于财政部官网，部分来自于作者收集。

表 7.9　2009—2019 年生态功能区转移支付的政策奖励与惩罚表①

年份	文件名	激励约束办法
2009 （试点）	《国家重点生态功能区转移支付（试点）办法》	并依据考核结果，采取相应的奖惩措施。 对于生态环境得到显著改善的区域，中央财政将给予相应的奖励。对生态环境状况继续恶化的地方，可按 20% 的比例给予财政补助。连续 3 年生态环境质量下降的乡镇，在下一年内将不能享受到这一资金。
2011	《国家重点生态功能区转移支付办法》	于生态环境得到显著改善的区域，中央财政将给予相应的奖励。对生态环境恶化的区域，按一定比例暂停发放或停止发放，并在生态环境得到改善后再进行。
2012	《2012 年中央对地方国家重点生态功能区转移支付办法》	根据评估结果采取相应的奖惩措施。对生态环境明显改善的县，适当增加转移支付。对非因不可控因素而导致生态环境恶化的县，适当扣减或直接扣除转移支付。
2016	《2016 年中央对地方重点生态功能区转移支付办法》	根据考核评价情况实施奖惩，激励地方加大生态环境保护力度，提高资金使用效益。
2017	《中央对地方重点生态功能区转移支付办法》	同 2016 年支付办法
2018	《中央对地方重点生态功能区转移支付办法》	同 2016 年支付办法
2019	《中央对地方重点生态功能区转移支付办法》	同 2016 年支付办法

二、政策手段的激励强度

公共政策的政策手段的激励强度也会影响政策对政策执行方的激励效应。当前，生态功能区转移支付的主要政策手段是经济激励。环境保持原样会得到绝大部分的基础资金，环境改善会得到基础资金和奖励资金，环境恶化会扣掉部分或全部转移支付资金，并不涉及县（区、市）的绩效评估。而很显然单纯的资金奖励的激励力度是远不如其他环境保护政策的激

---

① 部分文件来自于财政部官网，部分来自于作者收集。

励力度的。例如，2007 年《节能减排综合性工作方案》采用了节能减排问责制和"一票否决制"，节能减排相关指标成为领导干部绩效考核的重要指标，并公开通报批评减排工作出现问题的地方政府，书面警告减排任务完成不到位的地方政府，并辅以约谈的措施，强化行政问责和后续的责任追究。2016 年开始的中央环保督察直接以督察组的形式进驻各省，并采用行政约谈的方式，给了地方政府极强的威慑力。生态功能区转移支付政策和其他政策相比，仅以资金奖罚作为政策的奖惩措施，政策手段的激励力度较为微弱，无法对功能区政府造成震慑力，与晋升相关度不高，也不够吸引功能区政府。

此外，同一政策采用不同激励强度的政策手段的最终结果也会有所不同。中央在制定了生态功能区转移支付政策的基本转移支付办法以后，将具体的激励办法的设置工作移交给了下一级的省级政府，"省级财政部门要根据本地实际情况，制定省对下国家重点生态功能区转移支付办法，规范资金分配，加强资金管理"。[①] 部分省份直接沿用了中央模糊不清的激励办法，部分省份详细地制定了激励办法，加强了激励力度。各省级政府激励办法的激励强度是有一定区别的，如表 7.2 所示，云南、湖南、广东、浙江和福建等省都在原有中央支付办法的基础上，加大了资金奖励和扣罚的力度，云南省甚至将生态环境治理考核结果和县委书记的考核分数相挂钩。这也造成了各地生态转移支付政策实施成效不一的结果。

7.3.4　政策实施对象特征与激励偏差

政策实施对象即政策目标。政策目标的相关特征会影响政策执行对象对政策的激励效应的回应程度，以及激励偏差可能会发生的可能性。一般的公共政策的政策对象都是社会公众群体，生态功能区转移支付政策的实现对象是县区本身，功能区政府作为政策执行主体。为了持续获得生态转移支付资金，加大对县区环保领域的人力、物力的投入，以达到生态环境

①　《2012 年国家重点生态功能区转移支付办法》，财政部官网文件。

改善的政策目标。而县区本身的经济发展情况和生态环境禀赋会影响政策对县区政府的激励效应。

一、县区的经济发展情况

县区的财政情况和产业形式会影响政策对县区政府的激励效应，这是因为若生态功能区经济发达，则财政收入较为充裕，财政收入和财政支出的矛盾较小，将生态转移支付资金挪用至其他领域动机相较于经济不发达地区更弱。县区的产业支柱类型也会影响政策对县区的激励效应。若县区的经济支柱产业多为污染较为严重的重工业，此时经济发展与环境保护冲突严重，生态功能区转移支付所补偿的资金远远无法弥补功能区政府放弃发展重工业的机会成本，此时功能区政府有充足的动力去发展重工业产业获得更多财政收入，而非大力改善环境去获得较少的奖励资金。而当县区的经济支柱产业与当地的生态环境关联较大，即旅游业等服务业较为发达时，如海南省的三亚市、湖南省的凤凰县、四川省的九寨沟县和云南省的玉龙纳西族自治县等生态功能区，此时改善生态环境与财政收入的增加相联系，功能区政府所受到的激励效应增强，有了更为充足的动力去改善生态环境。

二、县区的自然资源禀赋

生态功能区自然条件千差万别，在生态环境保护和改善的过程中所需花费的成本也不同。有天然优势的生态功能区，在维持环境质量时，所需投入的人力、物力资源较少，在无极端外部情况出现的情况下，环境受外界因素影响不大，生态环境总体能以较少的成本维持在一个相对稳定的情况下，而环境得到进一步的改善所需花费的成本多、收益小。衡量成本与收益，在环境改善后得到的奖励资金只占能获得的生态转移支付资金极小一部分的情况下，自然资源禀赋好的功能区倾向于保持生态环境不变差，失去了进一步改善环境的动力。而对于生态较为脆弱的生态功能区，环境状况波动剧烈，维持生态环境需要花费极多的资金投入，生态环境变差代表着下一年度所有的生态转移支付资金无法下达。生态环境脆弱的县区会根据自身经济发展状况选择不同的回应方式，财

政收入与支出矛盾大的地区，会选择努力维持生态环境不变差，而其他
经济发达县区会在比较了税基产业与保护环境所得到的补偿是否冲突的
情况下选择生态环境支出数额。

第 8 章 环境问责、中央环保督察与激励效果

8.1 政府环境问责制的内涵

8.1.1 行政问责制的内涵

在公共行政领域，杰 M 谢菲尔茨在《公共行政实用辞典》中首次对"问责"进行了概念界定，即"由法律或组织授权的高官，必须对其组织职位范围内的行为或其社会范围内的行为接受质问、承担责任。"[①] 后来，在委托——代理理论框架下，西方学者对问责的概念重新进行了界定，"问责是指委托方和代理方之间的一种关系，即获得授权的代理方个人或机构有责任就其所涉及的工作绩效向委托方作出回答。"[②] 我国"问责"的出现是从 2003 年"非典"疫情开始的，自此，很多学者对"行政问责制"的概念进行了界定。周亚越指出，"行政问责制是指特定的问责主体针对各级政府及其公务员所承担的职责和义务的履行情况而实施的、并要求其承担否定性结果的一种规范。"[③]

很多学者还针对行政问责制的内容进行了研究，整体来看，行政问责

---

① Jay M. Shafritz. The facts on file dictionary of public administration [M]. New York：Facts On File Publications，1985.

② Jay M. Shafritz. International encyclopedia of public policy and administration [Z]. Colorado：Westview Press，1986. 6.

③ 周亚越. 行政问责制的内涵及其意义 [J]. 理论与改革，2004 (4).

制应包含问责主体、问责对象、问责程序、问责范围、问责结果等内容。行政问责的主体可归为两类——同体问责主体和异体问责主体。同体问责主体主要包括上级党委和政府；异体问责主体则包括司法机关、媒体、各种社会团体与公众等。在行政问责制的问责对象方面，学界并未达成共识，一部分学者认为行政问责的对象只包括领导干部，还有一些学者则主张，不仅要对领导干部进行行政问责，还要对一般公务员进行问责。行政问责制的程序主要有问责制的过程和问责方法。关于责任范围的定义，学术界也有分歧，一部分学者认为问责范围应只包括非常态事件，另外一部分学者认为问责范围还应包括日常行政管理中的执行不力、效率低下等问题。

8.1.2　环境问责制的内涵

环境问责制，又可称为生态问责制、环保问责制、政府生态绩效问责制等。学者对于环境问责制概念界定的最大分歧在于问责客体范围的确定。一方面，部分学者认为环境问责制的问责客体应包括除政府以外的肇事企业负责人。余韵认为，环保问责制就是按照一定的程序，对政府环保责任的履行情况进行检查考评，对因为行政不作为而造成环保责任缺失的地方政府、政府主要负责人、分管环保工作的负责人、环保行政主管部门负责人以及肇事企业负责人等相关责任人追究失职责任。[①] 另一方面，多数学者认为，环境责任的对象应该仅限于各级政府和公务员。范俊荣指出，环境问责制度是针对各级政府、环境主管部门和政府官员在环境保护方面所做的工作和行为的责任追究制。[②] 还有学者从法学的角度对环境问责制进行界定。康建辉、李秦蕾认为政府环境责任制度是指以实现环境法治、保障社会公众环境权益为终极目的的具体责任主体，对各级政府、各部门和政府官员所承担的环境保护责任的履行情况实施监督，并依据一定

---

① 余韵. 政府的环保责任与环保问责制度的建立 [J]. 长江大学学报（社会科学版），2007（01）：88-91.
② 范俊荣. 浅析我国的环境问责制 [J]. 环境科学与技术，2009，32（06）：185-188+205.

的程序对其环境违法行为予以责任追究。① 另外，部分学者进行了补充，认为环境问责制应包括权利客体表达自身行为绩效和权利主体对其绩效进行评估并予以相应奖罚。②

环境问责制是行政问责制度在环境保护领域的具体应用，是指特定的问责主体针对各级政府及其工作人员在环境保护工作中的履职情况、工作绩效及其社会效果进行质询并要求其承担相应的处理结果的一种规范，其内容应包括问责主体、问责客体、问责范围、问责程序、问责结果等方面。

8.1.3 环境问责制对环境污染治理的影响研究

环境问责制是否对环境政策执行有显著影响？有学者认为问责制在一定程度上改善了地方政府环境政策的执行情况。③④ 有学者关注了环境问责对于不同特征污染物治理的影响，得出其对于约束性污染物、可见度高、易测量的污染物的减排效果更明显等结论。⑤⑥⑦ 毛晖等从上级问责、同级竞争、外部公众诉求三个角度切入，研究其对地方政府环境治理的影响。研究发现，来自上级的环境问责对于地方环境污染治理的驱动作用最为显

① 康建辉，李秦蕾. 论我国政府环境问责制的完善 [J]. 环境与可持续发展，2010，35（04）：62-65.
② 谢中起，龙翠翠，刘继为. 特质与结构：环境问责机制的理论探究 [J]. 生态经济，2015，31（05）：122-126.
③ 梅赐琪，刘志林. 行政问责与政策行为从众："十一五"节能目标实施进度地区间差异考察 [J]. 中国人口·资源与环境，2012，22（12）：127-134.
④ HARRISON T, KOSTKA G, "Manoeuvres for a LowCarbon State：The Local Politics of Climate Change inChina and India ", Development Leadership Program, 2012.
⑤ 吴建南，徐萌萌，马艺源. 环保考核、公众参与和治理效果：来自31个省级行政区的证据 [J]. 中国行政管理，2016（09）：75-81.
⑥ 石庆玲，郭峰，陈诗一. 雾霾治理中的"政治性蓝天"——来自中国地方"两会"的证据 [J]. 中国工业经济，2016（05）：40-56.
⑦ Wu J, Xu M, Zhang P, "The Impacts of GovernmentalPerformance Assessment Policy and Citizen Participa-tion on Improving Environmental Performance Across Chinese provinces ", Journal of Cleaner Production, 2018.

著，同时发现另外两种机制对于环境污染治理也有一定的正面影响。①

在我国环境污染治理实践中，政府环境问责制经历了从针对重大环境污染事件和群体性事件的事后问责向常态化问责的转变，政府环境问责的相关制度规范也得以逐步建立。制度设计不再局限于对突发重大环境事件的事后处置，而是逐渐开始对虽然没有造成重大环境污染事件，但是在完成日常环境治理工作的过程中存在失职行为等常态化情形进行追责。最具代表性的制度安排就是将目标责任制引入环境治理领域，并且实行严格的绩效考核和责任追究制度，通过设置资源环境约束性指标来强化地方政府资源环境保护责任，跟踪考核领导干部落实资源环境保护责任的情况，再依据考核结果对失职干部进行责任追究甚至"一票否决"。

"十一五"规划首次将主要污染物排放总量减排列为约束性指标，落实了地方的环境监督和保护责任，并且实行严格的绩效考核和责任追究制度。随后配套出台了《单位 GDP 能耗考核体系实施方案》，根据该方案，省政府的考核结果分为超额完成、完成、基本完成、未完成 4 个等级，考核等级为"未完成"的省政府，国家暂停对该地区新建高耗能项目的审批，并且取消其领导干部参与年度评优评奖资格。②"十二五"期间进一步采用了上下级政府间签订目标责任书的方式，将环境保护责任层层落实到地方政府。"十三五"期间出台了《"十三五"节能减排综合工作方案》，提出了由国务院组织实施的年度节能减排目标责任制评估制度，并将其纳入省级政府领导干部考核中，对未能达到节能减排指标的地方进行问责，对未能实现节能减排指标的地方政府进行通报批评和约谈。③ 与此同时，各省也根据国家政策出台了相关规定，对下级政府进行绩效考核，对未完成目标任务的下级地方政府进行问责。

---

① 毛晖，张鸿景，甘军. 地方政府环境治理的动力何在？ [J]. 学习与探索，2019 (12)：114-122.

② 《单位 GDP 能耗考核体系实施方案》，参见中国政府网 http：//www. gov. cn/gongbao/content/2008/content_ 848836. htm.

③ 《"十三五"节能减排综合工作方案》，参见中国政府网 http：//www. gov. cn/gong-bao/content/2017/content_ 5163448. htm.

在政府环境问责实践中，主要存在环境绩效考核制度、环保约谈制度以及环保督察制度。在传统的环境绩效考核制度中，上下级政府共谋完成绩效指标、地方政府官员通过数据造假等途径完成环境污染治理任务，导致地方环境污染问题难以得到有效改善。[①] 针对传统生态绩效考核制度这一失灵现象，为了进一步提升环境治理的效果，中央又进一步出台了环保约谈制度和环保督查制度，并且引入了异体问责机制，赋予了公众参与环境治理的权利，环境治理领域的问责机制逐步完善，从而不断促进环境治理效率的提升。

一、环境绩效考核制度

将环境绩效指标纳入领导干部考核体系，实现了对地方政府官员环境治理的激励约束。在晋升锦标赛模式下[②]，地方官员之间存在着激烈的竞争行为，地方官员若未能完成上级下达的任务指标，将会在晋升中面临一票否决和降职、免职等风险。将环境保护指标纳入领导干部绩效考核以来，环境保护类指标也成为官员晋升的标准。2007 年颁布的《主要污染物总量减排考核办法》中对主要污染物设置了约束性指标，并将该指标层层分解至各级政府，对各级政府的各项指标进行评价，将其评价结果作为干部考核评价中的一项重要指标，并实施"一票否决"制度，实行严格的问责制。生态绩效考核制度将政府的环保政绩绩效纳入官员的晋升考核，并且在上下级政府间引入问责机制，在下级政府未能完成环境任务指标时，上级政府将对其进行问责，下级政府为了规避问责风险，将会加大对环境治理的投入，积极提高环境治理效率。很多学者的研究证明了这一问责机制的有效性。孙伟增、罗党论的研究表明，将环保政绩考核纳入官员晋升激励能为城市环境治理带来积极影响。[③] 吴建南研究发现，较之非约束性

---

① 冉冉. "压力型体制"下的政治激励与地方环境治理 [J]. 经济社会体制比较，2013（03）：111–118.

② 周黎安. 中国地方官员的晋升锦标赛模式研究 [J]. 经济研究，2007（07）：36–50.

③ 孙伟增，罗党论，郑思齐，万广华. 环保考核、地方官员晋升与环境治理——基于 2004—2009 年中国 86 个重点城市的经验证据 [J]. 清华大学学报（哲学社会科学版），2014，29（04）：49–62+171.

指标，实施环保考核对约束性污染物的减排效果影响更加明显，其原因是政府内部存在自上而下强有力的环境问责机制，地方政府在未完成约束性指标时将会被问责。[①]

司林波研究了环境绩效问责的运作机制，指出政府环境绩效问责制是一种新型的、基于政府环境绩效责任评估的行政问责机制。并且以目标管理为理论依据，提出了一个完整的环境绩效问责机制——包括绩效责任机制、评估机制、回应机制、奖惩机制以及绩效改进机制等五大部分。[②] 其中绩效责任机制的核心是确定问责对象的责任目标体系；评估机制则主要包括评估指标的建立、问责主体的确立；回应机制指政府对于公众环保诉求的响应，在实践中可通过地方政府在环境治理中的努力程度来体现；绩效奖惩机制则是对超额完成绩效目标的奖励和对未完成绩效目标的问责；绩效改进机制则是指针对绩效结果而采取的各种绩效改进措施。

二、环保约谈制度的作用机制

环保约谈机制是一种"跨层级"权力运作机制，包括国家层面和地方层面的约谈，根据 2014 年环保部颁发的《环境保护部约谈暂行办法》规定，国家层面的约谈即"环境保护部约见未履行环境保护职责或履行职责不到位的地方政府及其相关部门有关负责人，依法进行告诫谈话、指出相关问题、提出整改要求并督促整改到位的一种行政措施"。而地方层面的约谈则是指地方环保机构对其下级政府或企业进行的环保约谈。[③] 对地方环境治理而言，环保约谈制度发挥作用的原因可以从环保约谈中的行政压力、舆论压力以及协商沟通等 3 个方面来分析。第一，环保约谈机制通过给地方政府施加行政压力来发挥作用，这种行政压力可能来源于两方面：一是中央环保部约谈地方政府后可能会采取区域限批以及挂牌督办等行政

① 吴建南，徐萌萌，马艺源. 环保考核、公众参与和治理效果：来自 31 个省级行政区的证据 [J]. 中国行政管理，2016（09）：75-81.

② 司林波，刘小青，乔花云，孟卫东. 政府生态绩效问责制的理论探讨——内涵、结构、功能与运行机制 [J]. 生态经济，2017，33（12）：208-212+222.

③ 任丙强，靳子乐. 环保行政约谈制度探析 [J]. 中国特色社会主义研究，2018（02）：90-95.

性措施，且约谈对象是地方政府主要领导，因此能将行政压力直接传递到地方政府主要领导身上；二是环保约谈会给地方政府带来心理压力，这种心理压力主要来源于约谈主体的权威性，这种"跨层级"的约谈通常会被认为是一种批评，并且可能影响地方政府领导人的政绩与晋升，因此给地方官员造成了一种心理压力。第二，环保约谈通过舆论压力来对地方政府行为产生影响。首先，因为环保约谈是公开进行的，地方政府将面临媒体舆论所带来的社会压力；其次，随着舆论的发酵，这种约谈可能引起上级政府的关注，被约谈的地方政府被广泛报道后可能会累及其直接上级政府；再者，媒体舆论可能转化为问责风险，例如一些生态问题经过媒体的反复报道，影响范围不断扩大，会导致地方官员被问责。第三，环保约谈的协商对话特征有利于中央与地方在环境问题和整改措施方面建立共识。环保约谈包括约谈方提出问题和整改要求与期限、被约谈方就问题具体情况进行说明并表达对整改要求的意见等程序，这一协商对话程序赋予了地方政府说明和讨论的权利，因此更容易接受中央提出的意见与批评。

三、环保督察的作用机制

环保督察是一种针对常规环境治理机制失效而启动的纠正机制，其能够通过强化各部门的责任将具体的行政问题转变为政治问题，从而实现大范围动员来完成治理。其发挥作用的逻辑在于通过打破按部就班的科层理性来实现政治逻辑代替行政逻辑，从而保证动员机制的高效率和应急能力。[1] 中央环保督察实现了对央地环境治理关系的调适，其发挥作用的逻辑可以从任务属性、目标导向、运行过程 3 个方面进行分析。[2] 第一，从任务属性来看，中央环保督察是中央对地方环境治理工作进行的巡察，因此具有典型的任务政治性。由于政治站位高、督察主体层级高，中央环保督察对地方政府形成了超越常规的督办压力，地方政府必然会采取积极的回应方式。第二，从目标导向来看，环保督察是针对突出问题和任务的专

[1] 周雪光. 运动型治理机制：中国国家治理的制度逻辑再思考 [J]. 开放时代，2012 (09)：105-125.

[2] 贺芒，陈彪. 环保督察约束力与地方跨层级环境治理逻辑——基于 S 省 P 市的案例考察 [J]. 北京行政学院学报，2020 (05)：30-38.

项督察，与常规治理相比，问题更聚焦、任务更明确、力度更大、问责更严，这就对地方政府形成了问责压力，因此，地方政府倾向于采取压实各层级责任、确保任务完成的措施。第三，从运行过程来看，环保督察采取的是巡察全覆盖的运作方式，因此能够克服属地限制的弊端，有效动员各层级主体落实环境治理责任，并且引入公众监督，形成动员压力。为此，地方政府将采取积极提升环境治理绩效的策略来对其进行回应。总言之，地方政府基于这种督办压力、问责压力以及动员压力，会不断提升环境治理的效率。

四、异体问责的作用机制

在以上这些制度执行过程中，还引入了异体问责机制。尤其是在中央环保督察制度中，通过开放公众环境问题投诉和举报平台，广泛吸纳公众参与环境治理，落实公众的监督权，从而给地方政府施加来自社会问责的压力，促进其环境治理效率的提升。异体问责的主体主要有人大、司法机关以及各种社会团体与公众等。不少研究都表明公众参与这一异体问责机制也能有效提升环境治理绩效，公众参与的主要方式包括信访、投诉等，而我国的信访制度遵循的是"属地管理、分级负责"的原则，因此，来自公众的环境信访直接对地方政府和环保部门进行施压。吴建南研究了公众参与对环境污染治理效果的影响，其研究结果显示，公众参与对于环境污染治理效果有显著影响，一方面，公众的投诉与信访会直接给地方政府施压，另一方面，公众的环境信访有利于强化中央对政府的监督，促使地方政府采取更多的措施来改善环境污染问题。[①]

8.1.4　问责如何促进环境污染治理

环境问责制是通过不断加强问责力度来增强地方政府的环境保护主体责任，从而促进地方政府作出回应与调适，来提升环境治理效率。

首先，探讨问责依据的特征对环境绩效的影响。在环境绩效考核制度

---

① 吴建南，徐萌萌，马艺源.环保考核、公众参与和治理效果：来自31个省级行政区的证据［J］.中国行政管理，2016（09）：75-81.

中，中央通过设置目标任务的方法来约束地方的环境治理行为，当地方政府未能达到这一目标时，就可能被问责。因此，在地方环境治理中，问责的依据很大程度来源于地方政府环境目标的完成程度，地方政府环境绩效的实现可以看成是一个目标管理的过程。根据目标管理的思想，目标的激励引导功能主要体现在三个方面：第一，目标的确定能够清晰努力方向；第二，在目标执行过程中，目标设置的挑战性也能激发人的积极性与创造性；第三，目标实现后，人们能够看到自己的工作成绩，实现自己的愿望，因此会带来满足感与自豪感。

因此，问责依据对于地方政府环境治理行为的影响可以从问责依据的指标的清晰度、实现目标的难易程度以及成果是否容易测量等方面进行分析。第一，问责依据的指标设置越清晰，地方政府官员的努力方向越明确，因此，其环境治理效率越高；第二，实现问责依据的指标的难易程度也会影响地方政府的环境治理效率，当这一指标具有挑战性时，地方政府会加大环境治理的投入，促进环境治理绩效的提高；第三，问责依据的指标是否容易测量也会影响地方政府环境治理目标的完成情况，当问责依据容易测量时，地方政府容易看到自己的工作成果，从而看到预期收益，因此环境治理积极性更高。为此，有学者关注了环境污染物特征对环境污染减排的影响，认为环保考核对可见度较高的、设置了约束性指标的污染物减排有更显著的影响，而对可见度低的污染物减排效果不显著。吴建南的研究得出实施环保考核对约束性污染物的减排效果更明显，而在约束性污染物中，实施环保考核对二氧化硫减排的影响比化学需氧量更加显著，因为相比于化学需氧量，二氧化硫的排放强度更易被测量，而化学需氧量的测量则有很多方法，难度更大，并且在技术层面上容易被操作。①

其次，探讨问责主体的特征对环境绩效的影响。

在我国环境污染治理的实践中，问责主体对环境污染治理的效果产生了影响。首先，从环境污染治理的实践来了，环境污染治理的效果与问责

---

① 吴建南，徐萌萌，马艺源. 环保考核、公众参与和治理效果：来自 31 个省级行政区的证据 [J]. 中国行政管理，2016（09）：75-81.

主体的层级有关。我国环境污染治理中的环境问责机制长期以来是以传统生态绩效考核制度为主，然而，这一制度在实践中逐渐暴露出一些弊端。例如，一些地方政府会利用占据的信息优势，采取数据造假等方法完成任务，来避免问责，由于责任连带机制的存在，其直接上级政府不会对其加以制止，甚至会形成一种"共谋行为"，从而导致问责机制失灵，地方环境污染问题未能真正得以改善。为了解决这一问题，我国开始实施环保约谈制度，实现了问责主体层级的提升。一方面，问责主体层级的提升确立了环保部门的权威，给地方政府带来了行政压力。这种行政压力可能来源于两方面：一是中央环保部约谈地方政府后可能会采取区域限批以及挂牌督办等行政性措施；二是会给被约谈地方政府带来心理压力，认为这种沟通是来自中央层面的批评，可能会对其政绩和晋升不利。另一方面，问责主体层级的上升，会吸引媒体的注意，从而给地方政府带来舆论压力。舆论压力主要来自3个方面：一是媒体通过曝光环境污染现象容易触发异体问责机制，给地方政府带来巨大的社会压力；二是媒体舆论能够吸引上级政府的注意力，并且可能将地方政府的责任延伸到上级政府；三是媒体舆论的发酵可能给地方政府带来更加严厉的问责风险。因此，问责主体层级的提升带来的行政和舆论双重压力，促使地方政府加大污染治理工作力度。[①]

再次，异体问责主体也会对环境污染治理工作产生影响，有很多学者研究发现，在问责机制中，异体问责对于地方政府环境污染治理的作用越来越明显，能够形成对同体问责的有效监督与补充，以提升问责机制的整体功效。张宏翔、王铭槿基于省级地区间的空间关系，研究了公众环保诉求这一异体问责方式对地方政府环境规制的影响，研究得出公众环保诉求对环境规制监管以及收益指标均存在正向显著影响。[②] 这种环境规制监管实质上就是同体问责，因此，这就表明异体问责能够加强对同体问责的监督；张振波研究得出地方政府的减排绩效对中央考核地方官员所设定的生

① 任丙强，靳子乐. 环保行政约谈制度探析 [J]. 中国特色社会主义研究，2018 (02)：90-95.
② 张宏翔，王铭槿. 公众环保诉求的溢出效应——基于省际环境规制互动的视角 [J]. 统计研究，2020，37（10）：29-38.

态指标表现出高度敏感性的结论，同时指出中央对地方的生态考核可能造成激励不均衡和激励失效的现象，而来自社会公众的外部环保诉求能够形成对地方政府的问责压力，从而有效弥补自上而下的同体考核问责所带来的激励不均衡以及激励失效的情况，提升地方政府的减排绩效。①

第四，探讨问责对象的特征对环境污染治理的影响。在问责这一强激励机制下，地方政府官员的环境治理行为不仅受政治激励和财政激励的影响，而且还受个人特征的影响。综合现有研究，很多学者研究了地方政府官员的晋升路径、学历、官员来源（是否本地）、年龄和任期长短等特征对地方政府回应性的影响，其中学历、官员来源（是否本地）、年龄和任期长短等个人特征都被验证对地方环境治理产生了影响。第一，官员的晋升路径会对地方政府官员的回应性产生影响。在中国的科层制中，官员晋升路径种类繁多，不同的晋升路径在晋升周期、晋升概率等方面存在着巨大差异，从而影响了官员的晋升动机，进而影响其回应性。在晋升路径中由于存在晋升起点差异叠加效应和晋升关系禀赋效应，这就导致了晋升路径的起点和平台越高的官员的回应性越高。② 自实施生态绩效考核制以来，环保考核结果被纳入官员晋升体系，这就为解释地方官员的环境污染治理行为提供了新思路——即地方官员的晋升路径会影响官员的回应性，从而影响环境污染治理的效果。据此，可推测地方官员的晋升起点和平台越高，其环境污染治理效率越高。第二，很多学者通过定量研究得出了地方官员年龄与环境污染治理效率显著相关的结论，关于官员年龄对环境污染治理的影响，学者们有不同的观点。第一种观点，一些学者认为官员年龄与环境污染治理效果正向相关，其中可能的原因是年龄越大的地方官员，其工作经验更丰富，目光更长远，因此会更加重视环境治理，加大在环境

① 张振波. 从逐底竞争到策略性模仿——绩效考核生态化如何影响地方政府环境治理的竞争策略？[J]. 公共行政评论，2020，13（06）：114-131+211-212.
② 赵金旭，孟天广. 官员晋升激励会影响政府回应么？——基于北京市"接诉即办"改革的大数据分析 [J]. 公共行政评论，2021，14（02）：111-134+231.

保护方面的支出来促进污染治理。① 第二种观点，一些学者得出了年龄与地方官员环境污染治理负向相关的结论，付彩芳在其关于官员特征对环境治理绩效的影响研究中，得出了地方官员年龄与城市环境治理绩效之间存在显著负相关的结论。② 其原因可能在于，官员晋升的路径十分漫长，年龄偏大的官员可能因晋升无望而对工作懈怠。而官员越年轻，就意味着晋升机会越大，仕途前景越好，晋升预期和晋升激励越大③，因此，可提出官员的回应性越高，环境污染治理效果越好的假设。第三种观点，很多学者研究了官员任期的影响，认为任期过短导致官员急于追求经济增长而忽视环境治理，而任期过长会导致官员晋升无望，工作懈怠。因此，官员所辖地的经济增长与官员任期呈倒 U 型关系。④ 运用到环境治理领域亦是同样的道理，因此，可提出官员任期会对地方官员的环境治理行为产生影响的假设。第四种观点，任职官员是否来自本地也会对环境治理绩效产生影响，当任职官员来本地时，会更在乎自己的名声，同时出于对自己家乡的热爱，会倾向于加大在环境污染治理方面的投入，促进环境污染治理。付彩芳的实证研究验证了这一结论。

最后，问责强度会对环境污染治理产生影响。根据避责理论，政府自身及其面临的环境发生了重大变化，各种社会风险增加，政府官员不再追求功绩最大化，而是倾向于实现责任最小化。学者关于避责行为产生的原因的研究主要集中在经济发展、公共舆论、问责力度等方面。倪星认为，问责强度的增加加大了地方官员潜在的问责风险，为了规避这种风险，政府官员不仅会采取对突发事件避责的策略，还会将避责行为运用到常规治理领域。虽然关于问责力度和政府官员避责行为之间的关系学者尚未达成

① 黄君洁，韩笑. 地方政府官员个人特征对环境保护支出的影响研究——基于县级地方政府领导数据 [J]. 发展研究，2020（02）：70-81.
② 付彩芳. 地方政府环境治理绩效的经济分析——来自中国 196 个地级市的经验证据 [J]. 技术经济，2020，39（07）：193-199.
③ 王贤彬，徐现祥. 地方官员来源、去向、任期与经济增长——来自中国省长省委书记的证据 [J]. 管理世界，2008（03）：16-26.
④ 张军：《中国经济发展：为增长而竞争》，《世界经济文汇》，2005 年第 4 期。

共识，但是问责力度对政府官员避责行为的影响却是不可否认的。① 在我国的环境治理实践中，问责经历了从突发问责向常态问责的转变，并且尝试发挥异体问责机制的作用，增加了问责强度，而这一问责强度的增大，一定程度上影响了官员的避责行为，为了使责任最小化，官员会倾向于完成环境污染治理的约束性指标。

在我国环境污染治理的实践中，环境保护行政问责方式主要有勉励谈话、责令作出书面检查、通报批评、责令公开道歉、调整工作岗位、停职检查、引咎辞职、责令辞职、免职等。② 其强度是不一样的，然而在实践中更普遍运用的是约谈的方式，虽然环保约谈通过给地方政府施加行政压力、舆论压力等来促进地方政府的治理行为，但是也存在地方政府认为环保约谈偏向于"形式化"，并不包含实质性惩治作用，因而难以重视环保约谈。因此环境治理问题难以得到实质性解决的问题。而环保督察机制则加大了问责力度，是一种刚性约束机制。其问责强度明显大于常规式治理，典型表现为"一票否决""就地免职"等问责形式，面对中央环保督察强大的问责压力，地方政府不得不做出调适，以避免受到处罚。张新文，张国磊在环保约谈制度和环保督察制度对地方政府环境治理的影响机制的研究中发现，无论是问责强度较低的软性约束还是问责强度较高的刚性约束均对地方环境治理形成了约束，但是其各自又存在相应的困境，要提升地方环境治理能力必须促使软性约束机制和刚性约束机制有效衔接。③ 这就说明问责强度对环境治理的效果是有影响的，二者关系可能不是简单的线性关系。

---

① 倪星，王锐. 从邀功到避责：基层政府官员行为变化研究 [J]. 政治学研究，2017（02）：42-51+126.
② 《云南省环境保护行政问责办法》，参见云南省生态环境保护厅官网。
③ 张新文，张国磊. 环保约谈、环保督查与地方环境治理约束力 [J]. 北京理工大学学报（社会科学版），2019，21（04）：39-46.

8.2 中央环保督察与环境问责

8.2.1 督察问责压力的地方政府组织调适

上文讨论到中央环保督察是环保问责的一项重要实践。这场声势浩大的中央环保督察运动，典型地体现了环境问责的内在逻辑。中央环保督察对"党政企"同督，其重点在从"督企"向"督政"的转变，采用督察督促督办追责的程序①，是迄今为止我国影响范围最广、惩处力度最大的督察行动。中央环保督察关注的重点在地方政府执行环保法律法规、落实环保责任情况，推动地方政府切实履行环保职责。第一轮督察及"回头看"推动解决了15万余件群众身边的生态环境问题，见表8.1。

表 8.1 中央环保督察责罚表

中央环保督察第一轮督察及"回头看"				
2016 年—2019 年	立案处罚	罚款	立案侦查	行政与刑事拘留
	4 万余	24.6 亿	2303/件	2264/人

资料来源：首轮中央生态环保督察结束 罚款近 25 亿元 [J]. 中国包装, 2019, 39（06）：7.

中央环保督察组由生态环境部牵头成立，代表党中央、国务院对各省、市、区开展环保督察。中央环保督察制度是我国党中央和中央政府用以矫正常规型环保治理机制失败的手段，并且是建立在稳定的组织基础之上的。[1]中央环保督察的工作内容不局限于国内空气环境质量的改善，并不属于针对某一项环境质量改善的治理行动，其涵盖的工作内容涉及废气废水违法排污、城市环境卫生、生态环境污染问题以及相关监管机构的监督责任等。维护中央权威，激励地方官员，明晰地方权责，促进跨域治理，促进府际合作，回应公众诉求，塑造政府形象。

通常在中央环保督察的过程中，中央督察组作为监督方直接入驻到各

---

① 杨小敏. 中央环保督察问责新常态 [J]. 中国集体经济, 2018（16）：159-160.

省进行为期一个月的督察行动，重点抓住中央高度关注、群众反映强烈、社会影响恶劣的突出环境问题，对于公众反映的身边环境问题予以及时处理和解决，做到立行立改；重点督察地方党委和政府及其有关部门对生态环保领域的"怕、慢、假、庸、散"问题，对省级领导、部门和地方市级领导进行谈话，接收群众举报后立刻转交地方政府进行核查并限时整改，推动地方政府落实环境保护党政同责、一岗双责、严肃问责等工作机制。在党中央高度重视下并通过中央环保督察这一治理机制，地方政府在经济发展与环境保护的权衡中，政策重心开始逐渐偏向了后者。① 环保工作已经提升成为许多地方政府工作的重点之一，并会在市级层面定期召开环保专题会议，这种纵向压力对地方政府相关部门所带来的组织调适和变动规模，明显高于其他环保政策所带来的变化。在中央环保督察即将开始时，不同地区、地方政府的反应均不同会在地方政府分别会在事前、事中、事后进行一些有关环保的组织调适，不论是纵向、横向、组织内部。② 地级政府组织的内部上级和下级的权责关系会发生变动。下级政府组织负责对督察行动做出回应，自行选择与上级压力进行互动、调适的方式，来对战略目标进行调整。地方政府作为基层的政府组织，根据实践需要和当下环境、激励措施、压力等进行权变以及策略性的调适和反应。督察制度实施的效果可以利用基层政府执行过程中的行为重点来进行判断，若在开展督察行动之后，地级政府多采用规避、合谋以及变通方式，则督察效果必然不佳。若一项督察行动引发当地组织较多的组织调适，并且这些调适能够一直实现制度化和持续化，这就说明中央环保督察起到长效的激励作用。如图 8.1 所示。

---

① 苑春荟，燕阳. 中央环保督察：压力型环境治理模式的自我调适———项基于内容分析法的案例研究 [J]. 治理研究，2020，56（1）：57-68.

② 我国学者庄玉乙基于中央环保督察这一政策结合经典的"战略-结构-绩效"模型，将组织调适分为、纵向组织调适、横向组织调适、部门内部组织调适。组织调适都是在说明该组织与外部环境的互动方式选择，都是组织在面对环境变化所带来压力的基础上而作出的回应。

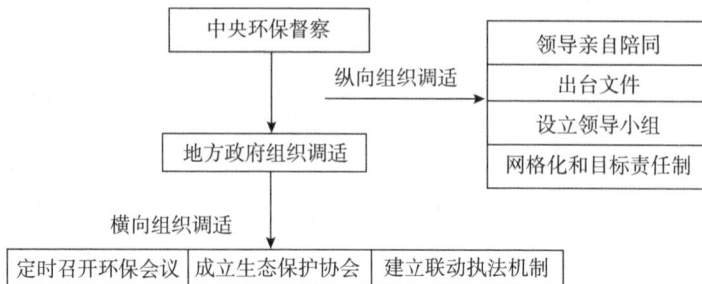

图 8.1　中央环保督察的问责压力下地方政府组织调适图

据图 8.1 所示，在中央环保督察所带来的压力下，地方政府都有所调整过往的工作模式，来应对新的国家战略变化所带来的影响，并将环保任务从原有的部门管理提升到市级层面协同管理，层层施压采取严厉问责手段，从而推动地方政府和环保部门的结构变化，其目的则是完成中央环保督察所下达的任务指标，提升环境绩效减少污染物排。地方政府的组织调适分为：纵向组调适（领导亲自陪同上级部门①、出台文件②③④⑤、设立领导小组⑥⑦⑧⑨、网格化和目标责任制），横向组织调适（市领导定时召开环

---

① 省中央环保督察整改办来廊调研 – 廊坊市人民政府（lf. gov. cn）

② 李林倬. 基层政府的文件治理——以县级政府为例［J］. 社会学研究，2013，28（04）：101–128+244.

③ 鄂尔多斯市人民政府关于印发自然保护区内工矿企业退出方案的通知_ 鄂尔多斯市人民政府（ordos. gov. cn）

④ 赤峰市人民政府 – 污染防治动态 – 我市积极落实中央环保督察反馈意见（chifeng. gov. cn）

⑤ 关于印发晋城市 2018—2019 年秋冬季大气污染综合治理攻坚行动方案的通知 – 晋城市人民政府门户网站（jcgov. gov. cn）

⑥ 杨华，袁松. 中心工作模式与县域党政体制的运行逻辑——基于江西省 D 县调查［J］. 公共管理学报，2018，15（01）：12–22+153–154.

⑦ 郭劲光，王杰. "调适性联结"：基层政府政策执行力演变的一个解释［J］. 公共管理学报，2021，18（02）：140–152+175.

⑧ 田雄，郑家昊. 被裹挟的国家：基层治理的行动逻辑与乡村自主［J］. 公共管理学报，2016（2）：141–151.

⑨ 赤峰市人民政府 – 污染防治动态 – 我市积极落实中央环保督察反馈意见（chifeng. gov. cn）

保会议、领导亲自陪同通级部门督察、建立联动执法机制）。①

8.2.2 环保督察问责下的地方政府行动逻辑

一、组织战略、结构和绩效的解释

"战略——结构——绩效"理论认为"如果组织结构不适应其环境，那么机会就会丧失，成本上升，组织的维持就会受到威胁"。② 组织必须达到一定程度的绩效才能生存。战略选择是指组织内部的决策者（即高层管理者/管理者或权力拥有者）从一系列战略行动中进行选择的过程。一个组织的战略和结构在很大程度上决定了该组织的绩效，由于环境因素对战略选择具有严格的制约作用，管理者可以根据其任务环境做出选择，而管理者的选择又受到组织内部政治过程、社会结构和组织内部的人际关系的影响，调适是组织内部和外部的人为因素影响下的社会互动的结果。③④⑤在面对环境变化和不同挑战，组织需要选择进行调适，就是选择组织与外部环境的互动方式，来实现组织目标、达成组织与外部环境的相互适应。[32]组织调适的战略选择和组织结构的约束条件必须匹配，才会使得最后组织绩效的最佳实现，也就是组织创新能力和生产力的均衡。绩效被视为该模型的输入和结果。绩效标准及其成就程度如何对结构变化起到刺激作用；结构变化对绩效水平的影响程度。如图 8.2 所示：

---

① 高位推动形成环保攻坚合力——2018 年我市生态环境保护工作回眸之一_ 阳泉市政府（yq. gov. cn）

② Child, J. Organizational Structure, Environment and Performance: The Role of Strategic Choice [J]. Sociology, 1972, 6 (1): 1—22.

③ A. D. Chandler, Jr. Strategy and Structure, Cambridge, MA: MIT Press, 1962.

④ Balaji S Chakravarthy, "Adaptation: A Promising Metaphor for Strategic Management", The Academy of Management Review, V01. 7, No. 1, 1982, PP. 35—44.

⑤ David J Hall and Maurice A. Saias, "Strategy Follows Structure!" Strategic Management journal, V01. 1, No 2, 1980, PP. 149—163.

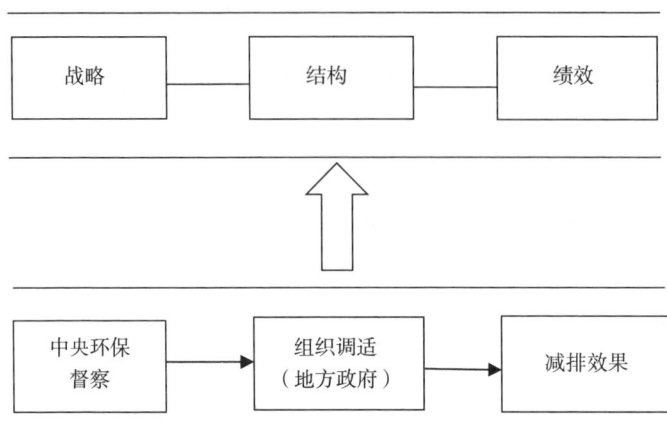

图 8.2　战略选择模型图

改革开放以来中国保持了 40 多年的高速增长，高速经济增长的背后则是日渐凸显的环境问题，尽管国家出台了一系列的政策文件，把环境保护和生态文明建设提到了一个新的高度，但是目前的环境治理中，地方政府治理效率不高、环境执法力度不足等普遍困境仍然存在。中央环保督察政策从顶层强化，自上而下执行环境治理模式，该政策执行效果明显，适用于国家战略或重大政策的推动。中央政府尝试通过强化环境监管与督察等手段来改善困境，并采取强硬的问责手段、责罚方式，给地方政府带来了十分巨大的威慑力。

我国的从"十一五"规划以来出台了众多环境保护政策，其治理效果并不理想。环保督察这一制度可划分为 3 个发展阶段，环保督察制度起源于区域环保督察制度，该督察制度于 2002 年进行试点，2008 年正式形成。由环境保护部派出机构，覆盖 6 个环保督察中心，区域督察是中央对地方环保工作监督的手段，在中央环保督察制度实行之前。但该督察制度行政级别低，也没有相对应的执法权和处罚权。仅查不罚，变成了反复执行却无效的政策制度，所以该督察在监督地方政府政策执行上并没有很好的效果，得到学术界和实务界的一致批判。

2014 环保约谈制度出台《环境保护部约谈暂行办法》，环保约谈制度是由于地方政府、企业存在重大环境隐患不消除危害当地生态环境，危害人民切身利益，而被环保部门约谈的一种行政监督过程。环保约谈制度规定了区域限制审批、挂牌督办、新闻媒体披露、限时整改等硬性惩罚手段，通过直接约谈地方政府一把手来对地方政府进行约束。该手段让地方政府一把手尽职尽责，从而督促地方政府解决突出的生态环境问题，不过处罚力度不强，多数以限制性手段为主，涉及范围、波及人群不广，基本仅为该地区一把手。

2015 年中央环保督察制度在河北进行试点，2016 年中央环保督察制度在全国范围内开始实施，由原来的环保部正式成立国家环境保护督察办公室，即中央环保督察，已有研究也表示了在中国政治上的集权能让地方政府遵守国家政策目标。[①] 因中央环保督察是一轮又一轮的开展，督查组进驻各省为期 30 天的督察行动，在此期间，边督边查，开设信访通道，接受群众举报，采取明察暗访等各类手段。

在此期间地方政府也对中央环保督察这一行动做出了相对应的组织调适行为，如：河北省唐山市、县两级都成立了生态环保工作领导小组，并且以党委书记、市（县）长为双组长，党政齐抓共管，并建立了月调度例会制度，每月 5 日前市委书记、市长亲自主持召开全市生态环境保护工作调度会，有关市领导、各县（市）区委书记和县（市）区长、市直有关部门主要负责人参会，通报上月全市环境质量排名情况，重点工作推进情况。两办督查室、环保局、新闻媒体督查暗访发现问题情况，每月排名第一的县（市）区党委书记作典型发言，倒数前二名的县（市）区党委书记做检查性发言，每月工作进度"见湿见干"，存在问题不遮不掩，促进各项工作顺利推进。[②] 山西省大同市则设立了中央环保督察整改领导小组发布《关于省中央环保督察整改组行程安排》其内容为重点督察日期、督察地点、陪同人员。大同市副市长、环保局局长等领导亲自陪同督察。由此可见，中央环保督察这一政策能有效地遏制民营企业高管具有公职经历在

---

① Xu, C. G. (2011). The Fundamental Institutions of China's Reforms and Development. Journal of Economic literature, 49 (4).

② 《http://www.tangshan.gov.cn/zhuzhan/zyhjbhdchtk/20180605/598622.html》

以往常态化治理中受到地方政府的污染"庇护效应"。并同时打击行政隶属于市、县政府的国有企业的环境绩效,消灭"地方保护主义"问题。①以上为国家战略发生变化即中央环保督察这一政策,而当这一环境政策实行地方政府组织也需要进行调整来完成新政策的目标,从而达到更好的环境绩效。环境治理效果不佳的地方政府如果再采取以往的执法手段将因无法完成新的目标而遭受责罚。地方政府组织只有采取积极主动的调适才能适应组织新的环境战略目标。有的地方政府采取防御性政策,等督察到来时临时做调整,有的地方政府没有意识到问题的严重性,没有积极应对或认为无法应对而放弃调适,遭受到问责等一系列处罚。

二、环保督察治理的解释

在以往常态化治理中不同层级的政府对待相关环境问题的态度上存在差异。我国压力型体制下环境治理主要由中央政府设定总体环境目标,省级政府负责监管,地方政府负责制定和实施详细的环境法规,在我国环境联邦主义的大背景下赋予了地方政府在环境问题上拥有巨大的自由裁量权。由于地方政府不仅要依靠自己的财政收入进行地方发展,其官员仕途也在很大程度上依赖于该地区经济 GDP 的表现,当面对有可能损害本地经济发展的环境政策时,在常规治理中地方政府往往会选择性执行,中央环保督察开展后地方政府则无法像常态化治理一样选择性执行,如再采取选择性执行或者不执行都将受到严厉的处罚,不仅仅是没达成目标无法获得奖励,严重的是官员自己将受到一系列责罚,而影响自己的仕途。

当中央政府采取常规治理模式难以完成使命或任务时,就会采用环保督察型治理机制。在环境治理这一国家治理重要领域,当作为委托方的中央政府通过采取有计划的、可预期的、法治化的常规治理模式进行环境治理却还难以达到绩效目标时,就会启动环保督察治理机制。②

---

① 王鸿儒,陈思丞,孟天广. 高管公职经历、中央环保督察与企业环境绩效——基于 A 省企业层级数据的实证分析 [J]. 公共管理学报,2021,18 (01):114-125+173.

② 戚建刚,余海洋. 论作为运动型治理机制之"中央环保督察制度"——兼与陈海嵩教授商榷 [J]. 理论探讨,2018,9 (23):12-15.

当中央环保督察开展时，对于地方政府而言就是环境发生了变化。国家治理模式从发包制到高度关联性转变的过程，当环境发生变化时地方政府需要对不同的环境条件，不同类型的关系将采取不同类型的组织调适，以实现高水平的绩效。一个组织不能仅反映其成员或其领导层的目标、动机或需求的方式发展，它必须始终屈从于其与环境关系的性质所施加的约束。地方政府需要在环境发生变化时调整其组织结构，来应对环境变化所带来的影响。

地方政府在常态化治理中经常出现环境治理失灵现象，环境执法不到位，环境治理慢作为，甚至以牺牲环境换取 GDP 增长在此中间来回博弈。而地方政府还未能及时地适应中央所传达的生态文明建设理念，并在政策执行时还是像以往一样惯性于关注该地区的 GDP 增长速度，地方政府难以达到中央下达的环保目标，环境治理难以得到根本性转变。[①] 中央也在常态化治理中增加了一系列关于环境治理的软约束手段以对地方政府形成威慑力。地方政府未达到环保目标绩效，从而受到一系列限制，如环保未达标的一票否决制，环保约谈等，对于官员晋升和名誉都有着影响，而在常态化治理中这一类处罚都属于软约束型。

中央环保督察治理中对地方政府进行行政约谈的手段，从以往的督察企业到督察地方政府的转变突破了常态化属地管理所造成环保执法干预的困境。但如上述而言仅采用环保约谈这一限制性手段还是难以对地方政府形成刚性的约束力，所以中央政府通过跨层级治理的手段对以往环保执法中不主动、不作为，尤其是对搞"表面整改、假装整改、敷衍整改"的地方政府加大责力度，督促地方政府履行环保主体责任。以约谈加问责的手段，问责对于地方政府而言不仅名誉受损，影响晋升这么简单，很大程度会影响其仕途，降职，免职，重者将除以刑事责任，对于地方政府而言常态化治理如效果不佳已经无法得到晋升，绩效奖励等，在运动式治理中还不进行组织上的调适，还是采取以往常态化治理且效果不佳的治理方式所

---

① 任丙强. 地方政府环境政策执行的激励机制研究：基于中央与地方关系的视角［J］. 中国行政管理，2018（6）：129–135.

将面临的和等待的则是约谈、问责与刑事处罚,这对地方政府而言显然百害无一利。

从中央环保督察的范围来看,中央环保督察还下沉到地方并对环境问题及治理情况进行及时的跟进,采取边督边查是手段,开展环境污染问题专项整治,针对群众反映强烈、社会负面影响大的环境污染问题,所以督察不仅只是下达国家环境政策目标而已。如有市委书记、市长等地方"一把手"被中央环保督察组公开约谈,该地区领导人就会在短时间内成为媒体、群众和网络舆论关注的焦点,地方官员将承受巨大的社会舆论压力。中央环保督察进驻地方后会开设信访投诉和热线电话,以鼓励民众举报,吸纳民众参与环保执法行动,并要求地方政府在第一时间进行巡查回应民众诉求,这一制度安排具有强大的威慑作用。地方政府所感受到的问责压力也逐级递增,这就迫使地方政府需要积极地进行组织调适,以避免以往发生且没有好好应对的问题再次发生,衍生的社会舆论不断放大造成不良的社会影响。

但中央环保督察并非传统的"运动式治理",而是形成了一轮又一轮的督察的环保执法常态化趋势,气势足,阵势大,声势强。"督察—回头看—再督察",让地方政府无法采取"一刀切"的应付执法方式,地方政府所面临的自上而下的监督压力将不会是短暂的。面对国家战略发生的变化新的环境政策所带来的压力,迫使地方政府需要积极进行组织调适来应对,否则等待地方政府的轻则行政约谈,重则免职问责甚至刑事案件。中央环保督察这该政策对减排是否有效果,地方政府的组织调适在其中又起到了什么作用?所以本文希望了解到地方政府是否有进行组织调适,如果进而能了解到地方政府的组织调适是否常态化的维持下来,那将更有收获。

从表8.2可以看出,中央环保督察这一政策对城市污染物减排所带来的改善的直接影响,中央环保督察组通过下沉到地方,接收群众举报,再将将案件转交地方政府核查办理,根据案件严重程度进行专项跟踪,边查边督,如发现地方政府未处理,谎报瞒报将对该地方政府进行轻则约谈,重则免职问责,或将承担刑事责任。

表 8.2　警示案例汇总表

地点	年份	起因	违规内容	整改结果	上级监管方	违规对象
广西	2020.9.6	中央第四环境保护督察组督察时发现，环境管理混乱；多次超量越界开采稀土，污染周边环境	（一）严重污染周边环境（二）建设项目环境违法问题突出（三）环境风险问题突出	责令整改	广西稀土环保	中国稀有稀土股份有限公司
内蒙古	2020.9.19	中央第四生态环境保护组督察时发现，企业环境管理粗放，污染扰民问题突出	（一）粉尘污染，噪声扰民问题突出（二）危险废物处置存在突出问题（三）环境管理粗放，环境风险隐患突出	责令整改	中国铝业有限公司	中铝包头铝业
齐齐哈尔市	2020.9.8	中央第五生态环境保护督查组督察时发现，违法违规问题突出，环境污染严重	（一）污染治理设施建设滞后，长期超标排放（二）工业废渣随意存堆（三）产能置换弄虚作假，长期无证经营	责令整改	北方水泥股份公司	浩源水泥
天津市东丽区	2020.9	中央第二生态环境保护组督察时发现，该区有部门对非电燃煤供热企业监管不力，日常管理低下，能源效率低下	（一）煤炭数据"两张皮"（二）应付督察"做假账"（三）指标下达"拍脑袋"	责令整改	区发改委，区城管委	东丽区有关部门
浙江台州市	2020.9.	中央第三生态环境保护督察组督察时发现，工业园低下污水严重，化工企业私自设暗管偷排，造船等企业违法排污	企业长期偷排废水造成低下污染（二）环境污染和风险隐患突出（三）不法企业恶意偷排，造成明显陆源污染	责令整改	台州市相关县区	台州市椒江

续表

地点	年份	起因	违规内容	整改结果	上级监管方	违规对象
浙江衢州	2020.9.9	中央第三生态环境保护督察组督察时发现，污水处理厂长期超标排放，大量固体废物违法堆存，污染地下水	（一）聚集区污水处理厂长期超标排放（二）固体废物厂污染整治工作不彻底	责令整改	衢州绿色产业区管委会，衢州市生态环境部	衢州市绿色产业聚集区
天津市西青区	2020.9.	中央第二生态环境保护督察组督察时发现，填埋场污泥处置项目空转，违法违规问题突出	（一）违反合同层层转包（二）监管缺位	责令整改	北方源天公司，天津市建委项目办，天津市住建委	青凝侯淤泥卫生填埋场（北方市政公司）

表 8.2 中的警示案例都是因中央环保督察这一政策所带来的直接的影响，多年常态化治理中地方政府未重视未处理的案件，在中央督查地方的逻辑下，环保问责所带来刚性的约束力，结合环保约谈所带来的软约束力，有效地推动地方政府与企业更加重视中央环保督察。中央环保督察不仅是对企业进行责令整改，更是对当地政府的监管缺失，形式主义，应付执法的一同督察。对企业罚款对职能部门约谈问责，并对原有问题，突出问题，展开进一步调查。

不同学者也在不同角度对污染物减排做出实证研究，学者通过研究垂直化改革是否对减排有影响中发现，垂直化改革确实对二氧化硫的减排有显著影响，对中西部二氧化硫的减排的效果明显，而且相对高政治约束的城市垂直管理改革对低政治约束的城市的减排效应更明显。垂直化管理改革其实并未提高地方政府的环境保护治理的投入，反而是通过环境规制通过弱化"地方规制偏向"问题降低了工业污染排放水平。[①] 学者通过研究大气污染协同治理与污染物减排之间的联系中发现大气污染协同治理对工

---

① 韩超，孙晓琳，李静.环境规制垂直管理改革的减排效应——来自地级市环保系统改革的证据［J］.经济学（季刊），2021，21（01）：335-360.

业二氧化硫排放量和工业粉尘排放量之间存在明显的差异性，大气污染协同治理显著降低了工业二氧化硫排放量，不过在对工业烟（粉）尘排放量的分析中没有产生显著影响，大气协同治理对污染物排放有一定滞后性。[①]还有学者通过研究文明城市评比表彰与城市环境污染减排直接的关系，发现文明城市这一评比表彰活动确实有效地激励了城市降低本地区的工业污水和工业二氧化硫的排放量，发现文明城市设立对工业污水减排的影响更大，工业二氧化硫减排的影响较小。[②]

三、环保督察问责下的地方政府行动

周雪光认为委托方在第一步执行时会选择采取常规模式或者动员模式。[③] 委托方选择"常规模式"还是"动员模式"，原因可能是外在的环境变化，也可能是内在代理方日常执行中出现问题。"动员模式"的成本高昂，难以长期有效地持续下去，"常规模式"是组织运行的常态，所以委托方通常是在"动员模式"和"常规模式"中来回转换。而上级委托方选择了某一执行模式后，下级代理方选择不同的应对策略的条件是什么？根据周雪光上下部门谈判模型，委托方选择"动员模式"后，地方政府会采取"准退出"行动。[④] "准退出"指的是即代理方面对来自上级部门（委托方）的压力，无法通过正式谈判或非正式谈判来讨价还价达成新的协议时，该代理方也无法有效地执行环保任务，但是代理方又只能被迫地接收上级的命令时，有时并不会完全遵照上级部门的明令而执行，而是在实际执行过程中私自调整，甚至错误理解上级部门明令。如"一刀切""共谋"等行为，并将博弈延迟到下一轮"执行博弈"。他认为在委托方（上级部门）采纳"动员模式"的条件下"准退出"是代理方（下级部

---

① 赵志华, 吴建南. 大气污染协同治理能促进污染物减排吗？——基于城市的三重差分研究［J］. 管理评论, 2020, 32（01）：286-297.

② 徐换歌. 评比表彰何以促进污染治理？——来自文明城市评比的经验［J］. 公共行政评论, 2020, 13（06）：151-169+213.

③ 周雪光, 练宏. 政府内部上下级部门间谈判的一个分析模型——以环境政策实施为例［J］. 中国社会科学, 2011（05）：80-96+221.

④ 对于代理方而言准退出存在两个风险，一是歪曲执行，二是得不到相应的奖励（动员模式并没有事先谈判无法明确自身利益）。

门）的最佳应对策略。

中央环保督察下地方政府采取"准退出"的策略并不是最佳策略。与"常规模式"相比较，中央环保督察这一重大环境战略并没有所谓的谈判空间，该政策是一项处罚类政策，并非奖励性政策。地方政府选择"准退出"很有可能在该轮或下一轮督察中直接面临问责，而不是到下一轮的"执行过程博弈"。当然在实际执行时也有部分地方政府在中央环保督察时继续采取"准退出"策略进行回应。如：一刀切、表面整改，但最后的结果都逃不过轻则约谈，重则问责。由此可见，在中央环保督察这一政策下，地方政府选择"准退出"并不是最佳策略。国家战略的改变，中央环保督察这一政策的实施，也改变了以往地方政府在应对动员模式时采取"准退出"进而达到"执行过程博弈"的阶段。因为"准退出"在中央环保督察这一政策下并不是最佳策略，而是应该通过动员模式改变常规模式中的一些执行常态，积极地进行组织调适，进而改变常规模式中的一些弊端，使得组织结构不断优化，达到更优的绩效目标。

综上所述，中央环保督察很大程度提高了地方政府对减排工作的重视程度，地方政府加大执行力度，进行一系列举措，如地方政府设立专门的领导小组、领导亲自督察、网格化目标责任制等。中央环保督察的问责压力迫使地方政府做出组织调适①，督促企业减少超标的污染物排放，提升企业环保责任意识，进而减少污染物排放量的提升环境治理绩效。

从政策执行的激励偏差分析框架来看，环境问责制强化了负向激励效果，降低激励偏差程度。在清晰的减排目标下，环境问责有效地促进地方政府减排。中央环保督察下的问责强度显然比常规治理下更大，可以在较短的时间内做出更加严重的惩罚，典型表现为"一票否决""就地免职"等问责形式。这场中央环保督察行动的范围之广、力度之大都前所未有。

---

① 庄玉乙（2019）对中央环保督察与组织调适之间的关系做出个案例的定性研究，在个案中发现中央环保督察确实改变了组织环境与组织战略，也在组织结构上改变了原有的模式。不少城市从原有的环保局负责的工作模式到如今已经被提升到市级层面统筹协调。庄玉乙，胡蓉，游宇.环境督察与地方环保部门的组织调适和扩权——以H省S县为例［J］.公共行政评论，2019，12（02）：5-22，193.

以 2020 年 8 月 30 日至 10 月 1 日的第二轮第二批为例,截至 2021 年 1 月 25 日,累计共收到群众举报案件 15536 件,已办结 8766 件,阶段办结 1792 件,责令整改 5442 家,立案查处 2204 家,处罚金额约 18213.33 万元,立案侦查 131 件,行政拘留 130 人,刑事拘留 113 人,约谈 872 人,问责 283 人。①

此外,中央环保督察行动从中央直接深入基层一线,跨层行动打破了原有多层委托-代理关系中的信息不对称,使得各地严重的环境污染问题可以直达中央,改善了在多层委托代理链条上的激励强度递减问题,增强了政策激励效果,降低了激励偏差程度。同时,中央环保督察解决了一些跨省域、跨流域、跨区域的污染合作治理问题,弥补了原有激励机制在这方面的不足,也降低了激励偏差程度。

---

① 第二轮第二批中央生态环境保护督察,收到 15536 件举报. 北京日报. 2021. 1. 29 https://www.sohu.com/a/447409772_ 265827

第9章 研究结论与展望

9.1 研究主要结论

一、减排政策执行的激励偏差分析框架

减排政策目标、政策执行者、政策手段、政策实施对象的特征都会影响激励偏差。政策目标的可测量性、时效性、维度的多少、层次性，政策执行者的替代性选择、所处层级、执行任务的努力成本、努力程度与绩效考核结果的关系，政策手段的实施依据、激励强度、公众可见度、对准政策目标的精确性，政策实施对象的接受程度、内部一致性、政策参与程度等特征都与激励偏差有关。在政策执行过程中，这些特征共同影响着绩效结果和激励偏差程度。

当政策目标的可测量性强，政策手段的激励强度高时，政策的绩效考核结果通常会很好，激励偏差程度中等。当政策目标的可测量性强，政策手段的激励强度低时，政策的绩效考核结果中等，激励偏差程度中等。当政策目标的可测量性弱，政策手段的激励强度高时，政策的绩效考核结果通常会差，激励偏差程度大。当政策目标的可测量性弱，政策手段的激励强度也低时，政策的绩效考核结果通常会差，激励偏差程度小。

二、减排目标责任考核中的激励偏差

减排政策执行过程中，目标责任考核是一个重要手段。目标责任制的激励主体特征、激励依据特征、激励措施特征都与减排政策执行结果密切相关。首先，不同委托人之间激励目标的差异，可能使得激励内容相互冲突，造成激励结果的偏差；多个委托人对同一个代理人的激励权限不同的，这也容易导致代理人在执行减排任务时进行排序和取舍，可能造成最终激励结果的偏差。其次，激励强度在委托代理层级间逐级递减，考核要求却层层加码、逐级愈严的现象容易导致激励不足，代理人面对不可能完成的任务，可能在执行政策时放弃努力。将相对绩效指标与绝对绩效相结合进行目标考核，可以大大增强激励强度，但也可能激励过度，导致代理人铤而走险、突击应付，产生激励偏差。最后，减排结果的激励措施中越多地使用财政处罚、约谈、问责、免职等负向激励措施时，可能导致代理人的努力行为越被动。当代理人的绩效在减排目标底线以下时，激励有效；当达到减排目标底线后，激励失效。

"十一五"减排政策的考核目标具有政治性特征，执行方式具有突击性特征，执行成效具有短期性特征。"十一五"减排目标考核的激励依据清晰可测，激励措施以问责、停职等负向激励手段为主。地方政府面临经济发展、环境保护、社会稳定等多个任务冲突，在问责高压下采取先应付后突击的减排执行方式。中期考核数据更能够体现减排政策执行的真实情况。2010—2013 年中国的 137 个地级市的"十二五"减排目标考核中期数据的回归结果显示，来自公众监督和企业行为方面对减排进度有一定的显著影响，激励偏差程度较小；来自滞后一期的地方政府的政策实施效率、环境违规处罚力度等因素对减排进度没有正向的显著影响，激励偏差程度较大。甚至排污费的征收效率对氮氧化物减排有反向影响作用，激励偏差程度极大。我国中央政府高瞻远瞩，于 2018 年正式实施排污费改环保费税。总而言之，减排目标责任制执行过程中，激励不足和激励过度现象并存，拖延与突击交替，地方政府的减排工作出现了一些偏离中央政府预期目标的现象，存在激励偏差。

三、官员晋升绩效考核中的激励偏差

2013—2019 年中国的 179 个地级城市数据验证了以下结论。首先，地方官员在任期内面对的纵向和横向减排绩效压力，对主要污染物浓度和空气质量均有显著地影响，减排绩效压力越大，城市主要污染物减排效果越好。无论是纵向还是横向减排绩效压力，对可见度高的主要污染物减排效果的影响更显著。若减排绩效指标的选取没有考虑主要污染物的公众感知程度，采取一视同仁地考核办法，就可能造成激励偏差。例如，空气污染物中的 PM2.5、PM10 就比臭氧、氨氮更容易被公众感知到。也就是说，前者比后者的政绩信号更强，可以在官员晋升考核中更好地证明地方官员在减排政策执行中的努力程度。所以，地方官员更愿意花精力去减少这些政绩信号强的污染物排放。

其次，由于减排绩效是以减排目标为阈值来实施考核，地方政府的减排量未达到阈值时，地方官员会努力减排；达到阈值后，减排努力水平下降。若官员努力程度与绩效考核结果的联系紧密，那么激励偏差程度较小；若官员努力程度与绩效考核结果的联系不紧密，那么激励偏差程度较大。

最后，根据 2013—2019 年中国的 179 个地级城市数据的回归结果，官员任期、工作年限以及受教育程度对减排政策执行效果的影响均显著。官员任期越长，晋升压力越大，越有动力执行减排政策。其中市长任期比市委书记任期对减排政策执行效果的影响更加显著。若设计晋升激励机制时忽略官员任期特征和地方政府党政负责人的区别，就可能造成激励偏差。

在我国地方官员的晋升考核中，影响晋升结果的因素很多。当明确的减排绩效被写入晋升考核时，晋升激励对减排效果的影响是显著的。也就是说，减排绩效考核增强了地方官员努力行为与减排结果的关系，降低了激励偏差。但需要引起注意的是，晋升激励只有在减排绩效指标清晰可测量、官员努力程度与绩效考核结果联系紧密时，才对减排政策执行效果有显著影响。在当前的官员晋升机制中，虽然减排绩效指标清晰可测，但是官员努力程度与绩效考核结果的联系还不够紧密，可能导致激励偏差。

四、生态转移支付与激励偏差

生态转移支付政策也存在着激励偏差，从政策目标特征、政策执行者、政策手段特征和政策实施对象 4 个方面表现。

首先，生态转移支付政策目标的可测量性、维度和层次影响着该政的激励效应。众多政策实施对象导致指标测量工作艰巨，信息不对称程度大，导致政策更注重短期指标，忽略长期指标。政策维度层面上，双重目标的设置使得功能区政府有了替代性选择，可能造成公共服务支出对环境保护支出的"挤出效应"。政策目标从中央最后县（区、市）的传达，可能发生偏离。种种因素造成了政策的激励偏差。

其次，政策执行者存在的替代性选择会减弱政策的激励效应，生态转移支付不限制资金使用领域，政策执行者可以把资金投入其他更有利于自身发展的领域。生态功能区自然资源禀赋不同，改善环境的努力成本也不同，在衡量了成本与收益的情况下，各功能区有了自己的选择，对改善环境动力不足，与政策预期不同，形成激励偏差。

再次，政策的不同手段特征也会影响政策的激励效应，生态转移支付政策主要从政策的实施依据和手段强度表现。生态转移支付政策的资金分配依据与政策方向偏离，扶贫大于环境保护，激励依据模糊不清，激励强度小。具体转移支付办法由各省制定的结果使得各省的激励手段不同，激励强度也不同，最终使得各生态功能区面对着不同强度的激励手段，有着完全不同的政策回应方式。这两大因素最终使得政策的激励方向发生了偏差。

最后，政策实施对象的特征也与政策的激励效应相关联。县（区、市）的经济发展情况和自身的生态资源禀赋是两个关键因素，县（区、市）经济是否发达，经济支柱产业与环保领域的冲突程度都会影响县（区、市）政府对政策的回应程度。自然资源禀赋好的县区与生态环境脆弱的县区对政策的回应方式也是有所不同的。政策实施对象的特征可能会影响政策的激励效应，继而造成政策的激励偏差。

五、环境问责机制中的激励偏差

环境问责机制的问责主体、问责对象、问责程序、问责范围、问责强度、问责结果等方面的特征都和激励偏差现象有关。从政策执行的激励偏差分析框架来看，环境问责制强化了负向激励效果，降低激励偏差程度。在清晰的减排目标下，环境问责有效地促进地方政府减排。中央环保督察体现了环境问责制的内在逻辑。中央环保督察下的问责强度比常规治理下更大，可以在较短的时间内做出更加严厉惩罚。中央环保督察的问责压力迫使地方政府紧锣密鼓地开展设立专门的领导小组、领导亲自督察、网格化目标责任制等工作，有效地推动地方环境治理，降低激励偏差程度。具体而言，中央环保督察行动从中央直接深入基层一线，跨层行动打破了原有多层委托-代理关系中的信息不对称，使得各地严重的环境污染问题可以直达中央，改善了在多层委托代理链条上的激励强度递减问题，增强了政策激励效果，降低了激励偏差程度。同时，中央环保督察解决了一些跨省域、跨流域、跨区域的污染合作治理问题，弥补了原有激励机制在这方面的不足，也降低了激励偏差程度。

9.2　研究不足与展望

本书研究历经了 5 年时间，期间爆发的新冠疫情增加了数据资料收集、实地调研、深度访谈的难度。研究尚存在许多方面的不足，具体体现在以下几个方面。首先，政策执行激励偏差分析框架尚未进行正式经济学模型的演算，缺乏更加严谨的数理证明。其次，减排政策激励偏差因素分析中发现，公众监督是一股推动环境治理的强大力量，本研究尚未对此进行深入研究。再次，晋升激励研究中的 2013—2019 年 179 个地级城市数据为非平衡样本，最终有效样本仅 953 个。1000 多个原始样本中存在大量的缺失值和无效样本，数据质量有待提高。最后，生态补偿机制和中央环保督察问责机制中的激励偏差问题，尚未进行实证研究。

基于以上研究不足，减排政策执行的激励偏差研究可以在以下几个方面继续推进。第一，将政策执行激励偏差的要素数量化，推导各数量之间的关系，形成正式的经济学模型。第二，增加非正式环境监督力量的研究，对激励偏差较小的公众减排监督现象进行实证研究。第三，补充扩大地方官员特征与减排绩效样本量，对官员工作年限、学历、任期等特征与激励偏差的关系做进一步讨论。第四，收集数据对生态补偿机制和中央环保督察问责机制中的激励偏差问题进行研究。

|参考文献|

一、外文文献

[1] A. D. Chandler, Jr. Strategy and Structure, Cambridge, MA: MIT Press, 1962.

[2] Antweiler, Werner, Brian R. Copeland and M. Scott Taylor. Is Free Trade Good For The Environment? [J]. American Economic Review. 2001. 877-908.

[3] BAKE G P, JENSEN M C, MURPHY K J. CompensationandIncentives: Practice vs Theory [J]. The Journal of Finance, 1988, 43 (3): 593-616.

[4] Balaji S Chakravarthy, "Adaptation: A Promising Metaphor for Strategic Management", The Academy of Management Review, V01.7, No. 1, 1982, PP. 35-44.

[5] Baumol, Oates, Wallace E. Fiscal federalism [M]. New York: Harcourt Brace Jovanovich, 1972. 32-34.

[6] Barry. C. Field, Martha. K. Field. Environmental economics an introduction [M]. New York: Mc -Graw-Hill, 2005. 235-257.

[7] Borie M, Mathevet R, Letourneau A, et al. Exploring the contribution of fiscal transfers to protected area policy [J]. Ecology and Society, 2014, 19 (1): 119-122.

[8] Busch J, Mukherjee A. Encouraging state governments to protect and restore forests using ecological fiscal transfers: India's tax revenue distribution reform [J]. Conservation Letters, 2018, 11 (2): e12416.

[9] Breton, A. Competitive Governments: An Economic Theory of Politics and Public Finance [M], Cambridge, New York: Cambridge University Press. 1996.

[10] Child, J. Organizational Structure, Environment and Performance: The Role of Strategic Choice [J]. Sociology, 1972, 6 (1): 1-22.

[11] David J Hall and Maurice A. Saias, "Strategy Follows Structure!" Strategic Management.

[12] Droste N, Becker C, Ring I, et al. Decentralization effects in ecological fiscal transfers: A Bayesian structural time series analysis for Portugal [J]. Environmental and Resource Economics, 2018a, 71 (4): 1027-1051.

[13] Droste N, Ring I, Santos R, et al. Ecological fiscal transfers in Europe - evidence -based design options for a transnational scheme [J]. Ecological Economics, 2018b, 147: 373-382.

[14] Duncan Liefferink. New Modes of Environmental Governance: the Experience of the European Union [J]. Research of Environmental Sciences, 2006 (S1): 91-97.

[15] Elinor Ostrom. Governing the Commons: the Evolution of Institutions for Collective Action [M]. Shanghai: Shanghai Translation Publishing House, 2002.

[16] Fredriksson P G, Millimet D L. Strategic interaction and the determination of environmental policy across US states [J]. Journal of Urban Economics, 2002, 51 (1): 101-122.

[17] Gene M Grossman, Alan BKrueger. Environmental Impacts of a North-American Free Trade Agreement [J]. NBER Working Paper, no. 3914, 1991.

[18] George Baker, The Use of Performance Measures in Incentive Contracting [J]. The American Economic Review, 2000, 90 (2): 415-420.

[19] George Baker. Distortion and Risk in Optimal Incentive [J]. The Journal of Human Resources, 2002, 37 (4): 728-751. [6] Robert Gibbons.

1998. Incentives and Careers in Organizations [J]. Journal of Economic Perspectives, 12 (4): 115-32.

[20] Greenstone. M, R. Hanna. Environmental Regulations, Air and Water Pollution, and Infant Mortality in India [J]. American Economics Review, 2014. 104 (10).

[21] Harsman. B. J. M. Quigley. Political and Public Acceptablity of Congestion Pricing: Ideology and Self_ interest [J]. Journal of Policy Analysis and Maanagement, 2010, 29 (4).

[22] Hedley, A. J., C. M. Wong, T. Q. Thach, S. Ma, T. H. Lam, H. R. Anderson. Cardiorespiratory and All-cause Mortality after Restrictions on Sulphur Content of Fuel in Hong Kong: An Intervention Study [J]. The Lancet, 2002, 360 (9346). 1646-1652.

[23] Holmstrom B, Milgrom P. Multitask principal-agent analyses: Incentive contracts, asset ownership, and job design [J].

[24] Hua Wang, Wenhua Di. The determinants of Government environmental performance-an empirical analysis of Chinese townships, Policy Research Working Paper Series 2937, The World Bank. 2002.

[25] Incentives and Careers in Organizations [J]. Journal of Economic Perspectives, 12 (4): 115-32.

[26] Jay M. Shafritz. The facts on file dictionary of public administration [M]. New York: Facts On File Publications, 1985.

[27] Jay M. Shafritz. International encyclopedia of public policy and administration [Z]. Colorado: Westview Press, 1986. 6.

[28] Kenneth Y Chay, Michael Greenstone. Air Quality, Infant Mortality, and the Clean Air Act of 1970 [J]. National Bureau of Economic Research, 2003.

[29] Landry P F, Lü X, Duan H. Does performance matter? Evaluating political selection along the Chinese administrative ladder [J]. Comparative Political Studies, 2018, 51 (8): 1074-1105.

[30] Levrel H, Pioch S, Spieler R. Compensatory mitigation in marine ecosystems: Which indicators for assessing the "no net loss" goal of ecosystem services and ecological functions? [J]. Marine Policy, 2012, 36 (6): 1202-1210.

[31] Linder and Peters. Instrument of Government: Perceptions and Contexts. Journal of Public Policy, 1989, (9): 1-47.

[32] Li H, Zhou L A. Political turnover and economic performance: the incentive role of personnel control in China [J]. Journal of public economics, 2005, 89 (9): 1743-1762.

[33] Li, H., & Zhou, L. -A. (2005). Political turnover and economic performance: the incentive role of personnel control in China. Journal of Public Economics, 89 (9): 1743-1762.

[34] Luechinger, S. Air pollution and infant mortality: A Natural Experiment from Power Plant Desulfurization [J]. Journal of Health Economics, 2014, 37 (9).

[35] Matland. R. E. " Synthesizing the Implementation Literature: The Ambiguity-Conflict Model of Policy Implementation". Journal of Public Administration Research &Theory. 1995. 5 (2): 145-174.

[36] Ma, X., & Ortolano, L. (2000). Environmental regulation in China: Institutions, enforcement, and compliance: Rowman & Littlefield Publishers.

[37] Mumbunan S, Ring I, Lenk T. Ecological fiscal transfers at the provincial level in Indonesia [J]. Ufz Discussion Papers, 2012.

[38] Nick Hanley. The new economics of outdoor recreation [M]. France: Edward Elgar Publisher, 1996.

[39] Olivier Deschenes, Michael Greenstone, Joseph S. Shapiro. Defensive Investments and the Demand for Air Quality: Evidence from the NOX Budget Program and Ozone Reductions, IZA Dicussion Paper, 2013 (7557).

[40] Pressman, J. and A. Wildavsky. Implementation: How Great Expectations

in Washington are dashed in Oakland [M]. Berkeley, Calif: University of California Press. 1973.

[41] Pascal Courty and Gerald Marschke. A General Test for Distortions in Performance Measures [J]. The Review of Economics and Statistics. 2008, 99 (3): 428-441.

[42] Prendergast Canice. What Tradeoff of Risk and Incentives? [J]. American Economic Review, 2000, 90 (2): 421-25.

[43] Rosen S. Prizes and Incentives in Elimination Tournaments [J]. The American Economic Review, 1986, 76 (4): 701-715.

[44] Santos R, Ring I, Antunes P, et al. Fiscal transfers for biodiversity conservation: The Portuguese Local Finances Law [J]. Land Use Policy, 2012, 29 (2): 261-273.

[45] Sauquet A, Marchand S, Féres J G. Protected areas, local governments, and strategic interactions: The case of the ICMS-Ecológico in the Brazilian state of Paraná [J]. Ecological Economics, 2014, 107: 249-258.

[46] Schneider and Ingram. Social Construction of Target Populations; Implications for Politics and Policy. American Political Science Review, 1993, 87 (2): 339-340.

[47] Steven Kelman, John N. Friedman. Performance Improvement and Performance Dysfunction: An Empirical Examination of Distortionary Impacts of the Emergency Room Wait-Time Target in the English National Health Service [J]. Journal of Public Administration Research and Theory 2013, 23 (4): 917-946.

[48] Tom Harrison, Genia Kostka. Manoenuvres for a low carbon state: the local politics of climate change in China and India [J]. Research Paper, 2015.

[49] Thomas Heberer, Anja Senz. Streamlining Local Behavior through Communication, Incentives and Control: A Case Study of Local Environmental Policies in China [J]. Journal of Current Chinese Affairs, 2011, 40

（3）. 77-112.

[50] Ullock, Gordon. The politics of bureaucracy [M]. T Washington D. C.:
Public Affairs Press, 1965: 149-156.

[51] Van Rooij B. Implementation of Chinese environmental law: Regular en-
forcement and political campaigns [J]. Development and Change, 2006,
37（1）.

[52] William A. Brock, M. Scott Taylor. The Green So-low Model. Social Sci-
ences and Research Institute University of Wisconsin, Madison Working
Paper, No. 2004-16.

[53] Wu J, Xu M, Zhang P, "The Impacts of GovernmentalPerformance Assess-
ment Policy and Citizen Participa-tion on Improving Environmental Perform-
ance Across Chinese provinces", Journal of Cleaner Production, 2018.

[54] Xu, C. G. （2011）. The Fundamental Institutions of China's Reforms and
Development. Journal of Economic literature, 49（4）.

二、中文文献

[1] 毕正宇. 西方公共政策执行模式评析 [J]. 江汉论坛, 2008（04）:
91-96.

[2] 包群, 邵敏, 杨大利. 环境管制抑制了污染排放吗？ [J]. 经济研究,
2013, 48（12）: 42-54.

[3] 曹正汉. 中国上下分治的治理体制及其稳定机制 [J]. 社会学研究,
2011, 25（01）: 1-40.

[4] 陈钊, 徐彤. 走向"为和谐而竞争"：晋升锦标赛下的中央和地方治理
模式变迁 [J]. 世界经济, 2011, 34（09）: 3-18.

[5] 丁煌, 浅谈政策有效执行的信任基础 [J]. 理论探讨, 2003（05）:
91-93.

[6] 付彩芳. 地方政府环境治理绩效的经济分析——来自中国 196 个地级
市的经验证据 [J]. 技术经济, 2020, 39（07）: 193-199.

[7] 范俊荣. 浅析我国的环境问责制 [J]. 环境科学与技术, 2009, 32

（06）：185-188+205.

[8] 冯之浚，牛文元.低碳经济与科学发展［J］.中国软科学，2009（08）：13-19.

[9] 关斌.地方政府环境治理中绩效压力是把双刃剑吗？——基于公共价值冲突视角的实证分析［J］.公共管理学报，2020，17（02）：53-69+168.

[10] 葛大汇.执行中的中央政策与地方决策机制——以安徽省农村义务教育经费的维持为例［J］.中国行政管理，2006（03）：82-87.

[11] 甘黎黎.我国环境治理的政策工具及其优化［J］.江西社会科学，2014，34（06）：199-204.

[12] 郭峰，石庆玲.官员更替、合谋震慑与空气质量的临时性改善［J］.经济研究，2017，52（07）：155-168.

[13] 郭劲光，王杰."调适性联结"：基层政府政策执行力演变的一个解释［J］.公共管理学报，2021，18（02）：140-152+175.

[14] 高树婷，苏伟光，杨琦佳.基于DEA-Malmquist方法的中国区域排污费征管效率分析［J］.中国人口·资源与环境，2014，24（02）：23-29.

[15] 国务院关于印发"十二五"综合性节能减排工作方案的通知［J］.宁波节能.2011-10-15，国发［2011］26号.

[16] 韩超，孙晓琳，李静.环境规制垂直管理改革的减排效应——来自地级市环保系统改革的证据［J］.经济学（季刊），2021，21（01）：335-360.

[17] 贺东航，孔繁斌.公共政策执行的中国经验［J］.中国社会科学，2011（05）：61-79.

[18] 韩国高，张超.财政分权和晋升激励对城市环境污染的影响——兼论绿色考核对我国环境治理的重要性［J］.城市问题，2018（02）：25-35.

[19] 黄晗.地方政府与中国环境政策执行困境分析［J］.北京行政学院学报，2013（04）：14-18.

[20] 郝吉明, 程真, 王书肖. 我国大气环境污染现状及防治措施研究 [J]. 环境保护, 2012 (09): 17-20.

[21] 黄君洁, 韩笑. 地方政府官员个人特征对环境保护支出的影响研究——基于县级地方政府领导数据 [J]. 发展研究, 2020 (02): 70-81.

[22] 何可, 张俊飚, 张露, 吴雪莲. 人际信任、制度信任与农民环境治理参与意愿——以农业废弃物资源化为例 [J]. 管理世界, 2015 (05): 75-88.

[23] 贺芒, 陈彪. 环保督察约束力与地方跨层级环境治理逻辑——基于 S 省 P 市的案例考察 [J]. 北京行政学院学报, 2020 (05): 30-38.

[24] 黄民礼. 信息不对称、主体行为与环境规制的有效性——以中国工业废水治理为例 [D]. 暨南大学, 2008.

[25] 胡象明. 地方政策执行: 模式与效果 [J]. 经济研究参考, 1996 (J6): 39-42.

[26] 江凤娟. 基层官员教育政策执行行为分析——基于 X 省 A 县中小学布局调整政策执行的调查 [J]. 教育学术月刊, 2011 (04): 44-47.

[27] 吉立, 刘晶, 李志威, 等. 2011-2015 年我国水污染事件及原因分析 [J]. 生态与农村环境学报, 2017, 33 (09): 775-782.

[28] 纪志宏, 周黎安, 王鹏, 等. 地方官员晋升激励与银行信贷——来自中国城市商业银行的经验证据 [J]. 金融研究, 2014 (1): 1-15.

[29] 孔繁成. 晋升激励、任职预期与环境质量 [J]. 南方经济, 2017 (10): 90-110.

[30] 康建辉, 李秦蕾. 论我国政府环境问责制的完善 [J]. 环境与可持续发展, 2010, 35 (04): 62-65.

[31] 梁平汉、高楠. 人事变更、法制环境和地方环境污染 [J]. 管理世界, 2014 (6): 71.

[32] 李从欣, 李国柱. 政策工具视角下河北省节能减排政策研究 [J]. 石家庄经济学院学报, 2016, 39 (05): 58-64+74.

[33] 李国平, 李潇. 国家重点生态功能区的生态补偿标准、支付额度与调整目标 [J]. 西安交通大学学报 (社会科学版), 2017, 37 (2): 1-9.

[34] 刘洪斌. 节能减排政府责任保障机制研究 [D]. 中国海洋大学, 2010: 13.

[35] 刘华军, 孙亚男, 陈明华. 雾霾污染的城市间动态关联及其成因研究 [J]. 中国人口·资源与环境, 2017, 27 (03): 74-81.

[36] 李林倬. 基层政府的文件治理——以县级政府为例 [J]. 社会学研究, 2013, 28 (04): 101-128+244.

[37] 刘炯. 生态转移支付对地方政府环境治理的激励效应——基于东部六省46个地级市的经验证据 [J]. 财经研究, 2015, 41 (2): 54-65.

[38] 李敬涛, 陈志斌. 财政透明、晋升激励与公共服务满意度——基于中国市级面板数据的经验证据 [J]. 现代财经（天津财经大学学报）, 2015, 35 (07): 91-104.

[39] 李侃如, 李继龙. 中国的政府管理体制及其对环境政策执行的影响 [J]. 经济社会体制比较, 2011 (02): 142-147.

[40] 刘茗. 官员任期与环境治理的关系 [D]. 中国地质大学（北京）, 2020.

[41] 刘奇, 张金池. 基于比较分析的中央环保督察制度研究 [J]. 环境保护, 2018, 23 (1): 51-54.

[42] 刘松瑞, 王赫, 席天扬. 行政竞标制、治理绩效和官员激励——基于国家卫生城市评比的研究 [J/OL]. 公共管理学报: 2020 (08): 1-12.

[43] 李胜. 两型社会环境治理的政策设计——基于参与人联盟与对抗的博弈分析 [J]. 财经理论与实践, 2009, 30 (05): 92-96.

[44] 李素利, 张金隆, 刘汕. 多维多层视角下我国社会保障政策执行效果测度研究 [J]. 管理评论, 2015, 27 (03): 24-38.

[45] 李伟伟. 中国环境政策的演变与政策工具分析 [J]. 中国人口·资源与环境, 2014, 24 (S2): 107-110.

[46] 李永友, 沈坤荣. 我国污染控制政策的减排效果——基于省际工业污染数据的实证分析 [J]. 管理世界, 2008 (07): 7-17.

[47] 李萱等. 中国环保行政体制结构初探 [J]. 中国人口·资源与环境, 2012, 22 (01).

[48] 刘伟，李虹. 中国煤炭补贴改革与二氧化碳减排效应研究 [J]. 经济研究，2014, 49 (08)：146-157.

[49] 罗万纯. 中国农村政策效果评价及影响因素分析——基于村干部视角 [J]. 中国农村经济，2011 (01)：15-26.

[50] 李万新，埃里克·祖斯曼. 从意愿到行动：中国地方环保局的机构能力研究 [J]. 环境科学研究，2006 (S1)：21-27.

[51] 李勇刚，高波，王璟. 晋升激励、土地财政与公共教育均等化 [J]. 山西财经大学学报，2012, 34 (12)：1-9.

[52] 李子豪. 地区差异、外资来源与 FDI 环境规制效应研究 [J]. 中国软科学，2016 (08)：89-101.

[53] 刘政文，唐啸. 官员排名赛与环境政策执行——基于环境约束性指标绩效的实证研究 [J]. 技术经济，2017, 36 (08)：118-127.

[54] 李珍妮. 机构养老"医养结合"政策执行效果研究 [D]. 广西大学，2016.

[55] 刘张立，吴建南. 中央环保督察改善空气质量了吗？——基于双重差分模型的实证研究 [J]. 公共行政评论，2019, 12 (02)：23-42+193-194.

[56] 毛晖，张鸿景，甘军. 地方政府环境治理的动力何在？ [J]. 学习与探索，2019 (12)：114-122.

[57] 马本，孙艺丹，刘海江等，国家重点生态功能区转移支付的政策演进、激励约束与效果分析 [J]. 环境与可持续发展，2020, 45 (4)：42-50.

[58] 梅赐琪，刘志林. 行政问责与政策行为从众："十一五"节能目标实施进度地区间差异考察 [J]. 中国人口·资源与环境，2012, 22 (12)：127-134.

[59] 缪小林，赵一心. 生态功能区转移支付对生态环境改善的影响：资金补偿还是制度激励？ [J]. 财政研究，2019, 435 (5)：17-32.

[60] 马亮. 绩效排名、政府响应与环境治理：中国城市空气污染控制的实证研究 [J]. 南京社会科学，2016 (08)：66-73.

［61］马素林，韩军，杨肃昌. 城市规模、聚居与空气质量［J］. 中国人口·资源与环境，2016（26）：14.

［62］倪星，王锐. 从邀功到避责：基层政府官员行为变化研究［J］. 政治学研究，2017（02）：42-51+126.

［63］渠敬东，周飞舟，应星. 从总体支配到技术治理——基于中国30年改革经验的社会学分析［J］. 中国社会科学，2009（06）：104-127.

［64］戚建刚，余海洋. 论作为运动型治理机制之"中央环保督察制度"——兼与陈海嵩教授商榷［J］. 理论探讨，2018，9（23）：12-15.

［65］乔坤元，周黎安，刘冲. 中期排名、晋升激励与当期绩效：关于官员动态锦标赛的一项实证研究［J］. 经济学报，2014，1（03）：84-106.

［66］冉冉. "压力型体制"下的政治激励与地方环境治理［J］. 经济社会体制比较，2013（03）：111-118.

［67］任丙强，靳子乐. 环保行政约谈制度探析［J］. 中国特色社会主义研究，2018（02）：90-95.

［68］任丙强. 地方政府环境政策执行的激励机制研究：基于中央与地方关系的视角［J］. 中国行政管理，2018（6）：129-135.

［69］饶帅. 公务员政策执行偏好对精准扶贫政策执行效果的影响研究［D］. 兰州大学，2017.

［70］任胜钢，蒋婷婷，李晓磊，袁宝龙. 中国环境规制类型对区域生态效率影响的差异化机制研究［J］. 经济管理，2016，38（01）：157-165.

［71］司林波，刘小青，乔花云，孟卫东. 政府生态绩效问责制的理论探讨——内涵、结构、功能与运行机制［J］. 生态经济，2017，33（12）：208-212+222.

［72］沈铭涵. 吉林省重点生态功能区县域财政困境问题研究［D］. 吉林大学，2020.

［73］孙萌，台航. 基础教育的财政投入与人力资本结构的优化——基于CHIP数据和县级数据的考察［J］. 中国经济问题，2018（05）：68-85.

［74］沈坤荣，付文林. 税收竞争、地区博弈及其增长绩效［J］. 经济研究，2006（06）：16-26.

[75] 石庆玲, 郭峰, 陈诗一. 雾霾治理中的"政治性蓝天"——来自中国地方"两会"的证据 [J]. 中国工业经济, 2016 (05): 40-56.

[76] 孙伟增, 罗党论, 郑思齐, 万广华. 环保考核、地方官员晋升与环境治理——基于 2004—2009 年中国 86 个重点城市的经验证据 [J]. 清华大学学报 (哲学社会科学版), 2014, 29 (04): 49-62.

[77] 宋雅琴, 古德丹. "十一五规划"开局节能、减排指标"失灵"的制度分析 [J]. 中国软科学, 2007 (09): 25-32+87.

[78] 田淑英, 董玮, 许文立. 环保财政支出、政府环境偏好与政策效应——基于省际工业污染数据的实证分析 [J]. 经济问题探索, 2016 (07): 14-21.

[79] 田雄, 郑家昊. 被裹挟的国家: 基层治理的行动逻辑与乡村自主 [J]. 公共管理学报, 2016 (2): 141-151.

[80] 王玉婷. 地方政府融资平台贷款信用风险研究 [D]. 武汉大学, 2016.

[81] 王凤, 阴丹. 公众环境行为改变与环境政策的影响——一个实证研究 [J]. 经济管理, 2010, 32 (12): 158-164.

[82] 王鸿儒, 陈思丞, 孟天广. 高管公职经历、中央环保督察与企业环境绩效——基于 A 省企业层级数据的实证分析 [J]. 公共管理学报, 2021, 18 (01): 114-125+173.

[83] 王贺. 义务教育学校绩效工资政策执行效果研究 [D]. 武汉大学, 2015.

[84] 王珂, 毕军, 张炳. 排污权有偿使用政策的寻租博弈分析 [J]. 中国人口·资源与环境, 2010, 20 (09): 95-99.

[85] 魏龙, 潘安. 战略性环境政策研究述评 [J]. 经济社会体制比较, 2016 (01): 174-183.

[86] 魏姝. 府际关系视角下的政策执行——对 N 市农业补贴政策执行的实证研究 [J]. 南京农业大学学报 (社会科学版), 2012, 12 (03): 94-101.

[87] 翁士洪. 农村土地流转政策的执行偏差——对小岗村的实证分析

[J]. 公共管理学报，2012，9（01）：17-24.

[88] 吴建南，徐萌萌，马艺源. 环保考核、公众参与和治理效果：来自31个省级行政区的证据［J］. 中国行政管理，2016（09）：75-81.

[89] 王贤彬，徐现祥. 地方官员来源、去向、任期与经济增长——来自中国省长省委书记的证据［J］. 管理世界，2008（03）：16-26.

[90] 王昱，丁四保，王荣成，区域生态补偿的理论与实践需求及其制度障碍［J］. 中国人口·资源与环境，2010，20（7）：74-80.

[91] 徐换歌. 评比表彰何以促进污染治理？——来自文明城市评比的经验［J］. 公共行政评论，2020，13（06）：151-169+213.

[92] 徐鸿翔，张文彬. 国家重点生态功能区转移支付的生态保护效应研究——基于陕西省数据的实证研究［J］. 中国人口·资源与环境，2017，27（11）：141-148.

[93] 薛惠元，曹立前. 农户视角下的新农保政策效果及其影响因素分析——基于湖北省605份问卷的调查分析［J］. 保险研究，2012（06）：119-127.

[94] 徐莉萍，蔡雅欣，李姣好. 生态财政转移支付制度研究［C］. 2012中国可持续发展论坛2012年专刊（一）. 2013.

[95] 荀丽丽等. 政府动员型环境政策及其地方实践——关于内蒙古S旗生态移民的社会学分析［J］. 中国社会科学，2007（05）.

[96] 徐琦. 氨氮减排从哪里着手？［N］. 中国环境报. 2011-5-23（1）.

[97] 谢中起，龙翠翠，刘继为. 特质与结构：环境问责机制的理论探究［J］. 生态经济，2015，31（05）：122-126.

[98] 苑春荟，燕阳. 中央环保督察：压力型环境治理模式的自我调适——一项基于内容分析法的案例研究［J］. 治理研究，2020，56（1）：57-68.

[99] 杨华，袁松. 中心工作模式与县域党政体制的运行逻辑——基于江西省D县调查［J］. 公共管理学报，2018，15（01）：12-22+153-154.

[100] 印子. 治理消解行政：对国家政策执行偏差的一种解释——基于豫南G镇低保政策的实践分析［J］. 南京农业大学学报（社会科学

版），2014，14（03）：80-91.

[101] 杨小敏. 中央环保督察问责新常态 [J]. 中国集体经济，2018（16）：159-160.

[102] 向延平，陈友莲. 跨界环境污染区域共同治理框架研究——新区域主义的分析视角 [J]. 吉首大学学报（社会科学版），2016，37（03）：95-99.

[103] 杨洪刚. 中国环境政策工具的实施效果及其选择研究 [D]. 复旦大学，2009.

[104] 于海江（见习记者）. 烟气脱硫提效势在必行——部分地区火电厂脱硫效率要达97% [N]. 中国电力报. 2013-7-8（5）.

[105] 杨洪刚. 中国环境政策工具的实施效果及其选择研究 [D]. 复旦大学，2009.

[106] 杨海生，陈少凌，周永章. 地方政府竞争与环境政策——来自中国省份数据的证据 [J]. 南方经济，2008（06）：15-30.

[107] 余韵. 政府的环保责任与环保问责制度的建立 [J]. 长江大学学报（社会科学版），2007（01）：88-91.

[108] 臧传琴，吕杰. 环境规制效率的区域差异及其影响因素——基于中国2000—2014年省际面板数据的经验考察 [J]. 山东财经大学学报，2018，30（01）：35-43.

[109] 臧传琴，初帅. 地方官员特征、官员交流与环境治理——基于2003—2013年中国25个省级单位的经验证据 [J]. 财经论丛，2016（11）：105-112.

[110] 张汉. 城市基层党组织调适的策略与结构——一个组织研究的视角 [J]. 复旦政治学评论，2017，18（1）：155-189.

[111] 张华. 地区间环境规制的策略互动研究——对环境规制非完全执行普遍性的解释 [J]. 中国工业经济，2016（07）：74-90.

[112] 郑寰. 跨域治理中的政策执行困境——以我国流域水资源保护为例 [J]. 甘肃行政学院学报，2012（03）：17-25+126.

[113] 周黎安. 中国地方官员的晋升锦标赛模式研究 [J]. 经济研究，

2007（07）.

[114] 张军：《中国经济发展：为增长而竞争》，《世界经济文汇》，2005 年第 4 期.

[115] 赵金旭，孟天广. 官员晋升激励会影响政府回应性么？——基于北京市"接诉即办"改革的大数据分析 [J]. 公共行政评论，2021，14（02）：111-134+231.

[116] 张江雪，蔡宁，杨陈. 环境规制对中国工业绿色增长指数的影响 [J]. 中国人口·资源与环境，2015，25（01）：24-31.

[117] 朱琳. 基于成本-效益的节能减排政策执行效果分析 [D]. 天津师范大学，2014.

[118] 张萍，农麟，韩静宇. 迈向复合型环境治理——我国环境政策的演变、发展与转型分析 [J]. 中国地质大学学报（社会科学版），2017，17（06）：105-116.

[119] 郑石明，雷翔，易洪涛. 排污费征收政策执行力影响因素的实证分析——基于政策执行综合模型视角 [J]. 公共行政评论，2015（1）：39.

[120] 张敏思. 对天津市碳排放权交易试点的分析和建议 [J]. 中国能源，2015，37（04）：45-47+13.

[121] 郑思齐，万广华，孙伟增，罗党论. 公众诉求与城市环境治理 [J]. 管理世界，2013（06）：72-84.

[122] 张世秋，李彬. 环境管理中的经济手段 [M]. 北京：中国环境科学出版社，1996.

[123] 张文彬，李国平. 国家重点生态功能区转移支付动态激励效应分析 [J]. 中国人口·资源与环境，2015，25（10）：125-131.

[124] 庄文嘉. 在政治与行政之间：我国基层劳动监察运作中的选择性政策执行——对某地级市劳动部门的个案研究 [J]. 广东行政学院学报，2010，22（04）：26-30.

[125] 郑雪梅，生态转移支付——基于生态补偿的横向转移支付制度 [J]. 环境经济，2006，（7）：11-15.

［126］郑雪梅，生态补偿横向转移支付制度探讨［J］.地方财政研究，2017，（8）：40-47.

［127］周雪光，练宏.政府内部上下级部门间谈判的一个分析模型——以环境政策实施为例［J］.中国社会科学，2011（05）：80-96.

［128］周雪光.基层政府间的"共谋现象"——一个政府行为的制度逻辑［J］.开放时代，2009（12）：40-55.

［129］周雪光，中国国家治理及其模式：一个整体性视角［J］.学术月刊，2014，（10）：5-11，32.

［130］周雪光.运动型治理机制：中国国家治理的制度逻辑再思考［J］.开放时代，2012（09）：105-125.

［131］张新文，张国磊.环保约谈、环保督查与地方环境治理约束力［J］.北京理工大学学报（社会科学版），2019，21（04）：39-46.

［132］赵一心.我国生态功能区转移支付的生态环境效应［D］.云南财经大学，2019.

［133］张欣怡.财政分权下地方政府行为与环境污染问题研究——基于我国省级面板数据的分析［J］.经济问题探索，2015（03）：32-41.

［134］张玉林.社会科学领域的中国环境问题研究［J］.浙江学刊，2008（04）：27-33.

［135］周碧华.公共部门激励扭曲问题研究［J］.公共行政评论.2015（2）：3-22.

［136］周碧华.公共部门激励扭曲的形成及测量［J］.中国行政管理.2015（3）：107-110.

［137］周碧华.公共部门激励扭曲测量方法研究——以福建某市37个乡镇街道为例［J］.华侨大学学报（哲社版）.2014（4）：55-61.

［138］周碧华，刘涛雄.组织承诺与最优激励［J］.公共管理评论.2013（2）：3-22.

［139］周碧华，方建云，杨婉贞.基层政府绩效考核的元评估分析——以福建某县级市为例［J］.新视野，2015（4）：71-78.

［140］周景博，陈妍.中国区域环境效率分析［J］.统计与决策，2008

（14）：44-46.

[141] 周业安，冯兴元，赵坚毅. 地方政府竞争与市场秩序的重构 [J]. 中国社会科学，2004（01）：56-65.

[142] 赵志华，吴建南. 大气污染协同治理能促进污染物减排吗？——基于城市的三重差分研究 [J]. 管理评论，2020，32（01）：286-297.

[143] 张振波. 从逐底竞争到策略性模仿——绩效考核生态化如何影响地方政府环境治理的竞争策略？[J]. 公共行政评论，2020，13（06）：114-131+211-212.

[144] 张宏翔，王铭槿. 公众环保诉求的溢出效应——基于省际环境规制互动的视角 [J]. 统计研究，2020，37（10）：29-38.

三、著作

[1] 陈振明. 政策科学 [M]. 中国人民大学出版社，1998，279.

[2] 李侃如，治理中国：从革命到改革：from revolution through reform [M]. 中国社会科学出版社，2010.

[3] 宁骚. 公共政策学 [M]. 北京：高等教育出版社。2018：150-152.

[4] 丘昌泰：《公共政策——当代政策科学理论之研究》，台北：巨流图书公司1995年版本.

[5] 荣敬本等.《从压力型体制向民主合作体制的转变：县乡两级政治体制改革》，中央编译出版社，1998.

[6] 陶学荣，崔运武. 公共政策分析 [M]. 华中科技大学出版社，2008，295.

[7] 习近平. 习近平谈治国理政. 外文出版社，2020.6，第三卷第19专题，第502页.

[8] 周碧华. 公共部门激励扭曲 [M]. 经济日报出版社. 2017（5）：13-14.

[9] 周亚越. 行政问责制的内涵及其意义 [J]. 理论与改革，2004（4）.

附录 A　新冠疫情管控措施
对我国城市空气质量影响

一、研究背景

随着我国经济的高速发展，人民生活水平不断提高，国民对美好生活的追求愈加热烈。生态环境作为人类赖以生存之所，受到更为广泛和深刻的关注。环境治理和可持续发展问题走进国民视野，而大气污染作为一个不容忽视的环境问题。2013 年国家提出了"大气十条"，要求淘汰落后产能，提高能源利用率、在不同城市间设定有区别的浓度控制目标等措施，以求实现对大气污染物排放量的有效控制（杨斯悦等，2020）。2018 年，我国推出《打赢蓝天保卫战三年行动计划》，为空气污染治理和预防行动提供指导。同时，各省市各部门制定一系列政策，如《关于推进实施钢铁行业超低排放的意见》《河北省大气污染防治条例》《海南省大气污染防治实施方案（2016—2018 年）》，充分体现了中国政府治理大气污染、保护蓝天的决心。据环境保护部的数据，截至 2020 年末，全国 337 个地级及以上城市 PM2.5 浓度为 $53mg/m^3$，与 WHO 规定的 $10\mu g/m^3$ 还有很大差距。空气污染治理仍是我国较长期内需要坚持的行动。空气污染问题受到诸多因素作用，自然地理条件、经济生产排放、环保政策实施等都会对一个地区的空气质量状况产生影响。环保政策的效果也容易因为与气象、经济等因素等的相互交织而难以明确。

此次新冠肺炎疫情中，为保障国民生命健康和财产安全，各级政府紧急启动突发重大公共卫生事件一级响应机制，采取限制出行、停工停产等强力管制措施。管制措施实行期间，各地公路、铁路禁止通行，除大量因为工序无法中断的重工业和与基本民生密切相关的取暖、电力等行业外，中小型工业均处于停滞状态。石油化工、建筑业，及其他制造业受上下游产业链停工阻碍，生产大幅下降（罗剑等，2020）。理论上，限制出行和生产会带来大气污染物排放量的减少，从而对空气质量产生福利效应。然而，在管制措施实行期间，部分地区仍会偶发重度污染天气（吴力波等，2020）。此次新冠肺炎疫情，为评估环保政策效果提供了一个天然试验，这个试验条件是正常生产生活状态下无法达成的。现代交通、工业、服务业几乎同时在一个时间节点由正常水平跳至趋近于相对零的状态。在这个"天然试验"中，我们能够探讨限制出行和生产这类措施的减排效应究竟如何？不同特质的区域之间，限制出行和生产这类措施是否能够取得同样的环保效果？

本研究将基于全国重点城市和重要经济区域的空气数据，对新冠肺炎疫情期间的空气质量状况进行研究，探讨限制出行和生产对空气质量是否会产生影响？会产生怎样的影响？在具有不同特质的区域间该影响是否发生变化等问题，从而进一步丰富相关环保政策效应研究和新冠肺炎疫情主题研究的内容。本研究测度上述影响及变化，从而为未来评估环境保护措施的效益提供一定的依据，便于制订和执行更加经济、高效的环境保护政策。对不同区域的异质性分析也将有利于各地区因地制宜，设计和选择更具本土特色的环保政策，增强环保政策的实施效果，更好地保护和美化环境。

二、文献综述

（一）国内文献综述

当前，距离人类首次发现新冠肺炎病毒已过去三年多。其间，国内许多学者对新冠肺炎疫情展开研究，但有关新冠肺炎疫情管制措施与空气质量关系的研究仍较少。总体而言，现有文献具有以下三大特点：地域限制、时间限制、学科限制。多数学者并没有放眼全国，而是局限于特定省市或区域，样本选取范围较窄。学者姚振中、张宝军等分别对太原市和唐山市两个地级市进行研究，通过测度两市大气污染物浓度，分析两市空气质量是否好转。更多学者则是着眼于某一省份或区域，从特定省份或区域的空气质量数据出发，分析该省份或区域的空气质量数据特点，如刘厚凤等模拟了 2020 年初山东省空气质量状况，以探求疫情管制措施对山东省空气质量的影响；周亚端等对新冠肺炎疫情期间湖北省大气污染物减排效果进行评估，旨在获取不同大气污染物质对管制措施的敏感程度；赵雪等研究了京津冀地区空气质量对污染物减排及气象因素的响应关系，吴璇等则选择沿江典型城市大气环境污染特征进行分析。现有文献大多把测度时间限制在一级响应机制启动之后，将管制措施生效后的空气质量与往年同期相比对，从而总结出管制期内空气质量状况及变化。然而，不同年份的气象因素有所差异，节日假期活动等人为安排也不尽相同，这类一般性的同期比较并不足以直观展现疫情管制措施实施与空气质量的关系。同时，大多数学者均来自环境科学领域，对新冠肺炎疫情与空气质量关系的研究角度较为单一，多采用气象学的研究方法对上述关系进行分析，很少从政府行为或政策效应切入。

尽管存在上述限制，但现有研究成果依然能够带来许多启发。大气污染物浓度取决于人为排放污染物和气象条件的共同影响（刘厚凤等，2020），人为排放污染物是大气污染的主要来源。众多研究表明，我国的空气污染主要来自居民生产生活，如工业排放、汽车尾气、煤炭消费和秸秆燃烧等。此次疫情中，各省市采取的主要管制措施就是管制出行和生产，减少人口集聚和流动。这些管制措施理论上减少了空气污染的人为源，能够达到优化空气质量的效果。许多现有研究对这一推测作出支持，赵雪等综合运用数理统计和空间分析方法对京津冀地区疫情防控期间空气污染状况的研究表明，京津冀地区疫情防控期间的空气质量指数和各类污染物平均浓度与 2019 年同期相比均有下降（赵雪等，2020）。同样，江西省沿长江各市在疫情防控期间的空气质量也有所改善，AQI 值①较 2018、

① AQI：空气质量指数，数值越低表示空气质量越好。

2019 年同期分别下降 43%和 50%，6 项主要大气污染物①浓度均同比下降（吴璇等，2020）。然而，也有一些研究显示，疫情防控期间，部分地区的 AQI 值和 6 项主要大气污染物浓度不降反而升。比如，疫情期间山东省 O_3 浓度平均上升 20.51%，人为活动因素影响占 10.04%（吴璇等，2020）；唐山市 CO 浓度均值相较正常生产生活时段并无明显变化（张宝军等，2020）。这些研究成果反映出疫情管制措施实施对空气质量和大气污染物的影响具有不确定性，并让人不禁产生疑问，在国家层面上，疫情管制措施实施对空气质量和大气污染物的影响是怎样的？

（二）国外文献综述

国际方面，有关新冠病毒肺炎疫情期间空气质量状况的研究更为丰富，来自美洲、非洲、大洋洲、亚洲等多个洲的多位学者对此展开探讨。现有研究多基于地面、卫星监测数据，对新冠病毒肺炎疫情期间当地的空气质量和大气污染物排放进行描述。国外学者的研究结论也显示出新冠病毒肺炎疫情对空气质量影响的不确定性。此不确定性一是体现在不同地区同一大气污染物浓度的不同变化趋势上，如澳大利亚悉尼地区在新冠肺炎疫情期间空气质量得到明显改善，PM2.5 浓度有所下降（Duc Hiep 等，2021），而远在波斯湾的阿布扎比，PM2.5 浓度却呈现上升趋势（Oriol Teixidó 等，2021）；美国新冠病毒肺炎疫情期间 O_3 浓度变化幅度虽然不大，但也有所降低（Bekbulat Bujin 等，2021），而印度德里、孟买等地的 O_3 浓度却上升 2%（Shehzad Khurram 等，2020）。另外，对于同一地区而言，不同大气污染物浓度的变化趋势和幅度也有所不同，如欧洲环境局的统计数据表明，欧洲疫情管制期间，NO_2 浓度明显下降，但 PM2.5 浓度下降趋势却不显著（Collivignarelli M C 等，2020）。部分学者进一步探讨了疫情管制、封锁是否是造成新冠病毒肺炎疫情期间空气质量变化的主因，Etchie Tunde Og-bemi 等通过分析尼日利亚气溶胶光学特性、气象及空间参数等后认为，尼日利亚新冠病毒肺炎疫情期间的空气质量改善与管制措施的实施关系不大，而与当地气候更为相关（2021）。一些发生于新冠病毒肺炎疫情管制期间的自

---

① 六项主要大气污染物：PM2.5、PM10、SO_2、CO、NO_2、O_3。

然灾害也直接作用于空气质量，扩大空气质量变化的不确定性，如即使处于严格封锁期，撒哈拉沙尘事件仍旧使哥伦比亚波哥大的 PM10 浓度增加至 168 微克/立方米，麦德林的 PM10 浓度增加到 104 微克/立方米。

世界各洲各国有着气候条件、人文背景、经济基础等多方面差异，各国在疫情暴发时期的具体应对对策和强度也有所不同。因此，世界范围内空气质量变化的不确定性并非出人意料。在这场全人类与新冠病毒的战争中，中国政府及人民展现出的伟大力量，在全球范围依旧瞩目。中国政府采取最全面、最严格、最彻底的防控措施，中国人民不分性别、年龄、职业，自觉遵守规定、参与抗疫。中国率先成为世界上最安全的地方，也为人类活动与空气质量关系的研究提供了最好的实验场。

三、研究基本假设和数据来源

（一）研究假设

基于国内外现有文献整理，居民出行、工业生产等人为活动是我国大气污染物的主要排放源，居民出行、工业生产等人为活动的减少，理论上将带来大气污染物排放量的下降，从而对空气质量产生福利效应。从对中国局部地区和世界其他国家的现有研究结论来看，多数地区在新冠肺炎疫情管制、封锁期间，都经历了空气质量的改善，即当地 AQI 值随着疫情管制措施的实施和深入而下降。细分至 6 种大气污染物，现有研究结论表现出较强的不确定性，但总体来看 PM2.5、PM10、SO_2、CO、NO_2 浓度在多数城市和国家呈现下降趋势，而 O_3 或许由于生成因素的复杂性，在中国山东、印度德里和孟买、阿布扎比、澳大利亚悉尼等多个地区表现出不降反升的趋势（吴璇等，2020；Shehzad Khurram 等，2020；Oriol Teixidó 等，2021；Duc Hiep 等，2021）。作为在疫情期间实施最严格管制措施之一的国家，中国全域是否在疫情暴发期间，也存在上述变化？这将是本文探讨的主要问题。同时，除去人为因素，环境容量因素，包括地形、森林覆盖率等不变环境因素和气压、风力、降雨量、温度等可变环境因素，对空气污染物具有散逸效果，因此，需要在研究中加以考虑（罗剑等，2020）。其中，地形、森林覆盖率等指标在短期内难以改变，而温度、风速、湿度等可变环境因素则需要作为控制变量，剔除其影响。综合现有研究结论，本文在控制气温、相对湿度、风速的情况下，提出以下假设：

假设1：新冠疫情管制措施实施后，空气质量指数水平下降，空气质量改善；

假设2：新冠疫情管制措施实施后，PM2.5、PM10、SO_2、CO、NO_2浓度降低；

假设3：新冠疫情管制措施实施后，O_3浓度会越来越高。

(二) 基准模型设计

为方便统计，本研究将全国各省市启动重大突发公共卫生事件一级响应机制的时间节点作为此次疫情管制措施生效的时间节点。全国各省市启动重大突发公共卫生事件一级响应机制的时间节点十分集中，除西藏自治区外，其他省市启动一级响应机制的时间均处于2020年1月23日至2020年1月25日之间。同时，绝大多数国民自我防护意识强烈，主动减少外出。所以，可以近似认为，新冠肺炎疫情管制措施效力在同一时间节点作用于全国各省市。理论上，在这一时间节点，空气质量和大气污染物浓度会发生突变。本研究引入断点回归分析法，基于统计数据，通过观察时间节点处是否存在明显断点，结合相关系数来描述此次疫情管制措施实施对我国空气质量的影响。

本研究假定全国各省市均在2020年1月24日这一时间节点遭受疫情管制措施的冲击，采用断点回归方法评估疫情管制措施的实施对空气质量的影响。在此次评估中，一级响应机制启动时点（2020年1月24日）即为时间断点，在控制气温、相对湿度、风速等条件的情况下，如果断点前后空气质量指数和大气污染物浓度发生突变，且其余时间点附近呈现连续特点，则说明疫情管制措施的实施导致空气质量和大气污染物浓度的变化。参考有关文献，本研究将基准模型设定如下：

$$Y_{i,t} = \beta_1 D_{i,t} + \beta_2 COV_{i,t} + \varepsilon_{i,t}$$

其中 i 代表城市，t 代表日期，$Y_{i,t}$ 代表城市 i 在日期 t 时的空气质量或大气污染物浓度，$D_{i,t}$ 为时间虚拟变量，描述 i 城市所在省份在日期 t 是否启动突发公共卫生事件一级响应机制，即疫情管制措施是否实施，启动前为 0，启动后为 1。$COV_{i,t}$ 为协变量，即控制变量，包括日平均气温、湿度、风速等。$\varepsilon_{i,t}$ 为随机扰动项。上式中系数 β_1 表示疫情管制措施对空气质量和大气污染物浓度的影响，若其小于 0，则说明空气质量指数和大气污染物浓度在疫情管制措施实施后有所下降，空气质量在疫情管制措施实施后有所好转。

（三）样本数据

本研究依据中国生态环境部出台的《全国城市空气质量报告》选取 168 个重点城市进行分析，这些城市分布在京津冀及周边地区、长三角地区、汾渭平原、成渝地区、长江中游、珠三角等不同区域。本研究将全国各省市疫情管制措施实施时间近似看作 2020 年 1 月 24 日，该日即为时间断点。为尽可能增强样本数据的代表性，并尽可能覆盖多数省市疫情管制措施实施期，将研究模型带宽界定为时间断点前后 30 天。因此，本研究所使用的空气质量数据时间跨度为 2019 年 12 月 25 日至 2020 年 2 月 23 日，包含每个城市 AQI 以及 PM2.5、PM10、SO_2、CO、NO_2 和 O_3 共 6 种大气污染物，数据来源为中国空气质量在线监测分析平台（https://www.aqistudy.cn）。研究所使用的温度、风速、湿度等天气数据来源于慧聚数据网（http://hz.zc12369.com）。分析软件为 Stata12.0 统计软件。

表 A.1 是对各变量的描述性统计，不难发现，各变量的最大值和最小值均存在较大差距，反映出这一时期空气质量、空气污染物、天气均发生了较为强烈的变动。从均值来看，空气质量指数处于良好范围内，但接近轻度污染，PM2.5 浓度较高，环境质量仍有待改善。

表 A.1　2020 年 30 天带宽下变量描述性统计表

变量名称	变量符号	单位	观测值	平均值	标准差	最小值	最大值
城市	city	/	168	/	/	/	/
时间	time	/	61	/	/	/	/
空气质量指数	AQI	/	10，248	91.286	55.343	17	500
PM2.5 浓度	PM2.5	μg/m₃	10，248	64.817	47.405	0	554

续表

变量名称	变量符号	单位	观测值	平均值	标准差	最小值	最大值
PM10 浓度	PM10	$\mu g/m_4$	10，248	83.701	55.580	3	632
二氧化硫浓度	SO_2	$\mu g/m_5$	10，248	12.298	11.692	1	141
一氧化碳浓度	CO	mg/m_3	10，248	1.045	0.532	0.2	7.4
二氧化氮浓度	NO_2	$\mu g/m_3$	10，248	31.308	18.535	2	121
臭氧浓度	O_3	$\mu g/m_4$	10，248	65.102	26.900	2	208
平均气温	temperature	℃	10，248	4.495	6.826	−25.2	26.4
平均湿度	humidity	%	10，248	71.477	17.814	6	101
平均风速	windspeed	m/s	10，248	1.645	1.132	0	12.5

四、数据回归结果分析

(一) 基准回归结果

从拟合曲线图直观地感受疫情管制措施实施与空气质量指数和 6 种大气污染物浓度的关系。由图 A.1 可见，时间断点处，AQI 值、PM2.5 浓度、PM10 浓度、O_3 浓度均没有剧烈的变化，而 CO、NO_2、SO_2 出现明显的跳跃。不同的是，CO 和 NO_2 浓度均值在时间断点处急剧下降，SO_2 浓度却随着疫情管制措施的实施不降反升。从均值散点分布和拟合曲线走势来看，除 O_3 外，所有指标的均值在疫情管制措施实施之后都低于政策实施之前，并随着一级响应政策的推进，而逐渐降低。值得注意的是，所有指标均值在距离时间断点 20 多天后，均转变走势，开始随着时间推移而上升，此时，各省市正逐渐放宽限制，突发公共卫生事件响应机制等级即将下降。由此可以窥探，全国范围内，疫情管制措施的实施能够引起空气质量改善，但作用持续时长有限。

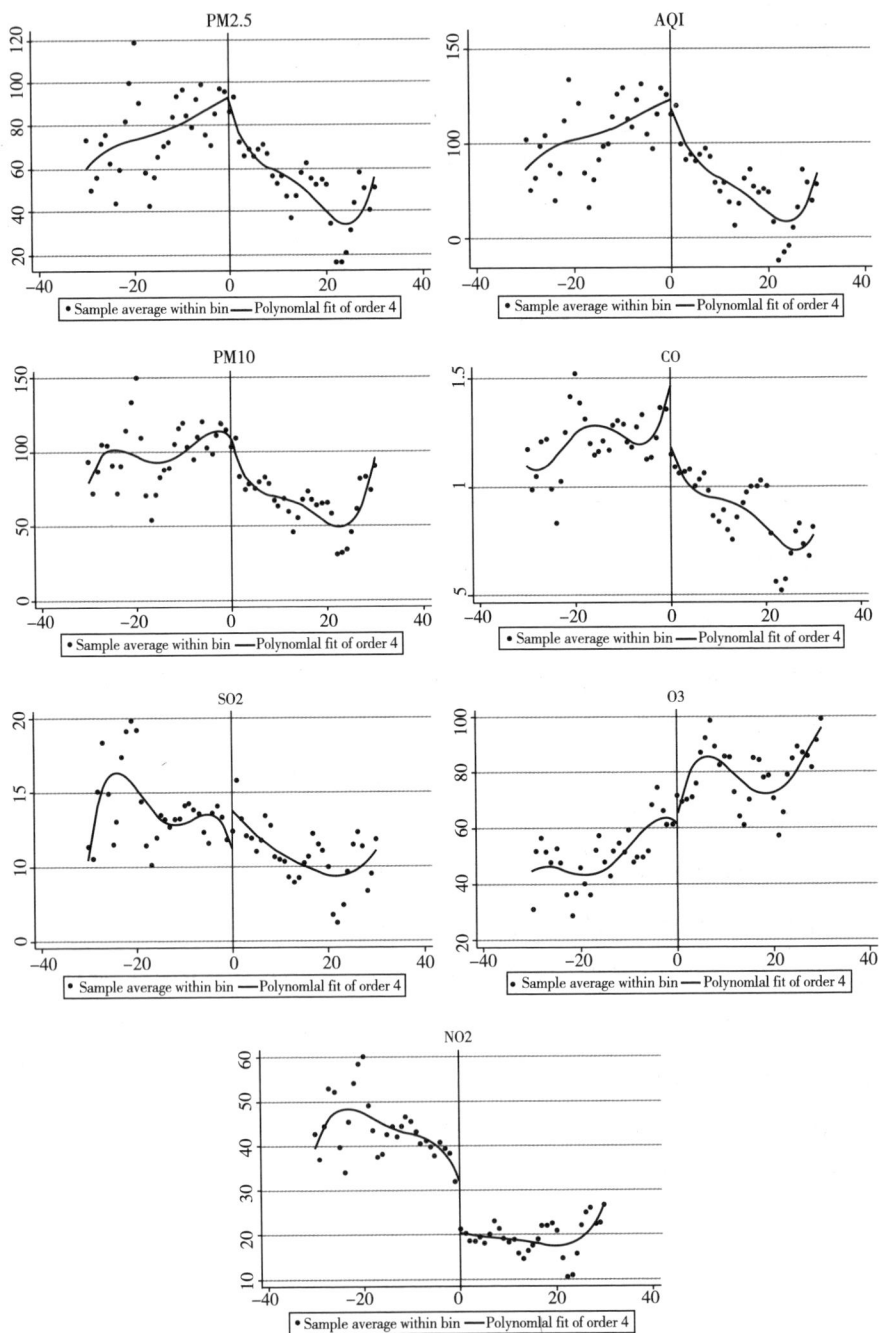

图 A.1　全国各城市一级响应断点前后空气质量各指标拟合曲线图

通过数值方式对各项指标的断点回归结果进行计算。由表 A.2 可知，加入控制变量后，仍非所有回归结果都具有显著性，具有显著性的只有 AQI、PM2.5、CO、NO_2、O_3。数值计算结果与拟合曲线图分析结果大体相同。AQI 值和 PM2.5 浓度随着疫情管制措施的实施和推进而下降，但相对而言，显著性较弱。全国范围内，CO、NO_2、O_3 浓度与疫情管制措施的实施关系十分显著，CO 和 NO_2 浓度均随着疫情管制措施的实施而下降，但 O_3 浓度却与一级响应政策实施呈反相关关系，这可能是因为 O_3 形成受天气影响较大，O_3 的形成需紫外线照射这一条件，天气因素导致 O_3 浓度的方向变化。

表 A.2　全国各城市一级响应政策实施与控制质量各指标断点回归结果表

变量	一级响应政策实施			
	未加入控制变量		加入控制变量	
	系数	标准误	系数	标准误
AQI	−8.326	7.244	−15.344*	7.963
PM2.5	−19.257**	8.387	−13.246*	7.347
PM10	−14.045	9.651	−11.266	9.058
SO_2	1.496	1.451	−.929	1.03
CO	−0.329***	0.073	−.307***	0.058
NO_2	−5.191**	2.311	−6.875***	1.593
O_3	11.907***	3.599	8.400**	3.597

注：***、**、*分别表示 1%、5%、10%的显著性水平，控制变量包括平均气温、平均湿度和平均风速，下表同。

（二）稳健性检验

得到断点回归结果后还需进行稳健性检验，断点回归结果的稳健性检验有换多项式估计、换带宽估计、加方差权重、加协变量、改变断点等多种方法，本文选择换带宽估计方法，通过分别将带宽更改为原带宽的 1/2 和 2 倍，即政策启动前后 15 天和 60 天，来验证基准回归结果的有效性，检验结果见表 A.3。从检验结果上看，无论带宽选择 15 天还是 60 天，回归结果均为改变。通过换带宽估计方法，可以认为疫情管制措施的实施对空气质量的影响较为稳健，不同带宽并不影响本文的核心结论。

表 A.3　稳健性检验结果表

	AQI	PM2.5	PM10	SO$_2$	CO	NO$_2$	O$_3$
1/2 带宽	−15.344 * (7.963)	−13.246 * (7.347)	−11.266 (9.058)	−.929 (1.030)	−.307 *** (.058)	−6.875 *** (1.593)	8.400 ** (3.597)
2 倍带宽	−15.344 * (7.963)	−13.246 * (7.347)	−11.266 (9.058)	−.929 (1.030)	−.307 *** (.058)	−6.875 *** (1.593)	8.400 ** (3.597)
控制变量	是	是	是	是	是	是	是

注：括号内为标准误，下表同。

由此，假设 1、假设 2、假设 3 均得到检验。假设 1 和假设 3 成立，全国范围内，疫情管制措施的实施引起了空气质量的变化。随着疫情管制措施的实施，我国空气质量得到改善，但 6 种大气污染物中的臭氧浓度却不降反升。而假设 2 部分成立，PM10、SO$_2$ 的检验结果不具备显著性，无法验证假设，而 PM2.5、CO、NO$_2$ 的检验结果却为验证假设提供支持，随着疫情管制措施的实施，我国大气污染物 PM2.5、CO、NO$_2$ 浓度均有所下降。

（三）上年同期比较

为进一步验证疫情管制措施的实施导致了空气质量和大气污染物浓度的上述变化，本文对上年同期（2018 年 12 月 25 日至 2019 年 2 月 23 日）相同地区的空气质指数和大气污染物浓度作出相同回归处理，并将处理结果与 2019—2020 年的处理结果进行比较。由表 A.4 可知，上年同期时间段内，AQI、PM2.5 值均随时间推移而上升，说明缺少疫情管制措施的影响，空气质量水平总体呈下降趋势，PM2.5 浓度在全国范围内是升高的。而 O$_3$ 指标的回归分析结果也具有很强的显著性，并且，O$_3$ 的变化趋势与 2019—2020 年期间变化趋势相反，O$_3$ 浓度在上年同期是下降的。相邻年份的不同结果，进一步证明疫情管制措施的实施是空气质量好转的主要帮手。

表 A.4 两期回归结果比较表

变量	2018—2019		2019—2020	
	系数	标准误	系数	标准误
AQI	18.117***	5.2068	−15.344*	7.963
PM2.5	11.7***	4.3844	−13.246*	7.347
PM10	9.276	6.5757	−11.266	9.058
SO_2	−0.16251	0.10711	−.929	1.03
CO	1.5464	2.663	−.307***	0.058
NO_2	0.48286	1.9208	−6.875***	1.593
O_3	−11.803***	3.1364	8.400**	3.597

(四) 区域异质性分析

本书在 168 个城市中，选取我国 3 个重要区域，包括京津冀及周边地区、长三角地区、珠三角地区，进行区域异质性分析。3 大区域既具有差异性，又具有相似性，方便在比较中总结共性。3 大区域均具有经济发达、人口密集、基础设施完善等特点，但各区域在产业结构等方面又有所不同。京津冀及周边地区中，除了北京市以第三产业为主，天津市第二、第三产业均衡之外，其他城市产业结构均呈第二产业为主、第三产业为辅、兼顾第一产业的状况（张保留等，2020）。而长三角地区和珠三角地区的产业结构均已呈现"三二一"格局，第三产业增加值超过第二产业增加值（高琳轩，2020；杨燕，2019）。同时，这 3 大区域是我国重要的经济区域，对这 3 大区域的空气质量研究能够为改善国民生活环境，进一步推动经济持续健康发展贡献巨大力量。

依据表 A.5 的分析结果，以第三产业为主导的长三角和珠三角地区对疫情管制措施实施的敏感程度更高，多项指标具有显著性。然而，两地区空气质量并未改善，甚至出现变得更加恶劣的趋势。长三角地区这一时期 PM10 和 NO_2 浓度较高，珠三角地区 PM2.5 和 PM10 浓度有所上升。而就京津冀地区而言，2020 年初的疫情防控措施对 CO 浓度和 NO_2 浓度的影响更为显著，能够对两者浓度降低起推动作用。这些分析结果再次展示出一级响应机制的启动、各项疫情防控措施的实施所带来的环境效应具有区域异质性。在产业结构相似的地区，该政策的环境效应更为相近。对于以第二产业为主导的地区，限制出行和生产等措施带来的空气质量福利效应更为明显。对于以第三产业为主导的地区而言，或许受到其他因素的影响，防控相关举措并未体现较强的减排效果。

表 A.5　区域异质性分析断点回归结果表

		AQI	PM2.5	PM10	SO$_2$	CO	NO$_2$	O$_3$
京津冀及周边地区	样本量	3，294	3，294	3，294	3，294	3，294	3，294	3，294
	平均值	115.962	85.416	112.214	18.242	1.297	36.831	65.369
	处理效应	−27.542 (19.502)	−22.087 (17.956)	4.398 (15.508)	−1.573 (2.7981)	−.518*** (.148)	−18.87*** (2.772)	−1.712 (4.314)
	控制变量	是	是	是	是	是	是	是
长三角地区	样本量	2，501	2，501	2，501	2，501	2，501	2，501	2，501
	平均值	75.536	51.663	63.818	7.055	0.817	28.103	67.213
	处理效应	23.145*** (8.651)	−22.688** (6.253)	48.733*** (10.148)	−1.310** (.546)	.0118 (.075)	6.885*** (2.415)	−.536 (6.565)
	控制变量	是	是	是	是	是	是	是
珠三角地区	样本量	549	549	549	549	549	549	549
	平均值	53.158	28.816	44.195	6.452	0.758	29.741	80.814
	处理效应	7.335* (4.308)	10.131* (6.144)	16.288*** (5.674)	.626 (.827)	−.026 (.070)	−1.054 (3.151)	−11.83** (5.25)
	控制变量	是	是	是	是	是	是	是

五、实证结果的应用

本研究基于因新冠病毒肺炎疫情产生的特殊环境展开，虽然此次疫情管制措施具有临时性、突发性、短暂性等特点，但其主要举措与一些可供长期实行的环保政策，如交通限流、推广新能源汽车、改进生产设备、规模减排等，具有共性及相通之处。因此，本研究实证结果能够为政府日后制定环保政策带来启示。

研究显示，全国范围内，以限制出行和生产为主要手段的疫情管制能够带来空气质量的改善，疫情管制期间，空气质量指数水平明显下降。但就大气污染物浓度而言，疫情管制措施并未引起全国范围内各项主要大气污染物浓度的显著减少，PM2.5、CO、NO_2浓度在疫情管制期间确有所降低，而 PM10、SO_2的分析结果不具备显著性，O_3浓度则不降反升。这一定程度上说明，限制出行、生产相关环保手段，主要通过作用 PM2.5、CO、NO_2等大气污染物质引起空气质量改善，而 O_3生成过程复杂，对此类环保政策的敏感程度较低。上述结论一方面为交通限流、推广新能源汽车、改进生产设备、规模减排等传统环保政策的有效性提供支持，启示我国政府及有关部门未来应长期坚持、贯彻落实以上举措。另一方面，针对 O_3等在此次研究中未表现出显著下降反应的大气污染物，应积极听取专业人士意见，制定区别于限制出行、生产的专门性措施。

同时，本研究展示出疫情管制措施所带来的环境效应具有较强的区域异质性。各地区自然地理环境、产业结构类型等方面的不同，疫情管制措施实施在各地区表现出的环境效应也不尽相同。总体而言，加入控制变量后，在产业结构相似的地区，空气质量和大气污染物浓度变化表现出更强的相似性。因此，在产业结构相似的地区之间，环保政策具有较大的借鉴意义。京津冀地区这类以第二产业为主导的经济区域中，限制出行、生产相关环保举措具备更强的有效性，相对以第三产业为主导的经济区域而言。以第二产业为主导产业的地区政府应加大交通限流、推广新能源汽车、改进生产设备、规模减排等常规环保举措的实施力度，为空气质量水平提升助力。而以第三产业为主导产业的地区政府则应积极创新，探寻更有效、针对性更强的环保政策。

六、研究结论

新冠肺炎疫情给人民生命健康和财产安全带来威胁，本研究发现为抗击新冠肺炎疫情而采取的限制出行、生产等疫情管制措施，能够带来全国范围内空气质量的改善。PM2.5、CO、NO_2 等大气污染物浓度在疫情管制措施生效的时间节点处出现断点，其中 CO、NO_2 突变较为明显，一定程度上说明与此次疫情管制措施相关的环保政策对全国范围内 CO、NO_2 的减排效应显著。然而，疫情管制期间，全国范围内 O_3 浓度不降反升，这或许与 O_3 生成过程复杂有关。上年同期相关数据的分析结果呈现出截然不同的趋势，进一步证明疫情期间空气质量和污染物浓度的上述变化受到疫情管制措施实施的影响。不出意料的是，疫情管制措施对空气质量的影响以短期效应为主。通过制作疫情管制措施实施与空气质量指数和六项大气污染物的拟合曲线图，本研究发现在各省市逐渐下调疫情响应机制、放松对疫情的管制时，空气质量指数和各项污染物浓度即转向上升趋势，随着居民出行恢复正常，复工复产顺利进行，空气污染回升，疫情管制带来的环境福利逐渐消失。

通过区域异质性分析，本研究发现在产业结构相似的区域，疫情管制措施实施对空气质量的影响具有很多共性。在以第三产业为主主导产业的区域中，如长三角、珠三角地区，疫情管制措施的实施并未带来空气质量的改善，PM2.5、PM10、NO_2 等大气污染物浓度分别出现了不同程度的明显升高。而在以第二产业为主导产业的区域，如京津冀地区，疫情管制措施实施带来的环境福利和减排效应则更为明显。一级响应机制启动期间，京津冀地区 CO 浓度和 NO_2 浓度水平均有所降低。

附录 B 2015—2018 年各地区主要污染物排放及单位 GDP 污染物排放柱状图

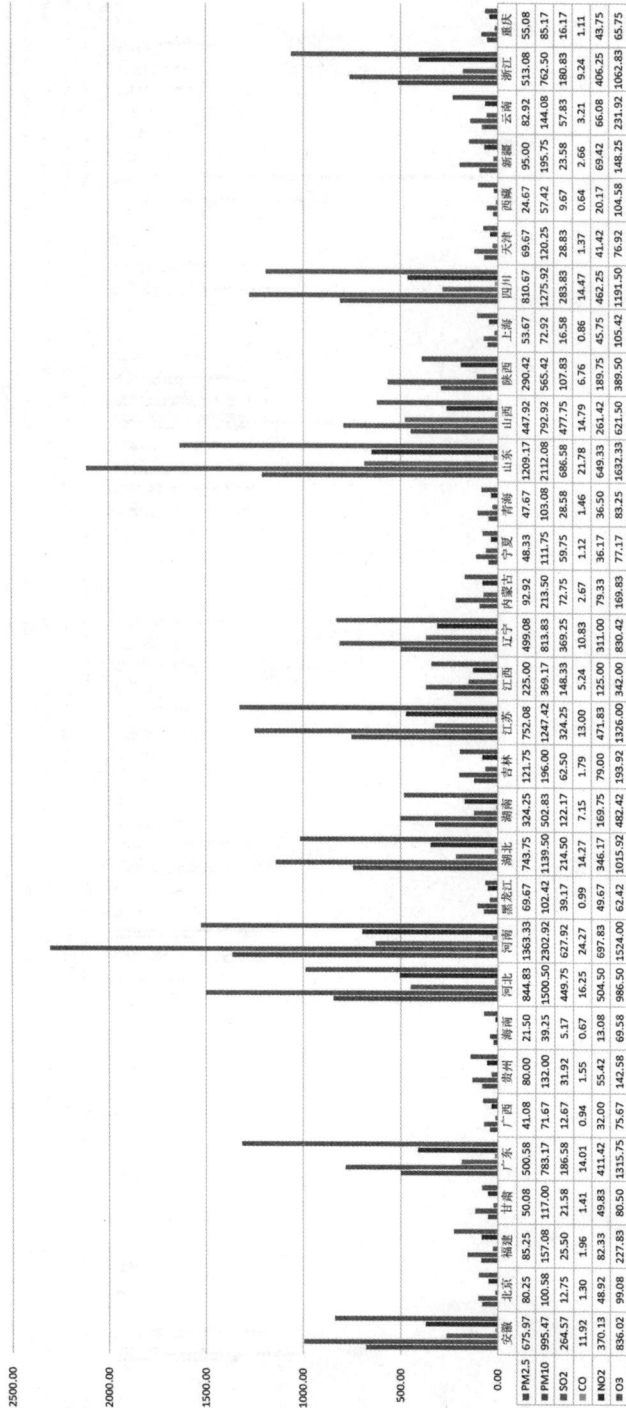

	安徽	北京	福建	甘肃	广东	广西	贵州	海南	河北	河南	黑龙江	湖北	湖南	吉林	江苏	江西	辽宁	内蒙古	宁夏	青海	山东	山西	陕西	上海	四川	天津	西藏	新疆	云南	浙江	重庆
PM2.5	675.97	80.25	85.25	50.08	500.58	41.08	80.00	21.50	844.83	1363.33	69.67	743.75	324.25	121.75	752.08	225.00	499.08	92.92	48.33	47.67	1209.17	447.92	290.42	53.67	810.67	69.67	24.67	95.00	82.92	513.08	55.08
PM10	995.47	100.58	157.08	117.00	783.17	71.67	132.00	39.25	1500.50	2302.92	102.42	1139.50	502.83	196.00	1247.42	369.17	813.83	213.50	111.75	103.08	2112.08	792.92	565.42	72.92	1275.92	120.25	57.42	195.75	144.08	762.50	85.17
SO2	264.57	12.75	25.50	21.58	186.58	12.67	31.92	5.17	449.75	627.92	39.17	214.50	122.17	62.50	324.25	148.33	369.25	72.75	59.75	28.58	686.58	477.75	107.83	16.58	283.83	28.83	9.67	23.58	57.83	180.83	16.17
CO	11.92	1.30	1.96	1.41	14.01	0.94	1.55	0.67	16.25	24.27	0.99	14.27	7.15	1.79	13.00	5.24	10.83	2.67	1.12	1.46	21.78	14.79	6.76	0.86	14.47	1.37	0.64	2.66	3.21	9.24	1.11
NO2	370.13	48.92	82.33	49.83	411.42	32.00	55.42	13.08	504.50	697.83	49.67	346.17	169.75	79.00	471.83	125.00	311.00	79.33	36.17	36.50	649.33	261.42	189.75	45.75	462.25	41.42	20.17	69.42	66.08	406.25	43.75
O3	836.02	99.08	227.83	80.50	1315.75	75.67	142.58	69.58	986.50	1524.00	62.42	1015.50	482.42	193.92	1326.00	342.00	830.42	169.83	77.17	83.25	1632.33	621.50	389.50	105.42	1191.50	76.92	104.58	148.25	231.92	1062.83	65.75

图B.1 2015年度各地区六种污染物年均浓度数据柱状图

数据来源：中国空气质量在线监测平台https://www.aqistudy.cn/historydata/

247

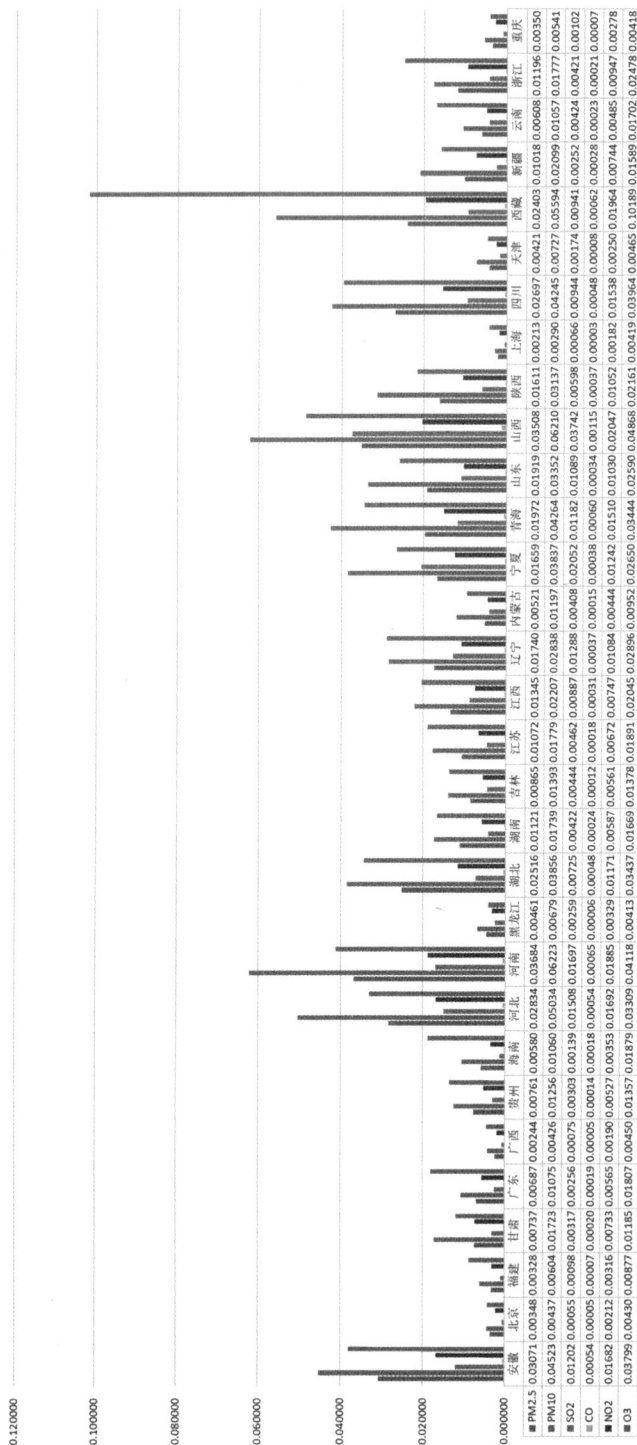

图B.2　2015年度各地区单位GDP的六种污染物年均浓度数据柱状图

数据来源：中国空气质量在线监测平台https://www.aqistudy.cn/historydata/

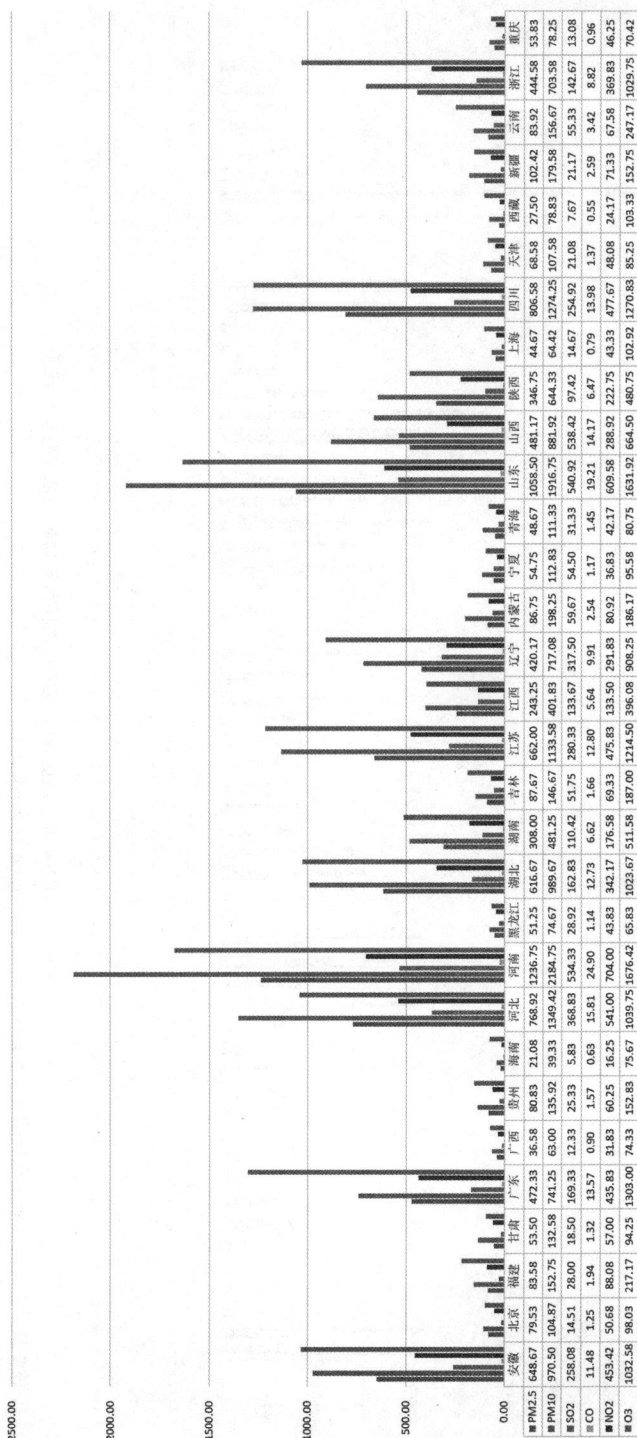

	安徽	北京	福建	甘肃	广东	广西	贵州	海南	河北	河南	黑龙江	湖北	湖南	吉林	江苏	江西	辽宁	内蒙古	宁夏	青海	山东	山西	陕西	上海	四川	天津	西藏	新疆	云南	浙江	重庆
PM2.5	648.67	79.53	83.58	53.50	472.33	36.58	80.83	21.08	768.92	1236.75	51.25	616.67	308.00	87.67	662.00	243.25	420.17	86.75	54.75	48.67	1058.50	481.17	346.75	44.67	806.58	68.58	27.50	102.42	83.92	444.58	53.83
PM10	970.50	104.87	152.75	132.58	741.25	63.00	135.92	39.33	1349.42	2184.75	74.67	989.67	481.25	146.67	1133.58	401.83	717.08	198.25	112.83	111.33	1916.75	881.92	644.33	64.42	1274.25	107.58	78.83	179.58	156.67	703.58	78.25
SO2	258.08	14.51	28.00	18.50	169.33	12.33	25.33	5.83	368.83	534.33	28.92	162.83	110.42	51.75	280.33	133.67	317.50	59.67	54.50	31.33	540.92	538.42	97.42	14.67	254.92	21.08	7.67	21.17	55.33	142.67	13.08
CO	11.48	1.25	1.94	1.32	13.57	0.90	1.57	0.63	15.81	24.90	1.14	12.73	6.62	1.66	12.80	5.64	9.91	2.54	1.17	1.45	19.21	14.17	6.47	0.79	13.98	1.37	0.55	2.59	3.42	8.82	0.96
NO2	453.42	50.68	88.08	57.00	435.83	31.83	60.25	16.25	541.00	704.00	43.83	342.17	176.58	69.33	475.83	133.50	291.83	80.92	36.83	42.17	609.58	288.92	222.75	43.33	477.67	48.08	24.17	71.33	67.58	369.83	46.25
O3	1032.58	98.03	217.17	94.25	1303.00	74.33	152.83	75.67	1039.75	1676.42	65.83	1023.67	511.58	187.00	1214.50	396.08	908.25	186.17	95.58	80.75	1631.92	664.50	480.75	102.92	1270.83	85.25	103.33	152.75	247.17	1029.75	70.42

图B.3 2016年度各地区六种污染物年均浓度数据柱状图

数据来源：中国空气质量在线监测平台https://www.aqistudy.cn/historydata/

249

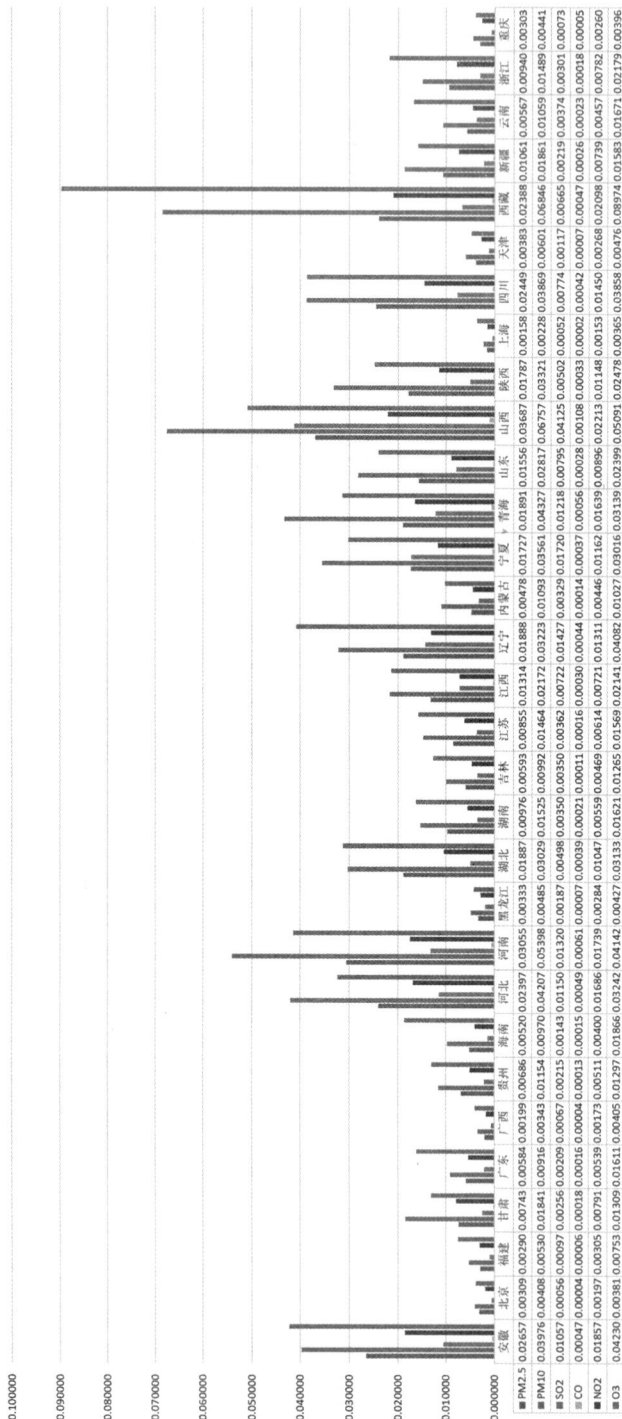

图B.4　2016年度各地区单位GDP的六种污染物年均浓度数据柱状图

地区	PM2.5	PM10	SO2	CO	NO2	O3
安徽	0.02657	0.03976	0.01057	0.00047	0.01857	0.04230
北京	0.00309	0.00408	0.00056	0.00004	0.00197	0.00381
福建	0.00290	0.00530	0.00097	0.00006	0.00305	0.00753
甘肃	0.00743	0.01841	0.00256	0.00018	0.00791	0.01309
广东	0.00584	0.00916	0.00209	0.00016	0.00539	0.01611
广西	0.00199	0.00343	0.00067	0.00004	0.00173	0.00405
贵州	0.00686	0.01154	0.00215	0.00013	0.00511	0.01297
海南	0.00520	0.00970	0.00143	0.00015	0.00400	0.01866
河北	0.02397	0.04207	0.01150	0.00049	0.01686	0.03242
河南	0.03055	0.05398	0.01320	0.00061	0.01739	0.04142
黑龙江	0.00333	0.00485	0.00187	0.00007	0.00284	0.00427
湖北	0.01887	0.03029	0.00498	0.00039	0.01047	0.03133
湖南	0.00976	0.01525	0.00350	0.00021	0.00559	0.01621
吉林	0.00593	0.00992	0.00350	0.00011	0.00469	0.01265
江苏	0.00855	0.01464	0.00362	0.00016	0.00614	0.01569
江西	0.01314	0.02172	0.00722	0.00030	0.00721	0.02141
辽宁	0.01888	0.03223	0.01427	0.00044	0.01311	0.04082
内蒙古	0.00478	0.01093	0.00329	0.00014	0.00446	0.01027
宁夏	0.01727	0.03561	0.01720	0.00037	0.01162	0.03016
青海	0.01891	0.04327	0.01218	0.00056	0.01639	0.03139
山东	0.01556	0.02817	0.00795	0.00028	0.00896	0.02399
山西	0.03687	0.06757	0.04125	0.00108	0.02213	0.05091
陕西	0.01787	0.03321	0.00502	0.00033	0.01148	0.02478
上海	0.00158	0.00228	0.00052	0.00002	0.00153	0.00365
四川	0.02449	0.03869	0.00774	0.00042	0.01450	0.03858
天津	0.00383	0.00601	0.00665	0.00007	0.00268	0.00476
西藏	0.02388	0.06846	0.00219	0.00117	0.02098	0.08974
新疆	0.11061	0.01861	0.00374	0.00026	0.00739	0.03583
云南	0.00567	0.01059	0.00301	0.00023	0.00457	0.01671
浙江	0.00940	0.01489	0.00073	0.00018	0.00782	0.02179
重庆	0.00303	0.00441	0.00005	0.00005	0.00260	0.00396

数据来源：中国空气质量在线监测平台https://www.aqistudy.cn/historydata/

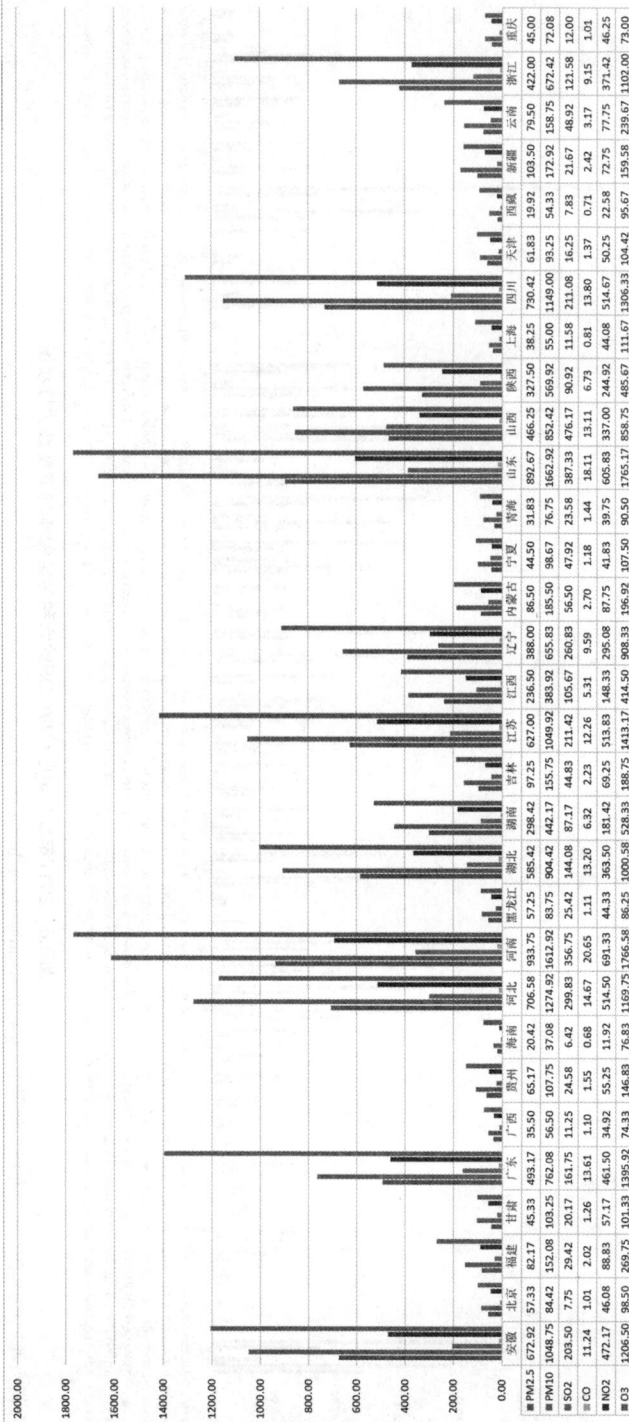

图B.5　2017年度各地区六种污染物年均浓度数据柱状图

	安徽	北京	福建	甘肃	广东	广西	贵州	海南	河北	河南	黑龙江	湖北	湖南	吉林	江苏	江西	辽宁	内蒙古	宁夏	青海	山东	山西	陕西	上海	四川	天津	西藏	新疆	云南	浙江	重庆
PM2.5	672.92	57.33	82.17	45.33	493.17	35.50	65.17	20.42	706.58	933.75	57.25	585.42	298.42	97.25	627.00	236.50	388.00	86.50	44.50	31.83	892.67	466.25	327.50	38.25	730.42	61.83	19.92	103.50	79.50	422.00	45.00
PM10	1048.75	84.42	152.08	103.25	762.08	56.50	107.75	37.08	1274.92	1612.92	83.75	904.42	442.17	155.75	1049.92	383.92	655.83	185.50	98.67	76.75	1662.92	852.42	569.92	55.00	1149.00	93.25	54.33	172.92	158.75	672.42	72.08
SO2	203.50	7.75	29.42	20.17	161.75	11.25	24.58	6.42	299.83	356.75	25.42	144.08	87.17	44.83	211.42	105.67	260.83	56.50	47.92	23.58	387.33	476.17	90.92	11.58	211.08	16.25	7.83	21.67	48.92	121.58	12.00
CO	11.24	1.01	2.02	1.26	13.61	1.10	1.55	0.68	14.67	20.65	1.11	13.20	6.32	2.23	12.26	5.31	9.59	2.70	1.18	1.44	18.11	13.11	6.73	0.81	13.80	1.37	0.71	2.42	3.17	9.15	1.01
NO2	472.17	46.08	88.83	57.17	461.50	34.92	55.25	11.92	514.50	691.33	44.33	363.50	181.42	69.25	513.83	148.33	295.08	87.75	41.83	39.75	605.83	337.00	244.92	44.08	514.67	50.25	22.58	72.75	77.75	371.42	46.25
O3	1206.50	98.50	269.75	101.33	1395.92	74.33	146.83	76.83	1169.75	1766.58	86.25	1000.58	528.33	188.75	1413.17	414.50	908.33	196.92	107.50	90.50	1765.17	858.25	485.67	111.67	1306.33	104.42	95.67	159.58	239.67	1102.00	73.00

数据来源：中国空气质量在线监测平台https://www.aqistudy.cn/historydata/

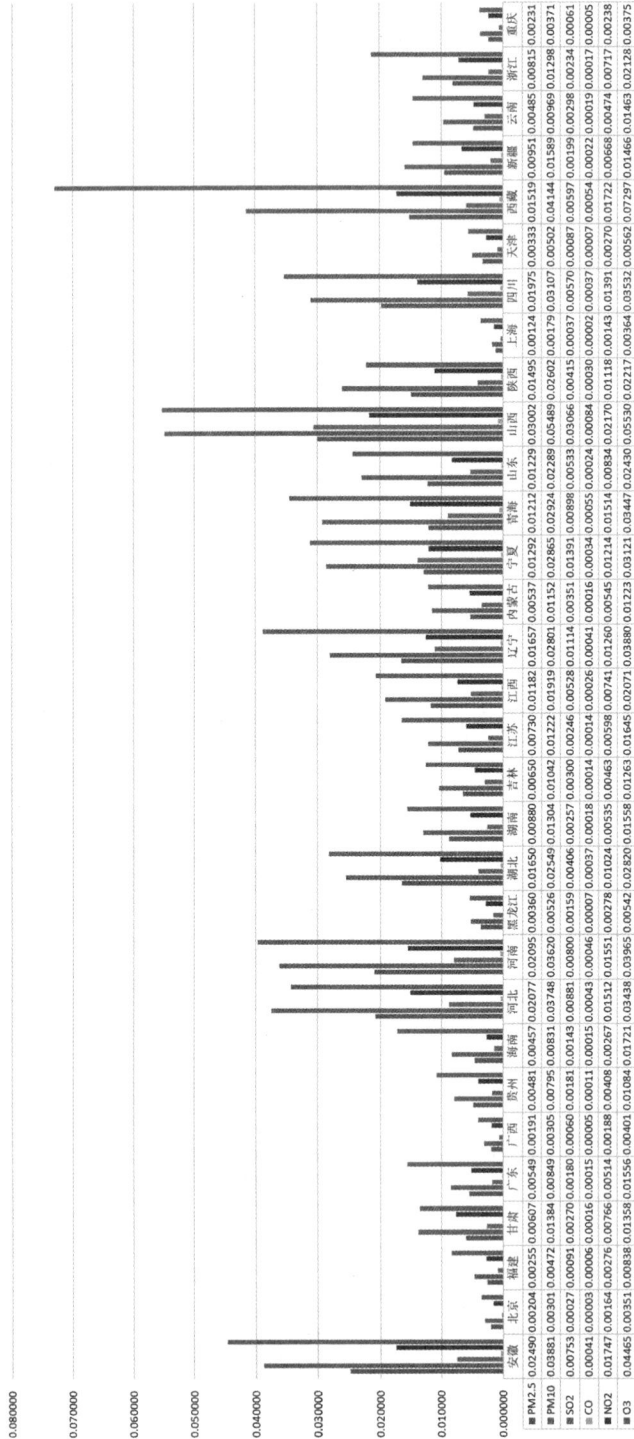

图B.6　2017年度各地区单位GDP的六种污染物年均浓度数据柱状图

数据来源：中国空气质量在线监测平台https://www.aqistudy.cn/historydata/

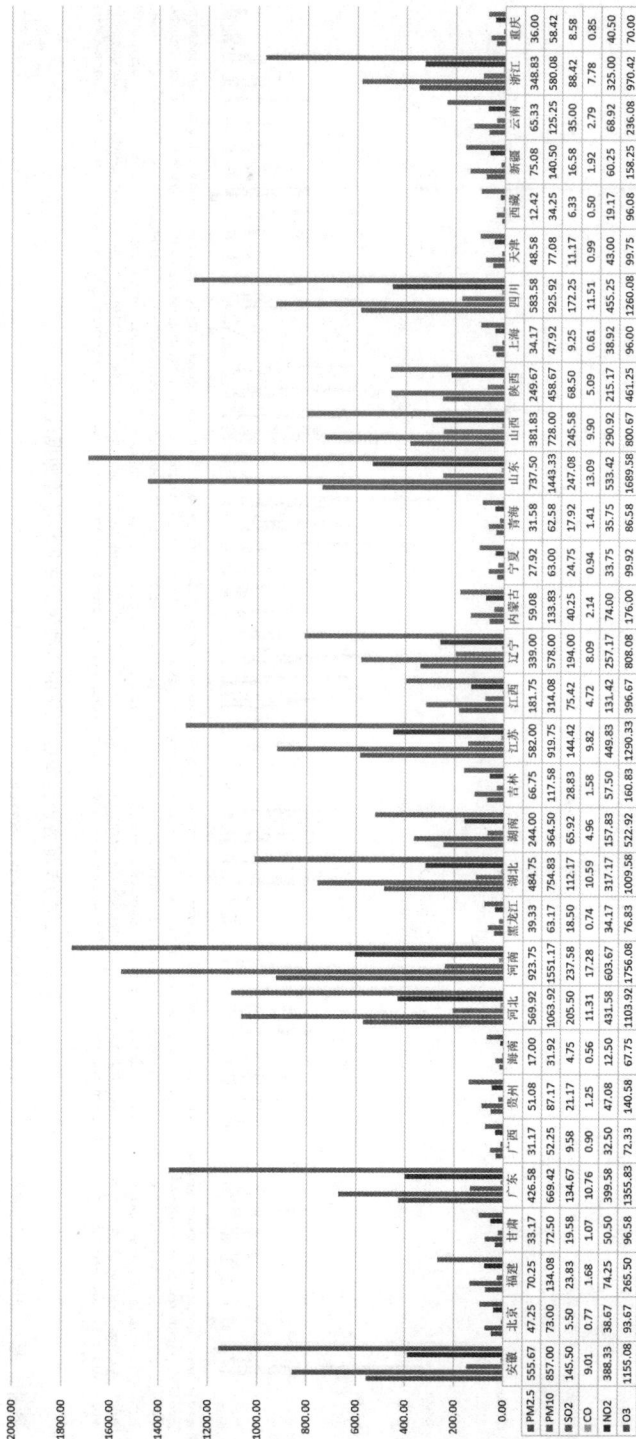

	安徽	北京	福建	甘肃	广东	广西	贵州	海南	河北	河南	黑龙江	湖北	湖南	吉林	江苏	江西	辽宁	内蒙古	宁夏	青海	山东	山西	陕西	上海	四川	天津	西藏	新疆	云南	浙江	重庆
PM2.5	555.67	47.25	70.25	33.17	426.58	31.17	51.08	17.00	569.92	923.75	39.33	484.75	244.00	66.75	582.00	181.75	339.00	59.08	27.92	31.58	737.50	381.83	249.67	34.17	583.58	48.58	12.42	75.08	65.33	348.83	36.00
PM10	857.00	73.00	134.08	72.50	669.42	52.25	87.17	31.92	1063.92	1551.17	63.17	754.83	364.50	117.58	919.75	314.08	578.00	133.83	63.00	62.58	1443.33	728.00	458.67	47.92	925.92	77.08	34.25	140.50	125.25	580.08	58.42
SO2	145.50	5.50	23.83	19.58	134.67	9.58	21.17	4.75	205.50	237.58	18.50	112.17	65.92	28.83	144.42	75.42	194.00	40.25	24.75	17.92	247.08	245.58	68.50	9.25	172.25	11.17	6.33	16.58	35.00	88.42	8.58
CO	9.01	0.77	1.68	1.07	10.76	0.90	1.25	0.56	11.31	17.28	0.74	10.59	4.96	1.58	9.82	4.72	8.09	2.14	0.94	1.41	13.09	9.90	5.09	0.61	11.51	0.99	0.50	1.92	2.79	7.78	0.85
NO2	388.33	38.67	74.25	50.50	399.58	32.50	47.08	12.50	431.58	603.67	34.17	317.17	157.83	57.50	449.83	131.42	257.17	74.00	33.75	35.75	533.42	290.92	215.17	38.92	455.25	43.00	19.17	60.25	68.92	325.00	40.50
O3	1155.08	93.67	265.50	96.58	1355.83	72.33	140.58	67.75	1103.92	1756.08	76.83	1009.58	522.92	160.83	1290.33	396.67	808.08	176.00	99.92	86.58	1689.58	800.67	461.25	96.00	1260.08	99.75	96.08	158.25	236.08	970.42	70.00

图B.7 2018年度各地区六种污染物年均浓度数据柱状图

数据来源：中国空气质量在线监测平台https://www.aqistudy.cn/historydata/

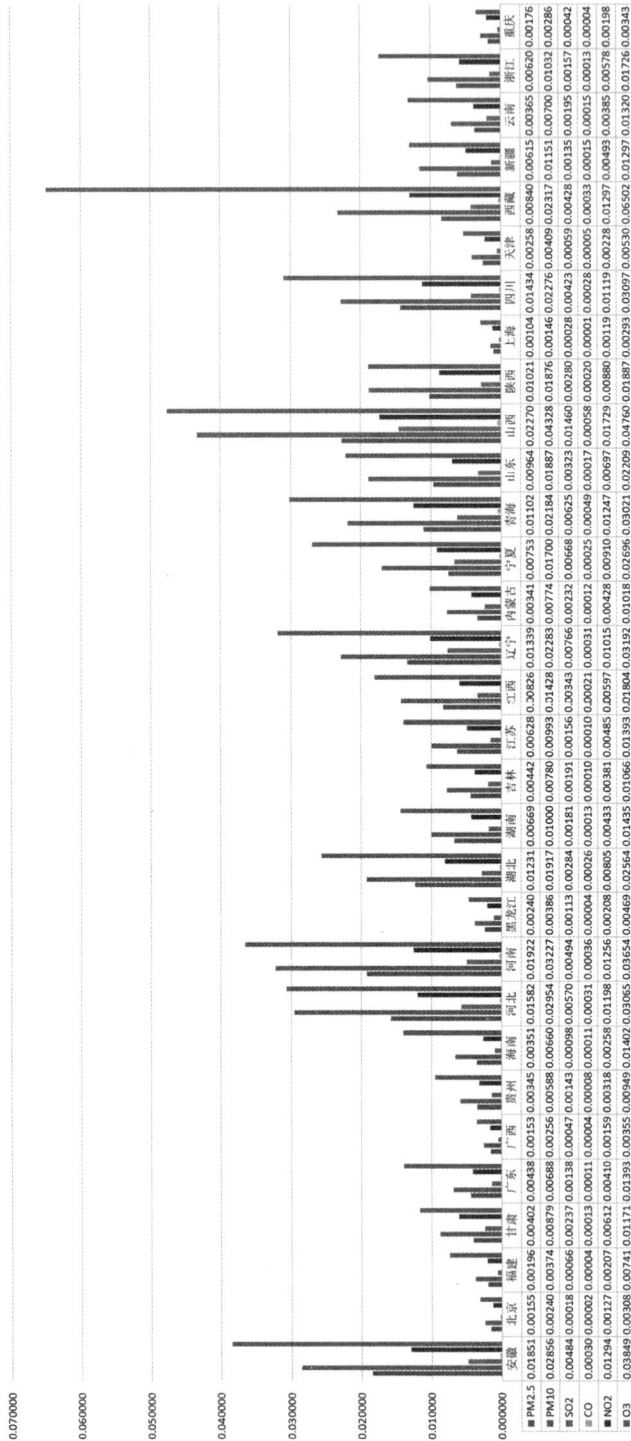

图B.8　2018年度各地区单位GDP的六种污染物年均浓度数据柱状图

数据来源：中国空气质量在线监测平台https://www.aqistudy.cn/historydata/

附录 C   各地区减排激励措施简要情况

在党和中央总体发展规划下，各地区减排工作的具体激励措施各有特色。以大气污染防控和主要污染物总量减排考核为例，见表 C.1。

表 C.1   各地区减排激励措施典型做法表

省份	文件名称	颁布时间	颁布部门	考核差异	奖惩制度的差异
福建	《福建省"十三五"节能减排综合工作方案》	2017 年	福建省人民政府	设立大气污染防治年度工作任务	不能如期完成全省大气污染预警和防治各项工作任务，环境空气质量监测管理年度考核结果皆为不及格，实行一票否决
广东	《广东省 2018 年节能减排工作推进方案》	2018 年	广东省环境保护厅	建立大气污染防治问责制度	完善全省大气污染预控与防治的问责机制；未达改进大气环境质量的目标城市将被约谈
广西	《广西节能减排降碳和能源消费总量控制"十三五"规划》	2017 年	发改委	设立节能减排工作任务及相关负责人	不能完成本地节能减排工作的市区，采取通报批评，并问责相关负责人与人员
四川	《四川省节能减排综合性工作方案》	2019 年	四川省人民政府	以环境空气质量为标准	省级设计环境空气质量激励资金，用于改善地区空气质量对环境空气质量没改善的市，改善资金回收，用于奖励表现空气质量改善的城市

省份	文件名称	颁布时间	颁布部门	考核差异	奖惩制度的差异
河北	《河北省环境空气质量排名及公布办法》	2017年	省环境保护厅	空气质量为标准	采取空气质量通报排名，根据综合指标+PM2.5浓度改善情况排名，进行大气质量生态补偿、约谈、通报批评
湖北	《湖北省节能减排低碳发展实施方案》	2014年	生态省建设厅	是否完成PM10 PM2.5任务指标	建立了"环境空气质量逐年改善"与"年度目标任务完成"双项考核的生态补偿机制，根据是否完成PM10 PM2.5任务指标来发放生态补偿金。根据是否完成PM10 PM2.5任务指标来发放生态补偿金
河南	《2015年河南省节能减排低碳发展工作安排的通知》	2015年	河南省人民政府办公厅	重点城市大气污染预防、地表水的责任项目断面区域的水质和环境中的空气质量综合评价指数	本次工作通报从今年河南省城市大气污染红色预警和综合防治、地表总体水质综合负责评价目标及各断面的地表水质和周围环境空气条件质量状况综合评价指数等多个指标方面综合评价了河南全省各自的3个省辖市、直管县和本市所辖的各直管县（不包含部分城乡、郊区）的工作情况，分别对其个人进行了考核评价和行政奖罚
湖南	《湖南省"十三五"节能减排综合工作方案》	2017年	湖南省人民政府	设立各项目标。实行达标奖励；实行改善奖励；实行奖优罚劣	实行达标奖励；实行改善奖励；实行奖优罚劣
陕西	《陕西省节能减排综合性工作方案的通知》	2019年	陕西省人民政府	定期进行考核。对于考核成绩优秀的将加大资金扶持力度，不合格的给予适当扣减	对于考核成绩优秀将进一步加大资金扶持力度，不合格的将给予适当扣减
山西	《山西省节能减排实施方案的通知》	2017年	山西省人民政府	以各市空气质量变化为准	对各市空气质量变化予以实施资金扣罚和奖励；空气质量变化越大奖惩越大

续表

省份	文件名称	颁布时间	颁布部门	考核差异	奖惩制度的差异
青海	《关于进一步加强节能减排工作的若干政策措施》	2007 年	青海省人民政府	设立节能减排目标	正在研究制订一套科学合理的绿色节能低碳减排优惠奖励方式。省政府将依照节能减排的目标职责考核成绩，对在实施节能减排方面有重大贡献的企业、单位及其他个人给予表扬和奖惩
安徽	《安徽省人民政府关于印发"十三五"节能减排实施方案的通知》	2017 年	安徽省人民政府	依据各设区市环境空气质量	依据各设区市环境空气质量平均值同比下降情况，实施考核表奖惩及生态补救。用于生态补偿资金实行省、市分级筹措
山东	《山东省节能奖励办法》	2018 年	省政协办公厅	依据各设区市环境空气质量	对各地区实行季度考核，每季度依据考核结果下发生态补偿金
江西	《江西省人民政府关于印发江西省节能减排综合性工作方案》	2018 年	省政协办公厅	设立了能耗强度下降的目标，实施了高耗能工程项目的缓批和限额。建立了环境质量提升、总体减排的目标	目前对未按期超额完成国家高效率和地区能源消耗总额强度总量下调控制目标建设任务的已对设区市政府部门进行了行政问责，对于未按期超额完成国家高效率和地区能源消耗总量强度下调控制目标建设任务的已给予干部行政通报、批评和行政约谈，实行了各类高耗能重点工程项目的缓批和压减限额
云南	《云南省"十三五"节能减排综合工作方案》	2017 年	发改委	进行年度考核	未通过本次申报年度环保绩效考核的，州、市人民政府于年度绩效考核检查结果报告发布 30 日内向本报全国各级人民政府环保办公室专门作出考核书面报告，由省环保厅及时组织会同环保相关部门组织负责单位和各部门及环境监察检查机构及时约谈各级环保有关部门负责人，并对其组织制定的各项整改措施落实情况及时进行了检查督促

省份	文件名称	颁布时间	颁布部门	考核差异	奖惩制度的差异
贵州	《贵州省"十三五"节能减排综合性工作方案》	2017年	环境保护厅	对节能减排贡献突出的地区进行奖励	对于在节能低碳减排方面作出杰出贡献的地区、单位和个人按国家和省政府的有关要求给予嘉奖和鼓励
宁夏	《公共机构节能条例》	2019年	宁夏回族自治区机关事务管理局	建立约谈机制，对每月空气质量恶化的市（区）进行约谈	建立约谈机制，对每月空气质量恶化的市（区）进行约谈
甘肃	《甘肃省"十三五"节能和应对气候变化规划》	2017年	省政府办公厅	认真贯彻落实大气污染预警情况通报及考核问责机制，以检查空气质量为准	严格建立落实天气预警情况通报和责任考核落实问责工作机制，对于今年空气质量指标改善不明显、重点完成任务推进缓慢、重度污染恶劣天气专项应急措施处置不力的省辖市、自治州，在今年全省所辖范围内及时进行了预警通报；对于专项工作开展到位推进不力、目标完成任务严重推进滞后的省辖市、自治州，由省政府大气污染综合治理专项工作领导小组办公室组织约谈了省辖市、自治州和省大气污染综合治理专项工作主要负责人有关同志，提出整改意见，督促其贯彻落实
江苏	《江苏省节能减排工作实施意见》	2007年	改革办办公室	进行季度考核，批评表扬	对市区进行了季度性考核，检测后结果为优秀的市区由江苏省环境与保护局组织进行表扬，连续五年被评为优秀市区的城镇乡村经济建设委员会申请了环境与保护部门进行了表彰，考核后结果完全不合格的，由省环境与保护局通报批评

续表

省份	文件名称	颁布时间	颁布部门	考核差异	奖惩制度的差异
北京	《北京市节能减排及环境保护专项资金管理办法》	2017 年	北京市环境保护局	向社会公开空气质量排名情况	向全国社会披露有关空气质量的排名。空气质量相对较差、重点工程任务执行进度较慢的；空气质量总体同比恶化明显，排名落后，重点工作没有完成的将予以公开约谈，严肃问责
天津	《天津市 2020 年节能工作要点的通知》	2020 年	天津市人民政府	各地按空气质量排名，追究责任	各地按照危害空气质量的轻重排名，根据其违法违规事实、情节及其造成后果的不同，可以分别划分四类处罚措施：依法限期检查整改、通报批评、约谈、追责
辽宁	《"十三五"节能减排综合工作实施方案》	2017 年	辽宁省政府	个别大中型工业城市，二氧化硫或二氧化氮的排放量，日平均温室气体排放污染物监测浓度值超标 0.5 倍以上者，环保部门会对其进行行政罚款。超标废物值连续递增，将会加大罚款力度	一个城市的二氧化硫或二氧化氮日平均浓度值超标 0.5 倍以上，环保部门将对其实施万元罚款。而且，超标值递增还将被加罚
黑龙江	《黑龙江省节能减排综合性工作方案》	2017 年	发改委	以每一年的主要大气污染物治理总量和减排考核成绩为主要的考核依据	以每年主要污染物累计减排考核成绩为依据进行考核。对于考核成绩为良好以上的地区，相关部门，将加大对该地区的基础设施建设的投资力度，并且鼓励治理污染，提高其环境质量监督管理能力。对于不合格地区，进行问责制和"一票否决"制，并予以通报、批评，进行约谈

续表

省份	文件名称	颁布时间	颁布部门	考核差异	奖惩制度的差异
浙江	《浙江省节能减排综合性工作实施方案》	2017 年	环境保护厅	按照 PM2.5 指标年均浓度相对变化率，没超过10%为合格，超过10%为不合格	按照 PM2.5 指标年均浓度相对性变化率，没有超过10%的为合格，超过10%的为不合格。环保空气质量监督考核成绩与经济激励惩戒相挂钩。对于考核合格地区可以进行奖惩，反之，对于考评不合格地区则可以进行惩罚
内蒙古	《内蒙古自治区节能减排"十三五"规划》	2017 年	环境保护厅	各省自治区会及时公布全区各地的空气质量情况，每个月都会公布全区各地的空气质量情况	对经考核不合格的，将依法对盟党委市政府和其他相关行政部门的主要负责领导及其他盟市分管行政机构主要领导人员进行行政问责。自治区将及时公开正式发布今年全区各盟市空气质量监测情况，每月1日都会及时宣布今年全区盟市空气质量监测总体情况排名，对于连续3个月空气位列排名榜尾的10个盟、区，将约谈有关主要负责人
西藏	《西藏自治区节能减排综合性工作方案》	2017 年	环境保护厅	落实财政税收激励政策	贯彻落实相关国家税收和就业激励扶持政策。进一步加大促进节能低碳减排重点相关专项工作的财政经费资金扶持资助力度，统筹安排好各类节能相关项目专项资金，支持组织实施促进节能低碳减排的国家重点项目、能源建设及其他公益性项目宣传教育活动。进一步切实强化机关行政执法监督问责，对于依法行政中可能发生的执法不作为、执法操作失误等犯罪行为，要严肃依法追究其他同级有关行政主管部门及其行政执法工作组织主要负责人

续表

省份	文件名称	颁布时间	颁布部门	考核差异	奖惩制度的差异
新疆	《新疆维吾尔自治区"十三五"节能减排工作的实施意见》	2017 年	新疆维吾尔自治区人民政府	严格评估考核。建立区域大气污染防治目标责任制	严格评估考核。建立了各级区域性城市大气污染综合防治的总体目标落实责任制。定期及时进行组织调度和年底的年度绩效考核，并依照年度绩效考核的检查结果及时落实监督问责。并依据考核结果实行问责。广泛地组织开展了关于大气污染防治预控综合防治重点工作的群众宣传教育，充分发挥了对各类新闻媒介的重要舆论引导牵头和政策监管引导作用

根据表 C.1 所示。福建、广东、四川、河北、湖北、山西、安徽、甘肃、北京、天津、辽宁、浙江、内蒙古等省、市、自治区根据大气污染综合指数进行排名，对达到目标与未达到目标的市或县采取相应的行政奖罚措施，以此激励下级完成减排任务。例如，福建省通过设立大气污染防治年度工作任务，对不能完成防治工作的年度考核皆为不及格；广东省对未达到目标的城市会被约谈；四川省对空气质量没改善的城市没收环保资金，用于奖励激励空气质量改善的城市；河北省对各城市空气质量制定一个排名，根据空气质量的改善情况来发放补偿金或者约谈、通报批评；湖北省通过空气质量的改善情况与年度任务的完成情况来发放补偿金；山西省根据空气质量的变化来进行奖惩，变化越大奖惩就越大；安徽省根据各市空气质量平均值同比下降的情况，来实施生态补救；甘肃省对空气质量改善不明显、目标完成任务严重推进滞后的市给予约谈；北京市向社会公开空气质量，对空气质量恶化、排名落后的区县给予公开约谈、问责；天津市按照危害空气质量的轻重排名，对不同情节分为给予检查整改、约谈、问责、追责 4 种方法；辽宁省会对空气质量超标的城市，实施若干万元罚款；浙江按 PM2.5 浓度变化率作为考核，对合格的给予资金激励，对不合格的给予惩罚；内蒙古自治区对空气质量不合格的城市给予行政

问责。

　　在主要污染物总量减排方面，广西、河南、湖南、陕西、山东、江西、云南、贵州、江苏、黑龙江、西藏等省及自治区地区都采取各具特色的激励措施。例如，广西壮族自治区对没有完成减排工作的城市采取通报批评；河南省根据考核的情况对负责人进行评价与行政奖罚；湖南省实行奖优罚劣；陕西省对考核成绩优秀的给予资金扶持，对不合格者扣除资金；山东省根据考核结果发放补偿金、江西省对没完成任务的给予行政问责；云南省对未通过考核的地区相关部门进行约谈，对组织进行整改；贵州省对碳排放方面做出杰出贡献的给予嘉奖与鼓励；江苏省对考核结果为优秀的市区进行表扬，对不合格的市区给予通报批评；黑龙江省对考核成绩良好以上的城区相关部门会对基础建设给予投资力度，对不合格的城区进行通报批评、约谈；西藏自治区强化机关行政执法监督问责，对考核期间不作为、操作失误等行为会严肃追究同级部门及负责人。

附录 D 主要污染物减排中期进度

表 D.1 二氧化硫减排是否达标的二元 Logistic 回归分析表①

	因素	B	S. E.	Wald	Sig	Exp（B）
步骤 1[a]	PES	0.002	0.001	4.799	0.028	1.002
	PDEP	−0.376	0.985	0.146	0.702	0.686
	GSS	0.088	0.041	4.549	0.033	0.915
	GEEP	0.001	0.002	0.126	0.723	1.001
	GPEV	−0.002	0.011	0.032	0.857	0.998
	CEOB	−0.112	0.039	8.061	0.005	0.894
	CPDR	0.036	0.015	5.530	0.019	1.037
	常量	−0.035	0.998	0.001	0.972	0.965
步骤 2[a]	PES	0.002	0.001	4.785	0.029	1.002
	GSS	0.372	0.984	0.143	0.706	0.690
	GEEP	−0.088	0.041	4.546	0.033	0.916
	GPEV	0.001	0.002	0.132	0.716	1.001
	CEOB	−0.111	0.039	8.076	0.004	0.895
	CPDR	0.036	0.015	5.541	0.019	1.037
	常量	−0.056	0.990	0.003	0.955	0.945

---

① 注：1. ＊、＊＊和＊＊＊表示在 0.1、0.05 和 0.01 的水平上统计显著。

2. 发生比 OR 估计值为 Exp（B），反映自变量变化一个单位导致事件发生比的变化倍数。

3. a 在步骤 1 中输入的变量：X1a、X1b、X2a、X2b、X2c、X3b、X3c。

	因素	B	S. E.	Wald	Sig	Exp（B）
步骤 3ᵃ	PES	0.002	0.001	4.959	0.026	1.002
	GSS	0.409	0.982	0.174	0.677	0.664
	GEEP	−0.089	0.041	4.674	0.031	0.915
	CEOB	−0.111	0.039	8.016	0.005	0.895
	CPDR	0.036	0.015	5.610	0.018	1.037
	常量	0.000	0.983	0.000	1.000	1.000
步骤 4ᵃ	PES	0.002	0.001	5.041	0.025 **	1.002
	GSS	0.087	0.041	4.495	0.034 **	0.917
	CEOB	−0.110	0.039	8.063	0.005 ***	0.896
	CPDR	0.037	0.015	5.863	0.015 **	1.038
	常量	−0.355	0.495	0.515	0.473	0.701

表 D.2　氮氧化物减排是否达标的二元 Logistic 回归分析表①

	因素	B	S. E.	Wald	Sig	Exp（B）
步骤 1ᵃ	PES	0.003	0.001	11.934	0.001	1.003
	PDEP	0.823	1.211	0.462	0.497	2.278
	GSS	0.025	0.045	0.297	0.586	1.025
	GEEP	−0.009	0.004	5.010	0.025	0.991
	GPEV	0.000	0.011	0.001	0.971	1.000
	CEOB	−0.119	0.055	4.708	0.030	0.888
	CPDR	0.039	0.017	5.455	0.020	1.039
	常量	−3.644	1.278	8.132	0.004	0.026

① 注：1. *、**和***表示在 0.1、0.05 和 0.01 的水平上统计显著。

2. 发生比 OR 估计值为 Exp（B），反映自变量变化一个单位导致事件发生比的变化倍数。

3. a 在步骤 1 中输入的变量：X1a、X1b、X2a、X2b、X2c、X3b、X3c。

	因素	B	S. E.	Wald	Sig	Exp（B）
步骤 2ᵃ	PES	0.003	0.001	11.940	0.001	1.003
	GSS	0.825	1.210	0.465	0.495	2.283
	GEEP	0.025	0.045	0.303	0.582	1.025
	GPEV	−0.009	0.004	5.006	0.025	0.991
	CEOB	−0.119	0.055	4.712	0.030	0.888
	CPDR	0.039	0.017	5.459	0.019	1.039
	常量	−3.650	1.267	8.294	0.004	0.026
步骤 3ᵃ	PES	0.004	0.001	13.295	0.000	1.004
	GSS	0.694	1.184	0.343	0.558	2.002
	GEEP	−0.010	0.004	5.085	0.024	0.990
	CEOB	−0.116	0.054	4.596	0.032	0.891
	CPDR	0.041	0.016	6.572	0.010	1.042
	常量	−3.511	1.236	8.072	0.004	0.030
步骤 4ᵃ	PES	0.004	0.001	13.279	0.000 ***	1.004
	GSS	−0.010	0.004	5.316	0.021 **	0.990
	CEOB	−0.119	0.055	4.747	0.029 **	0.888
	CPDR	0.040	0.016	6.355	0.012 **	1.041
	常量	−2.914	0.681	18.327	0.000	0.054

表 D. 3 化学需氧量减排是否达标的二元 Logistic 回归分析表①

	因素	B	S. E.	Wald	Sig	Exp（B）
步骤 1[a]	PES	0.001	0.001	1.031	0.310	1.001
	PDEP	0.356	0.965	0.136	0.712	1.428
	GSS	0.050	0.054	0.837	0.360	1.051
	GEEP	0.000	0.002	0.152	0.696	0.999
	GPEV	−0.007	0.011	0.443	0.505	0.993
	CEOB	−0.024	0.033	0.510	0.475	0.977
	CPDR	0.042	0.016	6.884	0.009	1.043
	常量	−0.859	0.994	0.748	0.387	0.424
步骤 2[a]	PES	0.001	0.001	1.012	0.314	1.001
	PDEP	0.047	0.054	0.770	0.380	1.048
	GSS	0.000	0.002	0.188	0.664	0.999
	GPEV	−0.007	0.011	0.455	0.500	0.993
	CEOB	−0.023	0.033	0.492	0.483	0.977
	CPDR	0.042	0.016	6.801	0.009	1.042
	常量	−0.549	0.529	1.079	0.299	0.578
步骤 3[a]	PES	0.001	0.001	0.933	0.334	1.001
	PDEP	0.048	0.054	0.786	0.375	1.049
	GSS	−0.007	0.011	0.427	0.514	0.993
	CEOB	−0.024	0.033	0.502	0.478	0.977
	CPDR	0.041	0.016	6.762	0.009	1.042
	常量	−0.569	0.525	1.177	0.278	0.566

① 注：1. ＊、＊＊和＊＊＊表示在 0.1、0.05 和 0.01 的水平上统计显著。

2. 发生比 OR 估计值为 Exp（B），反映自变量变化一个单位导致事件发生比的变化倍数。

3. a 在步骤 1 中输入的变量：X1a、X1b、X2a、X2b、X2c、X3b、X3c。

续表

	因素	B	S. E.	Wald	Sig	Exp（B）
步骤 4[a]	PES	0.001	0.001	0.822	0.364	1.001
	PDEP	0.052	0.054	0.939	0.332	1.054
	GSS	−0.024	0.033	0.528	0.467	0.976
	CPDR	0.041	0.016	6.878	0.009	1.042
	常量	−0.624	0.517	1.457	0.227	0.536
步骤 5[a]	PDEP	0.001	0.001	0.855	0.355	1.001
	GSS	0.047	0.053	0.810	0.368	1.048
	CPDR	0.042	0.016	7.043	0.008	1.043
	常量	−0.724	0.497	2.121	0.145	0.485
步骤 6[a]	GSS	0.060	0.052	1.353	0.245	1.062
	CPDR	0.044	0.015	8.308	0.004	1.045
	常量	−0.416	0.363	1.309	0.253	0.660

表 D.4　氨氮减排中期进度是否达标的二元 Logistic 回归分析表

	因素	B	S. E.	Wald	Sig	Exp（B）
步骤 1[a]	PES	0.000	0.001	0.015	0.903	1.000
	PDEP	0.037	0.964	0.002	0.969	1.038
	GSS	0.003	0.047	0.004	0.948	1.003
	GEEP	0.000	0.002	0.282	0.595	0.999
	GPEV	−0.008	0.011	0.456	0.499	0.992
	CEOB	0.008	0.033	0.057	0.811	1.008
	CPDR	0.064	0.017	15.013	0.000	1.067
	常量	−0.653	0.980	0.445	0.505	0.520

续表

	因素	B	S. E.	Wald	Sig	Exp（B）
步骤 2[a]	PES	0. 000	0. 001	0. 015	0. 903	1. 000
	GSS	0. 003	0. 047	0. 004	0. 951	1. 003
	GEEP	−0. 001	0. 002	0. 289	0. 591	0. 999
	GPEV	−0. 008	0. 011	0. 457	0. 499	0. 992
	CEOB	0. 008	0. 033	0. 058	0. 810	1. 008
	CPDR	0. 064	0. 017	15. 095	0. 000	1. 066
	常量	−0. 621	0. 517	1. 446	0. 229	0. 537
步骤 3[a]	PES	0. 000	0. 001	0. 012	0. 912	1. 000
	GEEP	−0. 001	0. 002	0. 291	0. 590	0. 999
	GPEV	−0. 008	0. 011	0. 471	0. 492	0. 992
	CEOB	0. 008	0. 033	0. 061	0. 804	1. 008
	CPDR	0. 065	0. 016	15. 678	0. 000	1. 067
	常量	−0. 615	0. 506	1. 477	0. 224	0. 541
步骤 4[a]	PES	−0. 001	0. 002	0. 308	0. 579	0. 999
	GPEV	−0. 008	0. 011	0. 481	0. 488	0. 992
	CEOB	0. 008	0. 033	0. 063	0. 802	1. 008
	CPDR	0. 064	0. 016	16. 446	0. 000	1. 066
	常量	−0. 655	0. 350	3. 513	0. 061	0. 519
步骤 5[a]	GPEV	−0. 001	0. 002	0. 303	0. 582	0. 999
	CEOB	−0. 008	0. 011	0. 481	0. 488	0. 992
	CPDR	0. 064	0. 016	16. 384	0. 000	1. 066
	常量	−0. 616	0. 311	3. 923	0. 048	0. 540
步骤 6[a]	CEOB	−0. 008	0. 011	0. 449	0. 503	0. 992
	CPDR	0. 063	0. 016	16. 393	0. 000	1. 065
	常量	−0. 667	0. 297	5. 056	0. 025	0. 513
步骤 7[a]	CPDR	0. 064	0. 016	16. 634	0. 000 ***	1. 066
	常量	−0. 734	0. 281	6. 848	0. 009	0. 480